名师工程

教育探索者书系

『国培计划』优秀成果出版工程

『国培计划』全国优秀研修成果数字出版平台

书系顾问 张志勇

书系主编 齐 健

鲁派名师系列

钟红军◎著

提升历史教学素养的10个关键点

追问历史教学之道

ZHUIWEN LISHI JIAOXUE ZHI DAO

 西南师范大学出版社

全国百佳图书出版单位　国家一级出版社

图书在版编目（CIP）数据

追问历史教学之道/钟红军著. —重庆：西南师
范大学出版社，2014.9
　　ISBN 978-7-5621-7026-6

　　Ⅰ.①追… Ⅱ.①钟… Ⅲ.①中学历史课—教学研究
Ⅳ.①G633.512

中国版本图书馆 CIP 数据核字（2014）第 187281 号

名师工程系列丛书
编委会主任：马　立　宋乃庆
总策划：周安平
策　划：李远毅　卢　旭　郑持军　郭德军

追问历史教学之道
钟红军　著

责任编辑：雷　刚　祁篆萍
封面设计：天之赋设计室
出版发行：西南师范大学出版社
　　　　　　地址：重庆市北碚区天生路 1 号
　　　　　　邮编：400715　市场营销部电话：023-68868624
　　　　　　http://www.xscbs.com
经　销：新华书店
印　刷：三河市九洲财鑫印刷有限公司
开　本：787mm×1092mm　1/16
印　张：20.25
字　数：338 千字
版　次：2015 年 3 月　第 1 版
印　次：2015 年 3 月　第 1 次
书　号：ISBN 978-7-5621-7026-6

定　价：36.00 元

《名师工程》
系列丛书

《名师工程》系列丛书

征 稿 启 事

《名师工程》系列丛书是西南师范大学出版社策划、组织出版的大型系列教育丛书。丛书以新课程下的新教学为背景，以促进施教者的教育能力为落脚点，以提高教育质量、提升教师水平为宗旨。

从书首批推出的"名师讲述""教学提升""教学新突破""高中新课程""教师成长""大师讲坛""教育细节""创新语文教学""教育管理力""教师修炼""创新数学教学""教育通识""教育心理""创新课堂""思想者""名师名课""幼师提升""优化教学""教研提升""名校长核心思想""名校工程""高效课堂""创新班主任""教育探索者"等系列，共160多个品种，其余系列也将陆续出版。为了让广大教师有一个交流、借鉴的机会，同时也为了给广大教师提供更多、更好的图书，《名师工程》系列丛书编辑出版委员会特向全国教育工作者征集稿件。

稿件要求：

1.主题鲜明、新颖，有独创性。

2.主题以提升教育能力为主，也可适当外延。

3.主题要有一定规模、有典型案例支撑。

4.案例要贴近教育实际，操作性强。

5.文章、书稿结构清晰，语言精彩。

书稿作者在选题确定之后，请及时与我们做好沟通，具体事宜确定好之后再进行创作；也欢迎用已经完稿的稿件投稿。一线教师如希望参与图书案例的创作，可联系我社策划机构，由策划机构备案，在适合的图书中参与创作。

真诚欢迎各位教师踊跃投稿。

联系方式：

西南师范大学出版社高教分社

电话：023-68254356   E-mail：zcj@swu.cn

西南师范大学出版社高教分社北京策划部

电话：010-68403096

E-mail：guodejun1973@163.com

编者的话

当前，以人为本的教育理念正在逐步深化，素质教育以及基础教育课程改革不断推进。在这场深刻又艰苦的教育改革中，涌现了无数甘为人梯、乐于奉献的优秀教师。他们积极探索、更新观念、敢于创新、善于改革，在实践中创造性地发展、总结了很多先进的教育思想、教育理念；创造性地开发了很多新的教学模式、教学内容和教学方法。这些新思想、新模式、新方法在实践中极大地提高了教学质量，是教育改革实践中的新内涵和宝贵财富。这些优秀教师就是我们的名师，这些新内涵就是名师的核心教育力。整理、总结、发展、推广这些教育新内涵，是深化教育改革、完善教育体制、提高教育质量、提升教师水平的一件大事。

教育，是民族振兴的基石；教师，是教育发展的根基。

胡锦涛在全国优秀教师代表座谈会上指出："教师是人类文明的传承者。推动教育事业又好又快发展，培养高素质人才，教师是关键。没有高水平的教师队伍，就没有高质量的教育。"十七大报告又进一步强调了必须加强教师队伍建设，不断提高教师的素质。当今世界，社会进步一日千里，科技发展日新月异，知识更新的周期越来越短。教师作为"文明的传承者"更要与时俱进，刻苦钻研、奋发进取，尽快提升自身素质和能力，为推动教育事业的健康发展贡献自己的力量。

基于以上，西南师范大学出版社策划、组织出版了大型系列教育丛书——《名师工程》。希望通过总结名师的创新经验、先进理念，宣传名师的核心教育力，为广大教师职业生涯提供精神源泉和实践动力，在教育实践层面切实推动从教者职业素养的提升。通过《名师工程》实现"打造名师的工程"。

丛书在策划、创作过程中力求实现以下特色：

一、理念创新，体现教育的人本精神

教师角色在以人为本的教育理念下发生了重大的变化，教师的素质和能力也面临更高的要求。如何弘扬、培植学生的主体性、增强学生的主体意识、发展学生的主体能力、塑造学生的主体人格等问题成为教师在目前教育中亟待解决的难题。丛书以教育管理者和教师为主要读者对象，通过教师综合素质的提高而将人本教育的思想落实到教育实践中，真正实现教育培养人、塑造人、发展人的本质要求。

二、全面构建，系统提升教师的教育能力

丛书选题的最大特点就是系统、全面地针对教师教育能力的提升而展开。施教者的能力决定教育的效果，教育改革的落实、教育效果的提高无不体现在教师身上。丛书针对不同教育能力、不同教学要求、不同教育对象，有针对性地设置选题。棘手学生、课堂切入、引导艺术、班主任的教导力、互动艺术、课堂效率、心灵教育等等，这些鲜明的主题从教育的细节出发，从教育实际情况出发，有针对性地解决问题，让教师在阅读中学有所指、读有所获。

三、科学权威，体现教育的时代前沿性

丛书邀请全国各地著名的教育工作者执笔，汇集在教育改革与实践中涌现的先进理念、成果和方法，经过专家认真遴选、评点总结而成，代表了目前教育实践中先进的教育生产力，具有时代前沿性，是广大一线教师学习、借鉴的好素材。

四、注重实践，突出施教的实用价值

丛书采用了通俗的创作方法，把死板的道理鲜活化，把教条的写法改变为以案例为主，分析、评点为辅，把最先进的教育理念和方法融入有趣的情境中。经典的案例，情境式的叙述，流畅的语言，充满感情的评述，发人深省的剖析，娓娓道来、深入浅出，让教师更充分地领会先进、有效的教育方法。

在诸多教育、出版界同仁的支持与努力下，《名师工程》陆续推出了《名师讲述系列》《教学提升系列》《教学新突破系列》《高中新课程系列》《教师成长系列》《大师讲坛系列》《教育细节系列》《创新语文教学系列》《教育管理力系列》《教师修炼系列》《创新数学教学系列》《教育通识系列》《教育心理系列》《创新课堂系列》《思想者系列》《名师名课系列》《幼师提升系列》《优化教学系列》《教研提升系列》《名校长核心思想系列》《名校工程系列》《高效课堂系列》《创新班主任系列》《教育探索者系列》等系列，共160多个品种，后续图书也将陆续出版。

丛书在出版创作过程中得到各地、各级教育部门与教育工作者的大力支持与帮助，在此一并表示感谢！

教育事业是全社会共同的事业，本丛书的出版一方面希望能对广大教育工作者有所帮助，共飨先进成果；另一方面也是抛砖引玉，希望更多的教育工作者参与到出版创作中来，百家争鸣、百花齐放，为促进教育事业的发展共同努力！

轴心的力量

9月28日。

公元前551年9月28日，鲁国，今山东曲阜，孔子诞生。

那个时代，被1900年后的雅斯贝尔斯称为人类的"轴心时代"，在中国，有孔子；在古希腊，有苏格拉底；在以色列，有犹太教先知；在古波斯，有琐罗亚斯德；在印度，有释迦牟尼……

在中国，是因为孔子开启了一个时代，还是因为那个时代塑造了孔子？

雅斯贝尔斯是这样说的："人类一直靠轴心时代所产生、思考和创造的一切而生存，每一次新的飞跃都回顾这一时期，并被它重新燃起火焰。自那以后，情况就是这样。轴心期潜力的苏醒和对轴心期潜力的回忆，或曰复兴，总是提供了精神力量。"[①]

这是一种力量。

马克思是这样说的："个人怎样表现自己的生命，他们自己就怎样。因此，他们是什么样的，这同他们的生产是一致的——既和他们生产什么一致，又和他们怎样生产一致。"[②] 他批评"人是环境和教育的产物，因而认为改变了的人是另一种环境和改变了的教育的产物"这种学说忘记了"环境正是由人来改变的，而教育者本人一定是受教育的"[③]。

这是一种同一。

再论孔子，我们相信他能够给中华民族带来新的力量；再论孔子，我们相信人始终创造这个世界并与这个世界相一致。

（一）

有学者将中国大师（包括教育家）涌现的时代划分为三个阶段：春秋

① 雅斯贝尔斯. 历史的起源与目标 ［M］. 魏楚雄，俞新天译. 北京：华夏出版社，1989.
② 韦建桦. 马克思恩格斯选集（第一卷）［M］. 北京：人民出版社，2012.
③ 韦建桦. 马克思恩格斯选集（第一卷）［M］. 北京：人民出版社，2012.

轴心的力量

战国时期、宋明时期、民国时期，我们也可以循着这样的脉络追寻山东大地上的教育家，探访山东大地上的教育。

孔子是一位教育家，在文化思想领域给予他再高的地位和赞誉都不为过。然而，他并不是高高在上，而是在我们身边。他继承"三代"，积极"入世"，终生"为师"，儒泽"千载"。精神力量与实践基础相结合，延伸到文化与教育的血脉中。

探讨教育绕不过孔子，探讨山东教育要回到孔子。我们还是更关注作为教师的孔子：

子曰："温故而知新，可以为师矣。"

子曰："知之者不如好之者，好之者不如乐之者。"

子曰："不愤不启，不悱不发，举一隅不以三隅反，则不复也。"

子曰："有教无类。"

……

这不仅是教育的财富，更重要的是，孔子是一位教育实践者。他以育人为本：志于道，据于德，依于仁，游于艺。他编订教材：《礼》《乐》《诗》《书》《易》《春秋》。他寻觅教学方法：因材施教、循循善诱。他留给学生精神财富：仰之弥高，钻之弥坚，瞻之在前，忽焉在后。

孔子之后，在那个时代，山东大地上能够被历史作为教育家所记载的当属"亚圣"孟子和"劝学"的荀子。

孟子于孔子后百年出生，是战国时期伟大的教育家、思想家，儒家的主要代表之一，他与梁惠王、齐宣王两位大国君主的对话可以看作是他的教育实践，"仁者无敌"的思想展示无余，"经济政策""仁政治国""克制欲望""人心四端"都是他所关注的：

——"恻隐之心，人皆有之；羞恶之心，人皆有之；恭敬之心，人皆有之；是非之心，人皆有之。恻隐之心，仁也；羞恶之心，义也；恭敬之心，礼也；是非之心，智也。仁、义、礼、智，非由外铄我也，我固有之也。"《孟子·告子上》

——"人之所不学而能者，其良能也；所不虑而知者，其良知也。"《孟子·尽心上》

……

战国时期山东大地上的另一位教育家荀子，他五十始来齐游学，长期在著名的稷下学宫任祭酒，留下了关于学习、修身的不朽篇章：

学不可以已。青，取之于蓝，而青于蓝；冰，水为之，而寒于水。木直中绳，𫐓以为轮，其曲中规，虽有槁暴，不复挺者，𫐓使之然也。故木受绳则直，金就砺则利，君子博学而日参省乎己，则知明而行无过矣。

故不登高山，不知天之高也；不临深溪，不知地之厚也；不闻先王之遗言，不知学问之大也。干越、夷貉之子，生而同声，长而异俗，教使之然也。《诗》曰："嗟尔君子，无恒安息。靖共尔位，好是正直。神之听之，介尔景福。"神莫大于化道，福莫长于无祸。

......

不仅仅是荀子，还有更多的大师曾在那个时代云集稷下学宫。稷下学宫，又称稷下之学，是战国时期田齐的官办高等学府，稷下位于今山东省淄博市稷门附近。齐宣王之时，在稷下扩置学宫，招揽天下名士：儒家、道家、法家、名家、兵家、农家、阴阳家等百家之学，会集于此，自由讲学、著书论辩，成为百家争鸣的时代标签。

在汉唐盛世，中国的政治体制、文化积淀都达到了时代顶峰，教育的发展随之呈现出蓬勃壮大的态势。在山东，叔孙通、匡衡创立了不可磨灭的教育功业，兰陵人王良曾"教授诸生千余人"；高密人郑玄"学徒常数百千人"，虽遭遇党祸被禁锢，仍设帐讲学达二十余年；而颜之推的家庭教育经典著述《颜氏家训》则更是被称为"古今家训以此为祖"。

宋代以来，封建制度面临着诸多新的问题，恰恰是这个时代，成为教育家涌现、教育创新探索的重要时期。北宋初年，山东出现了中国书院发展史上占有重要地位的泰山书院（有宋代"四大书院"之一之称）。

而泰山学派、泰山学院的代表性人物"宋初三先生"——"泰山先生"孙复、"徂徕先生"石介（泰安人）、"安定先生"胡瑗更是名冠一时的教育家。

其中，石介出生于一个"世为农家""豪于乡里"的聚族而居的大家庭，他"貌厚而气完，学笃而志大"，范仲淹也评价说"介刚正，为天下所闻"。后石介因丁忧回山东，躬耕于徂徕山下，以《易》教授弟子，从者甚多。鲁人敬重其学识风范，故因其所居之山，尊称他为徂徕先生。

轴心的力量

石介有感于儒学的衰落，守制期间"以《易》教授于家"，名闻山东。景祐二年（1035 年）开始，石介在泰山聚徒讲学，并邀请学者孙复到泰山主持日常教学工作。孙复曾于景祐元年（1034 年）拜访过时任南京推官的石介，两人一见如故，互引为知己。接到石介邀请时，正是孙复人生最潦倒失意的时候：科举再次落榜，家贫以致无法安葬去世的父母。而到泰山教学，既能解决生活困难，又能实现自己振兴儒学、维护圣人道统的理想，于是就欣然接受了石介的邀请，由一落魄书生一跃而为书院主讲，开始了近十年的泰山讲学。景祐四年（1037 年），孙复、石介两人在泰山之阳建学舍，孙复名之曰信道堂，并作《信道堂记》："予丁丑岁秋九月做堂于泰山之阳，明年春，堂既成，以是道处是堂，故名信道堂"，称其志在发扬尧、舜、禹、汤、文、武、周公、孔子之道。不久信道堂因故迁到泰山栖真观，规模扩大，建制逐步完善。康定元年（1040 年），石介作《泰山书院记》始称为泰山书院，说他"于泰山之阳起学舍构堂，聚圣人之书满屋，与群弟子而居之"并认为，孙复"上宗周、孔，下拟韩、孟"，尊其为泰山先生。①

"宋初三先生"开理学之先，具有极高的学界地位与教育意义，至今仍值得我们研究。

民国时期，大师辈出，从山东聊城走出去的教育家傅斯年就是其中最为杰出的代表。

在台湾大学，有一个傅园，是为纪念傅斯年而建。傅斯年不仅是历史学家、教育家，而且是五四运动的北大学生领袖、历史语言研究所创始人、北京大学代理校长、台湾大学校长，一生富有传奇色彩。

作为教育家的傅斯年，发表了《教育崩溃之原因》《教育改革中几个具体事件》《改革高等教育中几个问题》等若干文章，其思想择其要者，有以下几点：

考查一所学校成功与否，一要看学生是否有使用课本知识的能力，二要看能否把日常生活与课本知识联系起来。

教育不能独立，学校就不可能办好。政府的责任，一要确保教育经费的独立，二要保障校长和教师的地位，三要在教育管理上采用文官制。

---

① 吕建强．石介与泰山书院［J］．煤炭高等教育，2009，（6）．

教育之整顿，学风之改善，其关键皆自上而下，都不是自下而上。

学生大多数都是好的，政府只有"把教育部建设成一个有技术能力的官厅"，并选择有人品、有见识、有资望的人去当大学校长、教育厅长和教育局长，才能把学校办好。

傅斯年在代理北京大学校长期间，坚决拒绝"伪北大"教员继续留任，坚持"民族气节""正是非，辨忠奸"，将汪精卫时期北京大学的教职员全部开除，学生学籍和学历都不承认，要先补习才能参加学历甄审入新北大。

1950年12月20日，积劳成疾的傅斯年突发脑溢血逝世。台湾大学为纪念傅斯年奠定台大发展基石，特地在实验植物园建造一座罗马式纪念亭，亭中砌长方形墓一座，墓前立有无字碑，修有喷水池。园中有兵工署捐赠的一口纪念钟，上面铸着"敦品、力学、爱国、爱人"8字校训。人们把台湾大学校园内的这个地方叫作"傅园"，把纪念钟称为"傅钟"。值得注意的是，这口"傅钟"每节上下课都会响21声，原来傅斯年有句名言"一天只有21小时，剩下3小时是用来沉思的"。

而今天，在山东大地上，教育事业正在以伟大的复兴之势在发展，素质教育的改革创新之路开始引领全国的教育改革路向，一大批名校、名师也在挥洒着自己的智慧和激情，承续历史、开创历史。

(二)

古往今来的山东教育都是以其文化内涵、大气磅礴而影响着时代的发展，透视历史，观照今天，我们能够找到山东教育可以提供的成功密码，提取出足以供我们思考、批判的价值力。

1. 本体是人：守望道德的高地

教育是人创造的。

"有两样东西，人们越是经常持久地对之凝神思索，它们就越是使内心充满常新而日增的惊奇和敬畏：我头上的星空和我心中的道德律。"这是康德《实践理性批判》中的一句话，也是康德的墓志铭。

在山东教育史上，从孔子的"克己复礼"、曾子的"三省吾身"，到孟子的"舍生取义"，他们当中的每一个人终其一生，无不在追寻心中的道德大义和民族未来。尽管说法不同，其中所蕴含的核心价值却都集中在对国家、对民族、对人类命运与前途的关注与担当上。

轴心的力量

"会当凌绝顶，一览众山小。"当一个人占领了道德的制高点后，他眼前所呈现的不再是难以逾越的重重困难，而是一幅幅美好的画卷。此时，人的发展往往会创造出一个又一个的奇迹，伟人如此，常人亦然。让人参与，学生和教师成为行为主体，这是先验性的要义。

在马克思恩格斯的理论中，我们不仅到处可以看到人，而且可以看到的是人的发展，哲学理论和教育理论的前提是对人的回答。在这里，人是实践中的人，是在实践中获得发展的人，离开了实践，只限于精神层面是不能够获得真实的发展的，而且，即便是精神层面的发展也是与实践过程紧密相连的。不仅如此，人类的知识、智慧都是由人所创造的，在传递、继承人所创造的知识与智慧的过程中，人必然会与其具有"此岸性"，会与这些知识和智慧处于"一致"的状态，学习是内化的，不是外铄的。

从教育的价值和意义来看，教育也是一种经历，没有生命的经历和历练就没有教育发生，这就是教育的过程本质。现实的经历是教育的一部分，而作为人类创造的文明成果，往往存在于精神和历史的层面上，很多时候和学生的人生体验不一致，教育的作用就在于创造这种一致性，让人的发展与人类的成果形成一致。

2. 先知先行：实现于自我超越

先知先行者，从古至今。

今天，在教育改革的道路上，山东省的许多地区、学校、教师走在了全国的前列，已经进入了一个比较高的境界，在长期的探索和实践中积累了许多富有启发意义的宝贵经验。区域如潍坊，用教育部基础教育二司司长郑富芝的话来说，叫作"山东经验，潍坊模式"；学校如青岛二中的自主发展，青岛三十九中的特色发展，临朐海尔希望小学的课程建设，利津北宋一中零作业背景下的改革；教师如王岱、刘建宇、张利平、王冬梅……

教育发展，教师是关键。作为教育管理者，应从不断提高教师的幸福指数和职业认同感入手，让每一位教师在快乐中工作，最大限度地激发教师的工作积极性和主动性，最大限度地发挥出每一位教师的智慧和潜能。

根据美国著名心理学家马斯洛的需求层次理论，让人感到受尊重和能够自我实现，才能从内部激发发展的欲望。作为教师，教学在其人生中占有相当大的比重。要让教师生命更有意义、更快乐、更幸福，在各个阶段始终保持生命的激情和活力，就必须把教师引领到研究的路上，让教师成为思想独立的研究者。

教育管理部门、学校校长只有创造机会让每一位教师都成为好教师、名教师，并给这些好教师、名教师不断创造更大的舞台，教师们才能真正体验到自我价值的实现，才会不断寻找更高的发展定位，由此带来的是一个区域、一个学校会充满朝气蓬勃的发展活力。简单地说，一定要让好教师、名教师有出路！

3. 敬畏规律：教育与人的双重肯定

今天，更多的学校、教师走在教育探索的路上。

"蓬生于麻，不扶而直。"在适合自己的教育里，学生才能够快乐地茁壮成长，才能够成为一个具有良好的身心素质、科学头脑、广泛兴趣、创新能力以及笃实、守信、和善、包容的人。这样的人才培养方式最根本的一点是敬畏教育规律。

规律在哪里？当然不是寻找真理式的论断来供奉，不是停留于表面上，而是在于将自己认可的有益于教育发展、有益于学生的事情做出来。规律不仅仅是大道理，是哲学思维，是心理学前沿理论，而是关注学生的阅读，丰厚学生的人生底蕴；关注学生的视野，联通整个信息世界的力量让学生面向整个世界；关注学生的能力，让学生在操作中获得一生必备的创造力。

校长有教育家的情怀，教师有教育家的智慧，每一位创立自己教育业绩的实践者理应都是具有哲学思考力的，是敬畏天地、敬畏人道而敬畏规律的。

《中庸》中说："故君子不可以不修身。思修身，不可以不事亲；思事亲，不可以不知人；思知人，不可以不知天。""修身"一事，是从"天道""人道""亲缘""孝道"化解而来，因为没有更高远的境界，单纯的行动是没有好的结果的。

这就是人本思想，"人本"是思想，也是规律吗？为什么不是呢？

孔子从没有把人失落了，于是他不在意争执，而在意作为。在他的教育价值取向中，学科是人的学科，教学是人的教学，社会、政治、经济也是人的社会、政治与经济，这才是规律。

历数千年的教育传统，最值得称道的还是对学生的关注，无论是宏观

轴心的力量

教育体系的发展、学校教育价值的延伸，还是学校内部课程建设、教学实践、学生指导，山东教育以学生的自主、主动、超越自我的学习为核心，这也是他们无限切近于规律的必然取向。

今天，在齐鲁大地上，一批名校长、名师正走在教育改革与发展的实践探索之路上，与时代一起成长。他们的执着，他们的成功经验值得敬畏，留取下来构成我们对教育新的探索与尝试，这就是这套书系的初衷。

我们愿意与老师们一起切地行走，在教育的芳草地上寻找面向未来的种子。

齐　健

前　言

　　当我将这本书的名字定为《追问历史教学之道》时，就知道自己将面临一个非常困难的问题：历史教学之道到底是什么？

　　面对这样一个题目，我想每位读者都会在潜意识里将其代换为"请用一句话概括，何为历史教学之道"。

　　说实话，我和我的这本小书无法承担这样的使命，并且我认为，用任何一句话来概括历史教学之"道"都是有缺憾的。

　　如果必须概括的话，我偏向于将其概括为人文性。历史中的"事"当然都是"人"的事，虽然我一直在本书中强调历史是一门"人"的学科，但"事"的存在是客观的，人的主观解读必须以尊重"事"的客观性为前提。历史课堂，往往因为偏重于对"人"的附会而忽视了对"事"的严谨。那么，在我们的"一句话"概括里，是否应该在"人"之外再加上"事"？虽然科学主义史学的实证主义和客观主义已被后人指出有种种缺陷，但它们终究在史学理论的发展历程中发挥过标杆式的作用。直到今天，仍有众多史学家力图发挥历史科学的作用，追求真实的历史，一步一步地向历史的真实靠拢。

　　历史课堂教学中面对的种种困境和挑战同样也不是单靠一句"人文性"便可以破解的。当我尝试着把历史教学分解为学科价值、教学素养、学科素养、教学资源、史学理论、历史概念、专业成长等要素时发现，即使是其中的一个分支仍难以用一句话概括其中之"道"。我知道，当列出这些分支的时候，历史教学在某种意义上就已进入"术"的领域，但"有道无术，术尚可求。有术无道，则止于术"，在历史教学之"术"的探求中仍应有"道"的坚守。

　　何为道？最常见的解读是事物的本原、本体、规律或原理。那么，探寻历史教学的学科价值、教学原理、教学规律、教学原则无疑属于历史教学中"道"的范畴。与哲学上追求绝对的真理的情况相类似，历史教学中

1

的"道"是否存在？它应该是存在的，但是，我们永远不可能到达。我们只能把握相对的真理，只能在探寻中一步步地接近"道"这个理想的境界。

现在，似乎发觉"道可道，非常道"这句话的分量，它重得让人心中充满了敬畏和向往，重得让人愿意拼尽一生的热情和智慧去亲近。

所以，请读者重新界定这本小书，其重点绝非得道的自信，而在于问道的诚恳。

对于历史学是什么，历史教育是什么，历史教学是什么，已有无数的史学家和历史教育学家进行了精辟的阐释，但不论阐释得多么精辟，都需要一个重要且无可替代的节点——实践。这个节点只能由我们这些教学一线的历史教师来承担。我们作为节点的使命，就是将高高在上的教学理念拉到课堂教学的实境中去应用、对照、反思、校正。我们的使命不是坐而论道，而是用每一节课来证明：道可践行。

当这本书完成的时候，我能用一句话回答历史教学之道是什么的问题吗？我猜测不能。

但我还是想用下面的3个例子来证明问道的价值。

例1：在记录孔子言论的《论语》中曾109次提到"仁"，或为"孝弟也者，其为仁之本与"，或为"仁远乎哉？我欲仁，斯仁至矣"，或为"能行五者于天下为仁矣"。但至今人们仍不敢确定，孔子到底想用哪一句话来概括"仁"的定义。

例2：西方先哲苏格拉底一直追问人们什么是正义，当他的逻辑层层深入，被追问者汗如雨下时，那个"正义"如被层层剥开的春笋，直到最后都没有向世人展示那个笋心——"正义"的概念到底是什么。

例3：一位父亲带着因失恋而心灰意冷的儿子来到沙漠，让他看一株小草在恶劣的生存条件下生长、迁移、扎根的过程。当儿子用"再艰难的地方也有生命""要适应环境""要培养生命之根"等看似标准的答案来表达自己的感受并认为自己已悟出人生之道时，那株小草的成长却展示出不为人知的一面。父亲一次又一次地说："别忙着得出人生的结论，因为世界是复杂的，比结论更重要的是思考。"

孔子用"撒芝麻盐"的方式都没有给"仁"下一个定义，但"仁"却早已成为中华民族传统文化的基因，根植在统治者、知识精英和百姓的心中。苏格拉底至死也没有给"正义"一个完整的定义，但"正义"已跨越中西几千年的文化历史成为人们心中的普世价值。那个失恋的儿子，应该还会在那株小草的生存历程中体会人生的真谛，小草的生长不止，他的人生感悟就会永不停息。

讲完这3个例子后，还有人忍心让我用一句话概括什么是历史教学之道吗？

历史教学之道是远方的灯塔，能照亮航程却不必系船缆于其下；是传说中的圣殿，可日日向往却不必匍匐朝拜；是圣洁的女神，会让人魂牵梦绕却不必知道她的名字。

问道的过程是一个修行的过程，为了不迷失方向，我插上了10个路标，提醒自己走到每个路标前都能反躬自问。

1. 历史教学的学科价值是什么？

2. 该通过哪些教学素养去改变课堂？

3. 历史教师应该具备哪些学科素养？

4. 怎样选择教学资源才能给学生带来严肃的思考？

5. 学生的头脑是被动装满的知识容器，还是被不断点亮的精神火把？

6. 换一个角度看历史会有哪些收获？

7. 到底是该让学生记得牢一些，还是该知道得多一些？

8. 怎样才能走出高考的噩梦，去亲近理想的历史教学殿堂？

9. 问道的路上我们会遇到什么样的陷阱？

10. 当我们奔向理想时，历史教师该是一个什么样的人？

当我们走过这10个路标，是否可以远远地看到那个被称为"历史教学之道"的殿堂？它应该是历史的人文性与科学性的和谐统一；它应该是教师教学素养和学科素养的完美绽放；它应该让学生在其中愉快地接受知识、高效地提升能力、自然地浸润人格，在思考中凝聚智慧；它应该能自如地应对现实的挑战，且自信地不放弃追求和理想；它应该能促进学生和教师的共同成长。那个殿堂上应该高悬一块牌匾——历史教学，以彰显其无法替代的价值。

这远远超过了一句话的概括，但仍无法说尽历史教学之道。

追问历史教学之道，就是一个去问、去找、去接近的过程。

不断追寻一个只有方向而没有标准答案的问题，真是人生中一件非常美好的事情啊！

前

言

目 录

史观教学篇

从视角追问：可以从哪些角度观察历史？

选修教学篇

从职能追问：是该记得牢一些，还是该知道得多一些？

目

录

目

录

从原点追问：
我教的是一门副科吗？

在历史教学中关注人，在历史教学应有的范畴内关注中学生这个特殊群体作为人的精神需求，是历史教学的学科价值的重要组成部分。向学生传播正确的历史价值观，既是历史教学最重要的使命，也是历史学科价值最重要的体现。国家颁布的历史课程标准是历史学科价值界定的一个不能忽略的标准。历史教师要充分发挥历史教育"人"的学科特点，承担起应有的社会使命，全面落实新课程标准的要求，彰显历史学科应有的教育价值。

问题缘起

有一个场景曾在我的生活中一遍遍地上演。常有人问我："您是教什么学科的？""我是教历史的。"然后，性格直率一点儿的人会说："历史好教，让学生背背就行。"性格内敛一些的人便会沉默不语。其实，我完全能够读懂这沉默背后的潜台词："噢，原来是个教副科的老师。"

每每此时，一种"副科老师"的自卑感就会在我的心中涌现，为了淡化这种自卑感，我付出了无数的努力。我曾用出色的班主任工作来证明自己的价值，曾用尽心备课赢得学生的喜爱来证明自己的能力，曾用在省市乃至全国的各类教学比赛中的骄人成绩来证明自己的实力。但这一切努力似乎都没能淡化那牢固的自卑感。

值得庆幸的是，从这种自卑感产生的那天起，我便开始了对历史学科的思考。

"西方殖民主义的罪恶"一课的教学经历让我印象颇深。当我讲到殖民者用剥取的印第安人的头皮领取奖赏时，学生们面无表情；当我讲到奴隶贩子将大量生病的黑奴抛入海中时，大家无动于衷；当我讲到奴隶贸易的三角航程能换来百分之百甚至百分之千的利润时，台下却是一片惊呼："能挣这么多钱啊！"之后，在讲到拉丁美洲独立战争时我提到了这一课，我想让学生知道殖民主义的压迫必将遭到反抗；在讲到马克思主义的诞生时我再次提到这一课，让学生思考应以什么作为选择职业的标准；在讲到改革开放时我又一次提到这一课，让大家讨论什么才是获得利润和金钱的正途。学生说："金钱对我们仍有着巨大的吸引力，但我们知道了比它更宝贵的是什么。"

1994年，我带着对这一节课的思考参加了以"闯市场，讲道德，做主人，争贡献"为主题的山东省第六届演讲大赛，并获得了一等奖，获奖理由是我"思考了自己工作的价值和社会意义"。

回首当年的思考我们不难发现其中的幼稚与生硬，但我正是从这幼稚的起点上开始思考历史教学在社会发展及学生成长中所承担的使命的，这应该算是我在专业成长道路中最值得骄傲的悟性了。在二十余年的教学过程中，我遇到过无数的教育新名词、新理论、新概念，也曾进行过各种类型的新探索，当与这一切并肩同行的时候，我始终在追问：我真的了解历史学科吗？它的魅力在哪儿？它的不可替代性体现在哪儿？随着追问的不断深入，答案也在心中渐渐清晰起来，我一直在探求的这个东西就叫"学科价值"。

教学思考

有人说，一个语文教师，如果从来没有过激情，没有过诗意，没有过精神高地，他就不可能占据孩子的心灵，他的语文也绝不会有感染力；一个数学教师，如果从来不懂得什么是严谨之美，从来没有抵达过数学思想的密林，没有过对数学理性的深刻体验，那么他的数学课自然是乏味的，甚至是令人生厌的。同样，一个历史教师，如果不能准确把握学科特点，感悟学科使命，那么他也就无从彰显历史学科应有的价值。

（一）从学科特点看学科价值：历史教育是关于事的学科还是关于人的学科

在历史课堂教学中，对历史知识的传授永远是重要的，是不容忽视和淡化的。但是，在很长的一段时间里，我们的历史教学实际上只是就"历史"而机械地说历史，把历史看成僵死的东西。这就难怪，为什么在学生的心目中学习历史就等于死记硬背了。所以，我们有必要诘问：只要教师"讲清那些事儿"，学生"记住那些事儿"，就是我们历史学科特点的应然体现吗？

1. 历史学和历史教育的区别

要回答历史学科的特点，必须区分两个概念：历史学和历史教育。历史学与历史教育是有区别的，这个区别点也许就在于我们从事的"教育"二字。所以，历史教学固然应当恪守历史学科的内在规律和基本特点而为之，但仅仅从史学的角度来谈论历史教育恐怕还是不够全面的。我们不妨从以下人们对历史学科的评说中，来体会一下历史学与历史教育的不同。

从原点追问：我教的是一门副科吗？

历史本身不是人生的老师，历史教育才是人生的老师。

——北京市著名特级教师　李明赞

要明确作为教育学科的历史，它的教育本质和学科本质问题。有必要区别历史学与历史教育的概念。作为研究的历史学与作为教育的历史课，作为知识工具的历史教学与作为认识工具的历史教育，作为教授的、学问性的历史与作为学习的、普识性的历史知识等，对它们之间的联系与不同的内容概念，必须有明确的界定。……历史学科不是一门'实用'的应用学科，而是一门文化素质养成性质的人文学科。

——首都师范大学历史系教授　赵亚夫

单纯作事实的穿凿、记忆、叙述，绝不是历史教学。……对我们至为重要的实际上是活生生的社会精神，是社会的意志冲动，是时代精神，更不能单纯将历史看成死了的形骸，而应看成活着的文化，看作人的活动，生命的跃动。

——日本著名教育家　小原国芳

那么，历史学科的特性到底是叙事性还是人文性？其实，这种发问本身就是不合适的，即我们不能将这两者对立起来，采取一种简单化的、非此即彼式的认识立场，否则就可能走入偏狭的认识误区。我们承认，前者是历史学科的特性之一，但绝不是唯一；后者无疑是历史学科的根本属性。如果失去了人文情怀，我们就无法激发"活生生的社会精神"，无益于引起"社会的意志冲动"，更无法承担"人生的老师"的使命。果真如此的话，那么即使我们的"叙事"逻辑再严密、清楚，恐怕也难以让人从心底认可它就是真正的历史教学。

2. 历史教学中"人"的缺失

既然在历史教育中"人"占据了如此重要的地位，那么在教学实践中的实际情况又是怎样的呢？尽管新课程改革已经进行了一段时间，但仍然有为数不少的教师还是觉得，只要把课本上的历史知识讲得清清楚楚，让学生记得准确牢靠，在考试解题时能够顺顺当当，就是有效的。这些年来，教出多少大学生一直都是教师职业幸福的主要来源。可是，应对高考就是我们历史教学唯一的或者最重要的使命吗？如果这是道纸上测试题，也许大家的答案都会选择"不是"；如果这是道实践测试题，可能许多人给出的答案则会是"是"。

在应试教育指挥棒下的课堂已然变成习题演练的操场，学科的魅力、文化的传承在课堂上了无踪影。记得在很多年前，某地曾进行过一次问卷调查："你最不喜欢的是哪一门课？"语文居然位居榜首。想当年，日本侵略者曾在沦陷区大搞奴化教育，禁止将汉语作为国语，伛广大的爱国青年仍然偷偷阅读原来的国文课本，提醒自己不要失去中国人的文化标志。可如今，一部分年轻人对学习自己的母语却是这种态度，怎不令人心寒！

其实，历史学科如今的境况又何尝不是如此呢？那一个个正在成长中的学生，需要的不仅仅是一道道的习题、一次次的背诵，他们更需要的是历史带给他们智慧，带给他们思考的能力，带给他们能够伴随终生的人文素养。每一名历史教师都应该问一句：这些东西我们给过学生吗？学科价值得以彰显的历史课堂，不应该是机械的，而应该是富有文化内涵和韵味的；不应该是功利的，而应该是充满使命感和责任感的；不应该是生硬灌输的，而应该是与现实生活密切相连、能引发学生心灵感悟的；不应该是一讲过就宣告大功告成的，而应该是如春风化雨般润泽学生心田，为其人生的健康、持续发展悄然发挥促进作用的。

在历史教学中关注人，在历史教学应有的范畴内关注中学生这个特殊群体作为人的精神需求，是历史教学的学科价值的重要组成部分。我们不妨从这场"绿鹅"引起的风波里来考量一下这个问题。

片段观察

"绿鹅"引起的风波

在"文艺复兴"一课教学中，我设计了下面几个教学环节。

首先，我引用了《十日谈》中"绿鹅"的故事。

一位父亲将儿子从小带至深山中隐修，以杜绝人欲横流的尘世生活的诱惑。儿子到了 18 岁，随父亲下山到佛罗伦萨，迎面碰上一群健康、美丽的少女。第一次见到女性的小伙子问父亲这些是什么东西，父亲要他赶快低下头去，并说这些是名叫"绿鹅"的"祸水"。岂料一路上对任何事物都不感兴趣的小伙子却偏偏爱上了"绿鹅"，恳求父亲让他带一只回去喂养。

请为"绿鹅"的故事填写最后一句话：父亲这才明白＿＿＿＿＿＿＿＿

生：无论是否情愿，孩子终究要长大。

生：人都是这样过来的。

生：任何说教都赶不上美女的力量。

从原点追问：我教的是一门副科吗？

生：难道这是早恋吗？我反而要糊涂了。（同学们大笑）

当学生第一次从人文思想联系到早恋时，并没有引起我的重视。

接下来，我让学生观察彼特拉克的四首诗的题目，看看是否有似曾相识的感觉。

① 此刻万籁俱寂

② 夜莺婉转而悲切地啼鸣

③ 满脑子甜蜜的幻想

④ 我过去曾经爱过一个生命

生：关关雎鸠，在河之洲。窈窕淑女，君子好逑。……求之不得，寤寐思服。悠哉悠哉，辗转反侧。

师：《诗经》与彼特拉克的诗篇在创作时间上相差两千多年，地域上跨越了东西方，为什么却有着如此惊人相似的意境呢？

生：美好的爱情是人类共同的追求。

师：追求爱情、赢得财富、享受生活，这些都是人性中基本的欲望，任何人都没有理由把它们同羞耻和罪恶联系在一起。

当按照预设的内容讲到这里时，我想，那个"中学生早恋"的疙瘩可能更不好解开了。

面对学生对情感问题的嬉笑，我又引用了但丁《神曲》中的诗篇。

师：其实在文艺复兴的那个年代，学生也在跟老师探讨着英雄、美人与爱的故事，但是他们的神情是那么的庄严和神圣。

在我听到我的老师历数古代英雄美人的名字以后，

我心中生出怜悯，仿佛又迷惑起来。

我开始说："诗人，我极愿和那两个人在一起行走……"

他对我说："他们靠得更近时，你将看到；那时，凭那引导他们的爱，恳求他们，他们就会过来。"

——《神曲》

此时，学生们脸上的表情从开始的玩笑，变得庄重而肃穆起来。

最后一个教学环节是"人文主义与中国传统文化、社会现实、自身发展的对话"。

在这一教学环节中，又有学生发出感慨："看人家的人文思想家是怎么看待年轻人的感情的，可我们男女同学在一起待得时间长一点儿，就要请

家长啦，就要说是早恋啦，没有一点人文关怀嘛。"（学生都大笑起来，还有人为这位学生的大胆发言鼓掌）

此时，我认为对"人文主义与中学生早恋"这个问题必须做出回应了，于是我这样做了全课的小结。

师：当我们再次欣赏哈姆雷特的台词，就会发现，这位王子与那位心里全是"绿鹅"的小伙子的境界已是大不相同。在哈姆雷特的心里，人是一件了不起的杰作，有高贵的理性、伟大的力量、优美的仪表、文雅的举止，在行为上像一个天使，在智慧上像一个天神；在哈姆雷特的心里，人不再只是本能的奴隶，而是宇宙的精华、万物的灵长。

师：当把人文主义的精神放进人生的行囊，我们需要再问自己一遍：要将青春萌动的好感放纵为恋情吗？我们有些迷茫；刚从精神枷锁的控制下逃脱出来，就要再成为欲望的奴隶吗？人们感到困惑；将一个社会的稳定和发展只寄托在人民和统治者的人性上吗？社会感到担忧。没有关系，人类面对自身、社会和历史不断向前的步伐，从没有停止过思考，17世纪，又一代伟大的思想家更加鲜明地高举起理性的大旗，开始了又一场深刻的思想解放运动。正如一位诗人所说，黑夜给了人们黑色的眼睛，但人们却注定要用它去寻找光明。

当我自认为在课堂教学中机智地化解了这场"绿鹅"的风波，并在山东省高中历史教师新课程远程培训中介绍这一案例时，没想到在历史同行中又引起了新一轮的"绿鹅"风波。

——钟老师选择"绿鹅"的情节本身就不妥，这是为中学生早恋提供"历史依据"，难怪学生会在这节课上不断地追问"早恋"问题。

——如何对待中学生"早恋"问题是班会课应该完成的任务，在历史课上回答学生这个问题，是"种了别人家的地，荒了自家的田"。

——"绿鹅"的故事不正是人文主义精神——尊重人、重视人、肯定人的情感和尊严的真实写照吗？面对课堂上学生提出的"早恋"问题，钟老师把它放在人文主义的背景下，引用《神曲》对爱情的描述，使学生的认知从开始的玩笑转变为后来的庄严神圣，使课堂成为教师与学生心灵沟通的最庄严的圣殿，在历史教学中培养了学生对爱情庄重、敬畏的情感。全课小结，钟老师正面且委婉地回答了中学生所面临的情感问题，使学生对爱情的思考回归了理性。

从原点追问：我教的是一门副科吗？

——这节课是在学"人文主义"，怎能忽略了"人"——学生呢？"青春萌动的好感"是否是学生特定成长阶段所面临的困扰？是否是人的正常精神需求？一名历史教师如果只分析出人文主义这一课的背景、内容和影响，而不能以人文主义的态度面对学生成长中的烦恼，那他本身就不是人文主义者。钟老师这节课教学的最成功之处就是她有人文主义者的情怀，这是让学生理解什么是"人文主义"的最生动的样板。钟老师面对学生的困惑，将学生对人生境界的追求从单纯关注"绿鹅"的小伙子升华到"宇宙之精华，万物之灵长"，这才是历史教学价值最充分的体现。

历史教学的最高境界是对人的关注，对生命的关注，历史教学应该承担起关注人、关注生命的责任，养成关注人、关注生命的习惯。

（二）从学科使命看学科价值：这个时代需要什么样的历史教育

现在，包括西方在内的所有史学工作者都不能否认，当前史学已经陷入了深度的危机之中。人们似乎不需要史学了，似乎在追求经济大发展的背景下顾不上史学了。

1. 如果历史仅剩下娱乐价值

或许史学自身也感到有些寂寞，于是一些"创新型"的史学传播方式和话语方式开始争夺人们的眼球，甚至不惜以贬低身段的代价来乞求世人的眷顾。于是，电视频道中"说史"类节目的收视率直线上升，书店里历史类书籍的面目也前所未有地活泼起来。这样一来，史学的娱乐功能倒是被发挥得淋漓尽致，但似乎也仅剩下娱乐功能了。

我们的社会果真不需要历史了吗？难道这个时代只能给充满噱头的"历史"留有一席之地吗？

这种娱乐化的倾向同样也蔓延到了历史教学中。当学生提到好的历史教师时往往会说："他会讲故事。"历史教师是否就是个"说书人"？还会说："他讲的历史特别有意思。"在教学中运用风趣、生动、幽默的语言本是教学的技巧，但这风趣中是否态度端正、表述严谨？这幽默是否与历史有关？这"有意思"中是否"有意义"？

娱乐化的历史传播和历史教学能一时迎合受众的需求，但这毕竟是一种低营养、没有可持续发展空间的传播方式。

对于这种现象，我非常赞同华南师范大学历史系张庆海教授在《中学历史教学中的史学理论问题》中所提的观点："而文化恰恰就在于精神，不在于知识，若无主导性的精神支撑，文化无论怎么生动都只能是知识。"

一节历史课到底靠什么濡染学生？从一位小学教师写的一篇文章中我们可以得到一些启示，在这篇文章中他说："一节课的价值靠的不是大家能看到的笑声、掌声，而是这节课所传递的思想和内涵，以及这节课所体现的学科价值。"

2. 如果网络上流行的历史价值观占据主流

记得我曾给著名历史课程改革专家、齐鲁教育学院齐健教授打过一个耗时很长的电话，我们讨论的话题是，现行高中历史教材是按政治文明的历程、经济成长的历程、文化发展的历程进行专题分编的，在这其中关于"民族平等、民族团结"的教育在高中历史课标中没有任何体现，在教学内容上也只有"民族区域自治"寥寥数语。这也就意味着，自《全日制普通高中历史新课程标准》实施以来，高中学生无法在历史课上系统地接受"民族平等、民族团结"的教育。现行高中历史教学已无法承担起让学生"像爱护自己的眼睛一样爱护民族团结"的使命，而这种社会使命的缺失所造成的后果，就是高中历史教师没有机会再系统地帮助学生树立应有的民族价值观。

上述问题只是一个缩影。在现实中我们不难发现，网络上流行的历史价值观正日益占据部分学生的头脑，这些价值观与国家对历史教学的要求不尽相同，有的甚至背道而驰。某些观点看似证据确凿，其实有失偏颇；有些言论可以让年轻人热血沸腾，但背离历史发展大势。

当我们只会用"中国人今天不高兴"这种简单的情感来表达我们的爱国欲求时，我们就可能忽略了一个人如果只会"不高兴"，那他一定还有个兄弟叫"没头脑"的事实；当我们只是把指责当作解决问题的唯一途径时，我们就可能忽略了这个世界上还有倾听、沟通、提出可行性方案等更有效的解决问题的方法；当我们的眼光只立足于当下的宣泄时，我们就可能忽略了国家的未来和长远的发展。

当代新史学的成功，在于历史学科的一种全新的被人称为"理解"的功能的全面兴起，历史学家力求通过"理解"的存在，使历史学成为对社会"有用"的学科。正如历史学家马克·布洛赫所说："千言万语，归根结底，'理解'才是历史研究的指路明灯。"[1]

从原点追问：我教的是一门副科吗？

---

① ［法］马克·布洛赫．历史学家的技艺［M］．张和声，程郁译．上海：上海社会科学院出版社，1992：105.

　　这里的"理解"的含义包括：要求人们通过了解历史及其经验教训，不用过于狭隘的眼光做出过于冲动的决定；要求人们相互体谅、相互尊重、求同存异，使大家在这个世界上能够共存。历史教育学家王加丰先生曾提出一个非常具有建设性的意见：当通过历史知识达到互相理解时，可以"用历史事实向自己的同胞做一些逆耳忠言的工作，使他们不至于狂热，对冲突采取理智、克制、实事求是和理解他人的态度"。[①] 每一位历史教师都应树立起"理解"的意识，向自己的学生做一些逆耳忠言的"劝告"，使他们不至于狂热，能够保持理性。这样，我们的学生在未来的社会中也会成为敢于说逆耳忠言的劝告者。

　　片段观察

入学第一课

　　每年新生入校，我都会上一节"为什么要学历史"的开篇课。其中一个重要内容，就是请学生用自己的观点来评述当今的国际热点问题。对于中国与邻国的关系，有部分学生对周边国家采用不屑的语气进行评述，甚至他们还能随口说出一些国家在网络上的外号。

　　面对这种现象，我向学生提了几个问题。

　　(1) 中国也曾被评价为什么？你有何感受？对照历史，你如何看待这些国家的外号？

　　学生们说，中国曾被人称为"东亚病夫"，这是国耻的表现。回顾历史，我们再看这些网络上流行的别国外号，想到一句话，"己所不欲，勿施于人"。

　　(2) 请再回顾历史，其他国家的一些毛病，我们自己有没有？

　　学生们说，我们也曾有过思想狂热的时候，也不习惯反思自己的不足；我们也曾沉醉在五千年文明古国的荣耀中，而脱离了世界发展的大趋势；我们也曾闭关锁国，直到今天，我们的社会主义建设还有很长的路要走；现今，我们还有众多国人热衷于围观，心态冷漠。

　　(3) 能否从你不喜欢的这些国家中找出它们的优点？

　　学生们说，这些国家有的善于向其他国家学习，走上了强国之路；有的虽然比较封闭、不发达，但他们不畏霸权；有的善于把握科技革命的机

---

　　① 王加丰.史学理论与中学历史教学［M］.北京：北京师范大学出版集团；合肥：安徽大学出版社，2011：18.

遇，现在在世界高科技市场占据了相当的份额。

（4）在一个班级中，如果有个同学看身边的人一身都是毛病，并且不求沟通，不愿反思，不愿向别人学习，你喜不喜欢这样的同学？你是否希望中国在世界这个大家庭里也是这样的？

我用阿Q的形象引导学生反思国民心态。阿Q爱说"老子当年也很阔"，他很喜欢沉醉在辉煌的历史中；阿Q见了王胡就求饶，见了小D就动手，因为他惧怕强者，又瞧不起比自己弱的人；阿Q挨打了就说"儿子打老子"，他只能在骂人中寻求心理平衡；阿Q爱看杀革命党，有在冷漠中国观的毛病；阿Q受不了城里做菜切葱丝，坚持认为应该是未庄的葱叶，因为他总以自己为标准。

学生们说，如果我们全体国民不去掉阿Q的这些毛病，那我们的国家就会成为像阿Q一样的国家。

（5）我们到底应该展示一个什么样的国家形象？

不论是一个人还是一个国家，都有自己的优点和缺点，甚至更多的时候优点和缺点会交织在一起，难以剥离。就拿中国来说，一方面，几千年封闭的自然经济决定了中国人安土重迁、安于现状，开放、进取的观念比较淡薄；但另一方面，也决定了中国人不好勇斗狠，不具有侵略性。

中国有着独特的文化基因，与西方强调个人权利的"自由""民主"相比，它更注重"仁者爱人"的道德意识。这种意识表现在家庭中是"长兄为父"，长兄应把照顾弟、妹当成义不容辞的责任。这种意识延伸到国家层面，则表现为怜惜弱小，乐于帮助需要帮助的国家。中国自古以来就有"和而不同"的理念，从个体来说，大家习惯于"管好自己家的事，不掺和别人家的事"。这种理念延续到外交政策上，就表现为"求同存异""互相尊重主权和领土完整，互不干涉内政"。有这样文化基因的国家，不管多强大，都不会欺负人，所以才会有"中国的发展不是世界的威胁，中国现在不称霸，将来也永远不会称霸"这句承诺。

学生们说，听老师一讲，认识到这样的中国跟大家之前的认识有很大不同。某些网上的观点，虽然打着爱国的旗号，但除了逞口舌之快，授人以把柄外，根本无益于树立中国的良好形象。

3. 每节课都应彰显其应有的学科价值

为什么只有在现实生活中遇到国民意识出现偏差的时候，我们才会发

从原点追问：我教的是一门副科吗？

现历史教育价值观的缺失？当我们在历史课堂上忙于画重点、破难点、解析材料的时候，是否应该想想我们应该向学生传达一种怎样的历史价值观？

我很欣赏这样一句话："真正的教育，是十年以后仍在起作用的教育。"所以，在进行教学设计的时候，我都要寻找一个制高点：这节课十年后仍能对学生起作用的是什么？

历史教学对于学生来说，十年后仍在起作用的不会是重点、难点、考点，而是让人拥有什么样的历史价值观。我们教给学生什么样的历史价值观，这个国家十年后就会有什么样的公民。因此，向学生传播正确的历史价值观，既是历史教学最重要的使命，也是历史学科价值最重要的体现。

片段观察

学科教学的育人功效

2009年我随齐鲁名师考察团到美国进行了为期20余天的学习。说实话，当我这种身兼"政教处"管理者身份的人走进美国的校园，真是时时刻刻受着刺激——有的学生发型也太怪异了，有的学生服装也太暴露了，有的男女学生在一起也太亲密了，不知多少次让我有种冲上去管管他们的冲动。不过话说回来，那一个个花枝招展的小姑娘，看上去真的很美。

去美国之前，我的心中一直有个谜团，美国学校没有"政教处"，也没有班主任这种常设的、天天"操碎了心"的管理支柱，它们是怎样把那些充满个性的孩子聚拢到一起的？

通过在美国学校的考察学习，我发现，美国学校在看似宽松的管理背后有另一种细致入微的"严"。美国学校校园网的内部平台上记录着每一个学生的"违纪记录"，一张"白纸"般的优秀学生会受到学校的表扬，而排在后面屡有"案底"的学生也会受到相应的处罚。

在美国的校园里，我还看到让人惊讶的一类人——警察。上课的时候，警察站在教室的门口喊"上课了，上课了"；学生唱歌的时候，警察坐在旁边也兴致盎然地跟着唱；快下课时，警察就在那里查看考勤表。警察没有固定的工作场所，图书馆、餐厅、自修室都可以看到他们的身影，面对学生，他们总是一副和蔼可亲的样子。

在美国的课堂上，我们所谓的"情感、态度、价值观"教育简直无处不在，历史课、社会课、阅读课、英语课……在这些课堂上，学生无时无刻不在讨论国家观念、公民意识、社会责任。历史与其他学科的相互渗透与结合同样是无处不在，在小学生的阅读课上，我们可以听到讨论奴隶贸易的话题，上历史课的时候，教师会让学生讨论一本文学作品中的人性问题，甚至有两节课我压根没分清他们上的是历史课还是英语课。在美国的历史课上，最常讨论的话题是"现在"与"我们"。讲海地历史的时候，教师是从海地大地震和学生的捐款导入的；讲美国政府的时候，教师和学生讨论的是"作为一个美国公民，你应该如何运用这节课所讲的美国政体所提供的保障与权利"。这种界限模糊的理念，使美国历史教学的"史鉴"职能更加突出，学生的视野更加广阔，学生会更有意识地思考自己的责任。这样的课堂教学给人一种虽然没有班主任却似乎天天都开班会的感觉，而且这种"课堂班会"更能深入学生思想和精神的本质。

在我参观的学校中，课间学生很少有喧哗吵闹的，他们都表现得彬彬有礼；上课时虽然有时坐不正、立不直且握笔姿势不正确，甚至很多孩子用左手写字，还常常走到讲台前擤鼻涕、削铅笔，但绝大部分学生都专注于学习和讨论。用我们常用的"校风正，学风浓"来形容我参观的几所学校，毫不过分。每天清晨，师生都会肃立，与校园广播同步表达对国家的忠诚，提醒自己应承担的责任，学校还会对学生的情况进行点评。在短短的几天里，我们还参加了学生为帮助穷困人群而发起的冷餐会和为迎接奥巴马新年演讲而举行的音乐会。

而反观当前我国的教育教学实践，学科教学则远未发挥其应有的育人功效。在职责上，很多教师简单地将教育责任推到班主任工作、政教管理、学生活动等方面，严重忽略了学科教学在学生素质养成、品德发展中的作用。

其实，学生在学校的大部分时间和精力都用在了学科学习上，且学科教学有固定的课程、稳定的教材、专职的教师，可以保证各学科能够有目的、有计划地在教学中发挥育人功效。学科教学的育人功效渗透面广、量大、时间长，具有细水长流、潜移默化的作用。因此，学科教学应是学校育人功能最本原性、最常态化的主渠道，其持久强大的教育力量是其他任何教育形式都无法替代的。

（三）从学科标准看学科价值：我们真的落实课标要求了吗

当我充分体会到彰显学科价值在历史教学中的重要地位时，又一个问题摆在了我的面前：历史教育到底应在哪些方面体现其学科价值？

1. 关于学科价值的几种表述

辽宁大学历史学院焦润明教授在《论历史学精神》一文中从九个方面概括了历史学的精神：尊重客观历史事实的求真精神、探究社会发展规律的理性精神、学科方法上的兼容精神、品评历史人物的抑恶扬善精神、记录人类文化和民族传统的传承精神、培植民族凝聚力的聚合精神、与文明共进的时代精神、关怀社会生态的人文精神、总结过去面向未来的尚智精神。

还有学者将历史的学科价值概括为以下几种。

（1）历史学科对其他学科的坐标和动力价值。

（2）历史学科的认识价值，即增强人们历史的眼光，善于从历史上看问题，重视历史的条件和因素。

（3）历史学科的借鉴价值，即能够为人们的实践活动提供经验和教训，从而使人们以史为鉴，避免重犯人类历史上曾犯过的错误。

（4）历史学科的教育价值，其中包括道德教育、理想教育、历史眼光教育等。

（5）历史学科的娱乐价值、休闲价值和消遣价值，即可以通过学习历史度过闲暇时光，并可以从中得到愉悦和审美的情趣。

应该说，上述观点对于在历史教学中彰显学科价值都有很强的启发性，但需要注意的是，历史学科价值的界定还有另一个不能忽略的标准，那就是国家颁布的历史课程标准。

2. 课程标准以国家意志体现学科价值

我们可以用一句话概括课程标准的地位：课程标准是实施教学时国家意志的体现。

学科课程标准是从学科的角度回应国家教育目标的落实情况的，即学科的育人价值。因此，课程标准规定的课程内容具有相对的确定性和法律约束力，是指导教材编写、考题命制和教师授课的法规。一般来说，课程标准不论是从学科角度还是从法律角度来看，都不允许教材编写者、试题命制者和授课教师擅自变更和重新解释。

这样讲很可能会引起很多教师的质疑。或许有人会说这是以课程标准和国家意志束缚教师和学生的创造性思维。那就让我们再回到课堂教学中来看一看，有的教师为了实现引导学生探究问题的设计意图，在发现学生在一些涉及大是大非的根本性问题上出现明显的方向性错误认识的情况下，不去加以正确引导，反而把它当成学生的"闪光点"去大加肯定。同样令人遗憾的是，在这些设计案例的背后还会有其他教师表示赞扬："这个设计很新颖。"当然，这些教师都是非常认真的人，但我们不得不思考的是，在设计这种教学情境和环节的时候，是否应该更多地想一想教学设计的"本"究竟是什么呢？

当看到现实社会中种种在历史价值观上迷失的现象时，我非常痛心地发现，某些错误的历史价值观恰恰是从我们的历史课堂上传播出去的。很多教师用自己的历史价值判断取代国家课程标准界定的历史价值判断，以感情代替理性，以狭隘取代宽容，以个性化解读背离国家意志，以片面追求教学效果背离历史教育的本质。

片段观察

是否需要一个"国家标准"

在某次历史教师培训中，针对"二战"初期，德国法西斯迅速占领欧洲大片土地这一历史事件，有位教师的设计情境是"我为希特勒当参谋"。让这位教师津津乐道的是，当学生看到多媒体课件上一枚枚炸弹爆炸，欧洲的一个个国家被德国占领的时候，发出了激动的呼声。当这节课结束时，学生们还意犹未尽地说："打得不过瘾啊，真希望这样的战争能再来一次。"

面对这个教学设计，我们专家团队震惊了，真的不能再沉默了，当我们以团队的名义发出"历史教学不能偏离正确的价值观"的声音时，仍有许多教师在回帖中反驳我们："不要这么认真吧！让学生喜欢历史才是最重要的。"面对这样的状况，真让人欲哭无泪。我们到底应该让学生喜欢怎样的历史？我们是否应该为了博得学生的喜欢而放弃历史教学应有的原则，放弃历史教师应有的职业良知？当这种对历史"个性化"的解读充斥于课堂的时候，是否需要一个体现国家意志的课程标准？

上述现象提醒我们有必要进行反思：我们是基于什么进行历史教学的？

著名课程改革专家崔允漷教授在《基于课程标准：让教学"回家"》一文中概括了日常教学实践中的六种发展趋向。

（1）基于教师经验的教学。教师将课程与教学系于一身，教师成为教学内容的活的载体，"怎么教"由教师决定，学生素养的提高很大程度上取决于教师自身的经验，教学的随意性较大。

从原点追问：我教的是一门副科吗？

（2）基于教材的教学。这种教学几乎将"课程"等同于教材。教师"以课本为本"，把教材当作"圣经"，几乎变成照本宣科的教书匠，学生成为不断被灌输课本内容的容器。

（3）基于考试的教学。即中考、高考考什么我就教什么，怎么考我就怎么教，考到什么程度我就教到什么程度，考试不改教学就不变。

（4）基于学生经验的教学。这确实体现了"以学生为中心"的理念和人本主义的情怀。但基于学生经验的教学是一种内部参照的教学，而国家制定的课程标准则是衡量课堂教学质量的外部参照体系。当学生能力较低时，教师如果弱化课程标准，所谓的"基于学生的经验"便成为单纯地迎合学生，便失去了教学的引领价值。

（5）基于素材资源的教学。无论多么丰富的教学资源都要为课程标准和教学目标服务。被眼花缭乱的教学资源填充起来的课堂，只能是一盘散沙的"故事会"。

（6）基于课程标准的教学。"国家的教育目的或方针是最高一级的目标，它是国家意志的体现，描述的是一个国家培养什么样的年轻人或什么样的公民的大问题，它是从'应然或理想'的角度对目标进行超越学科的、抽象的、总括性的表述。学科课程标准（学科课程总目标、学段内容标准）代表着第二级目标，它是从'实然'的角度，用稍微抽象、笼统的语言描述一门学科的育人价值、学科素养或关键能力。教师确定的目标（学期或模块目标、单元或课时目标）代表着第三级目标，它是课程标准的派生物，也是目标的进一步具体化，因此更接近于可观察或测量、可评价。""由此可见，教学的'老家'是国家课程标准，教师理所当然要基于课程标准进行教学。"

3. 充分体现学科价值需要深层次落实课程标准

在充分认识到课程标准在体现学科价值中的权威作用后，有必要对照一下在教学实践中我们是如何落实课程标准的。

片段观察

把课标再往前读一段

有不少同行习惯于备一课便孤立地解读一课的课标，以人教版高中历史必修1第7课"英国君主立宪制的建立"这一课的教学来看，课标要求只有下面这一句话。

本课课标：了解《权利法案》制定和责任制内阁形成的史实，理解英国资产阶级君主立宪制的特点。

如果我们对课标的解读只停留在这一句话上，那么随便讲一讲就可以说："我已经告诉学生《权利法案》和责任制内阁的史实，让学生理解了英国资产阶级君主立宪制的特点，所以这节课我已圆满完成课标要求的任务。"

但事实是这样吗？在这里，有必要提醒大家在解读课标时要有再往前读一段的意识。还是以英国的君主立宪制为例，我们把课标往前再读一段就会发现，还有整个政治文明模块的课标要求呢。

模块课标：政治活动是人类社会生活的重要组成部分。它与社会经济、文化活动密切相关，相互作用。了解中外历史上重要政治制度、重大政治事件及重要人物，探讨其在人类历史进程中的作用及其影响，汲取必要的历史经验教训，是高中历史学习的基本内容之一。

其实课标的这一部分内容恰恰是"必修1"政治史教学中居于统领地位的"模块主题"，依据这一模块主题，我们可以进一步思考：

（1）英国的君主立宪制怎样体现了政治活动在人类生活中的重要性呢？

（2）在它建立的过程中怎样体现了它与社会经济、文化活动之间的相互关系？

（3）当学生了解了英国的君主立宪制之后，他们知道它在人类历史进程中的作用和影响吗？

（4）学生从英国君主立宪制的建立中到底汲取了哪些经验和教训呢？

当我们孤立地解读课标时，备课的思路就局限在了一句话的课标要求上，学科价值也就被局限和封闭在一个狭小的范围内。而站在"必修1"模块主题的角度，我们就能发现这节课可想、可备、可让学生思考的东西很丰富。

其实，课标的解读到了这一步还没有结束，我们还应该再往前读几段。在历史课标的前两部分，不论是在课程理念、设计思路上，还是在课程目标的总述中，都反复提到下面这些语句。

学科课标：全面发挥历史教育的功能，尊重历史，追求真实，吸收人类优秀文明成果，弘扬爱国主义精神，陶冶关爱人类的情操。通过历史学习，使学生增强历史意识，汲取历史智慧，开阔视野，了解中国和世界的发展大势，增强历史洞察力和历史使命感。认识人类社会发展的统一性和

从原点追问：我教的是一门副科吗？

多样性，理解和尊重世界各地区、各国、各民族的文化传统，汲取人类创造的优秀文明成果，进一步形成开放的世界意识。

应该说，上面的表述是对三大模块，也就是整体的历史教学提出的要求，也是体现学科价值的最高目标，这些目标恰恰需要我们在每一节课的教学中去落实。

站在这样的高度再来看"英国君主立宪制的建立"这节课，我们发挥出它应有的历史教育功能了吗？英国的君主立宪制为资产阶级代议制提供了什么统一性的原则、做出了什么独特的贡献呢？我们到底让学生形成了怎样的历史意识、汲取了什么历史智慧呢？

由此可见，深入解读课标是彰显学科价值的重要依托和保障。分别站在一课课标的角度上、站在模块主题的角度上、站在学科整体要求的高度上来组织教学，会使学科价值得以阶梯式、递进式、全方位地体现出来。

试想一下，如果我们充分发挥历史教育作为人的学科的特点，承担起应有的社会使命，全面落实课程标准的要求，那么学生将拥有完善的人格、充盈的精神世界。由这样的人群组成的社会，将充满由历史启迪而带来的理性与智慧；由这样的人群建设的国家，会有保持方向的定力，会有吐故纳新、自我完美的能力，会具有拼搏进取、不断向前的动力。达到此种境界，我们对国家和民族的贡献比所谓主科的教师少吗？达到此种境界，我们就可以肯定地说："我们所教的历史绝不是一门副科。"

案例展示

国共合作抗日[①]

【设计背景】

"国共合作抗日"是岳麓版高中历史必修（I）"新民主主义革命与中国共产党"一课的组成部分，按照常规教学进度的处理，此部分往往与其他部分合并为一节课。2005 年是世界反法西斯战争胜利 60 周年，而此时日本国内政要表示将继续参拜靖国神社，导致中日关系出现了较大的波动。每当听到日本右翼势力的无耻言论，每当看到青年人在网络上以愤青的姿态

---

① 钟红军. 新课程在新课堂——钟红军高中历史教学实录 [M]. 长沙：岳麓书社，2007：36.

对待中日关系，我都会想，作为一名历史教师，我应该做些什么？能够做些什么？思考的结论是，我将以"国共合作抗日"这一内容的教学为依托，引导学生站在人类文明的高度上审视中日之间的这场战争。我把"人性的较量、正义的胜利"确定为本课的潜在主题，并搜集了各种信息资源，给学生布置了分组预习的作业。

【教学过程】

师：2005年，全国的媒体和社会各界都在以不同的方式纪念一个重大的历史事件——世界反法西斯战争和抗日战争胜利60周年。讲课之前，我先来做一个小小的调查：提起抗日战争，你们首先想到的是什么？

生：（略）

师：概括大家的发言，有事变、惨案、血腥、愤怒这样几个关键词。对于这场人类文明史上的浩劫，我们的认识仅仅停留在事实和简单的情感上是远远不够的。如果我们的视野更宽一些，会发现抗日战争还承载着更丰富的历史信息；如果我们站的角度更高一些，会发现抗日战争给我们带来的更深层次的启迪。这节课，我们就一起站在人类文明发展的高度上重新审视抗日战争。

（出示第一组图片：日本绘制的两幅亚洲地图。此处略。）

师：观察这两幅地图有何不同？说明了什么？

生：第一张图片上日本把中国的东北和台湾以及朝鲜与自己设为同一色，而在第二张地图上，整个中国东部、新疆部分地区都被纳入日本版图，太平洋上的诸多岛屿、东南亚、南亚也以不同的颜色标注出与日本的关系。说明日本的侵略野心是不断膨胀的，侵略步伐也是步步加快的。

师：1936年，日本出台了"国策基准"，其侵略目标由传统的大陆政策发展到向南方海洋扩展。这一方针决定了日本将大大加快其侵略步伐。

（出示第二组图片。）

上军事课的日本小学生　　日本僧人也军训　　乡亲赠给入伍日军的签名

师：你从战前的日本感受到了什么气息？

生：日本武士道传统浓厚，并在全民范围内开展了广泛的军国主义教育。

（出示第三组图片：1936—1937年，日本赶制大量国旗，准备插遍中国各地。此处略。）

师：从这张图片你可以得出什么结论？

生：日本已为全面侵华做好了充分的准备，战争不可避免。

师：在这种背景下，1937年，日本制造了"卢沟桥事变"，这既是日本发动全面侵华战争的开始，也是中华民族全民族抗战的开始。

（一）日本侵华

师：日本在发动全面侵华战争后，制造了一系列惨案。提起这些惨案，我们一定会想到"南京大屠杀"，想到"731部队"。透过惨案中的血迹，我们还应该看到更深层的东西；站在人类文明发展的高度上，我们还应该有更深层次的思考。下面就由老师来带领大家"多一个角度看大屠杀"。

1. 理性思考：多一个角度看大屠杀

（1）角度一：南京地狱和靖国幽灵

师：日本侵华战争给中华民族带来了深重的灾难，仅南京大屠杀中就有30万生命被日本侵略者以不同的方式杀害。而当今日本社会右翼势力依然十分活跃，2005年4月日本文部科学省审定通过了新版历史教科书。书中美化其侵略史，甚至公然鼓吹"侵略有功"。更甚者，在抗战胜利60周年纪念日时，日本首相小泉纯一郎刚刚表示道歉后，于10月份又第5次参拜靖国神社。如果说屠杀是人性丧失的表现，真诚的反思和歉意是人性回归的表现，那么对屠杀的抹杀和对受害者的漠视就是对人类良知的侮辱，无异于对人类心灵进行的又一次杀戮。

（2）角度二：人与魔鬼的界限究竟在哪里

师：请大家看这张照片，三位谦谦君子面色平和，好像在开什么会议。中间的那位一脸忠厚，右边的那位可以称得上帅气。大家知道他们是谁吗？他们就是南京大屠杀中臭名昭著的"百人斩"比赛的制造者。看到这组图片我们不禁要问："人与魔鬼的界限究竟在哪里？"著名电影演员、导演姜文说："每当看到电影学院的日本同学，我都会在心里想，他们是多么和善、多么可爱、多么可亲的朋友啊。可就是这样一群人的父辈曾做出何等灭绝人性的事情。如果再有战争，我的日本同学也会变成残酷的战争禽兽吗？"姜文提出的问题值得我们思考，然而，更值得整个日本民族思考的是：是什么力量让人变成魔鬼的？

生：如果不彻底肃清日本军国主义的影响，清除武士道传统的影响，和善的日本人还有可能再次变成魔鬼。

（3）角度三：中国平民的儿子和日本侵略者的女儿

师：看了上面的图片，同学们有何感想？

生：我的第一个念头是憎恨，憎恨侵略者的凶残；第二个念头是不解，不解中国人"无原则"的善良。我觉得以德报怨要看对象，否则我们的善良换来的便是别人的漠视和残忍。

师：刚才这位同学的感想不属于"官方语言"，却很能代表大家的真实想法。那么我们就静静地读一读下面这封信，细细品味一下中国人的善良和以德报怨。

（4）角度四：中国英雄的妹妹和日本侵略者的妻子

师：1938年，在武汉"四二九空战"中，中国空军英雄陈怀民驾驶飞机撞向日军飞机，与敌人同归于尽。战后，人们在日机残骸中发现了日机驾驶员高桥宪一的妻子写的劝其珍惜生命的家信。陈怀民的妹妹陈难读完该信后，写了一封这样的回信：

> 我失去胞兄的心境，使我设身处地想到你失去高桥先生的心境，中日两国人民竟是如此凄惨地牺牲于贵国军阀的错误政策之下。
>
> 怀民哥坚毅地猛撞高桥的飞机，和高桥君同归于尽。他和高桥君并没有私人的仇恨，他们只是代表着两种不同的力量粉碎了他们自己。
>
> 我家里的父母非常深切地关怀你，像关怀他们的女儿一般。我盼望有一天让我们的手互相友爱地握着，沉浸在年轻人的热情里。我们有理由为这个信念而努力。

师：这封用血泪挥写的信在当时被译成多国文字，成为强大的反法西斯的舆论武器，它表达了中华民族的坚毅精神、宽阔胸怀和争取和平的真诚愿望。如果说到对日本帝国主义的仇恨，无人能及陈怀民和陈难一家，那为什么这一家人在刚刚被日本法西斯夺去亲人生命的时候展示了这样的胸怀？

生：陈怀民一家的愤怒、宽容和热情都是无条件的，他们的愤怒代表了人间的正义，他们的宽容闪耀着人性的光芒，他们的热情体现出人们对美好未来的不懈追求。陈难在信中已经告诉了我们答案——这原本就是两种不同力量的较量。

师：伴随着残酷的屠杀，日本还在中国实行"以华治华"的殖民统治政策，通过建立伪政权，在占领区推行"治安肃正运动""治安强化运动"和"清乡运动"，进行残暴的统治。沦陷区人民开始了亡国奴的生活。下面请第一组同学展示他们搜集的资料："亡国奴的生活"。

2.展示资料：亡国奴的生活

生：上面两幅图为汪精卫投敌前后的对照图。我们来看汪精卫的脸，汪精卫投敌之前看上去是一个气宇轩昂的男子汉，我们再来看汪精卫投降后的表情，或狡辩，或迷茫，或空虚，或恐惧。当一个人失去内心操守的时候，就再也无法控制自己的表情了。

生：大家看到这张照片一定会说他是"日本鬼子"，我要告诉大家的是，这是一个地地道道的中国人，是当时日伪政府的高级官员。从这个人的形象上我们可以知道什么是心甘情愿、彻头彻尾的汉奸。

生：在日伪学校，小学生在饭前都要祷告，感谢日本皇军的恩赐。因此，许多家长坚决不送子女到日伪学校读书。在市区，多数家长宁愿多花钱，也要把子女送到西方教会学校或私立学校读书，即使子女在日伪学校读书，家长也会叮嘱子女不要相信日伪的谎话，要忠于自己的祖国，保持民族气节。在抗战期间，广大城乡的私塾突然增加，其中很重要的一个原因，就是中国人不愿送子女到日伪学校接受奴化教育。

生：抗战时期，青岛的中小学里建立了很多地下抗日组织。1941年冬季，日本在青岛商业学校用来训练学生的200多支新枪，在中国学生的内应下，被崂山游击队在深夜里劫走。

师：亡国奴的生活就是有人告诉你，你不是中国人，而且有的人真的忘记了自己是中国人，但更多的人则是时刻提醒自己是中国人，宁死也要做中国人。面对亡国灭种的威胁，在中国共产党的积极倡议下，国共两党不计前嫌，再度携手，共赴国难，奠定了团结全国各党派、各阶层的抗日民族统一战线的总框架。

（二）第二次国共合作

师：在此框架下，中华民族"地无分南北，人无分老幼"，举国抗战，表现出了空前的民族凝聚力。在抗日战争中，既有以国民党为主导的正面战场，也存在以共产党为主导的敌后战场。

（三）两个战场

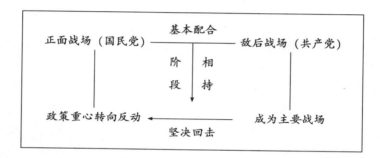

师：关于两大战场在抗日战争中的作用，不同的政治力量有着不同的评论，有人说国民党是消极抗战、积极反共；有人说共产党是"三分抗日，七分捣乱"。下面我们请第二小组的同学来展示他们的研究成果。

1. 史实分析：我看两大战场（正面战场）

史实1：《新一军军歌》

吾军欲发扬，精诚团结无欺罔，

矢志救国亡，猛士力能守四方。

不怕刀和枪，誓把敌人降，

亲上死长，效命疆场，才算好儿郎。

......

分析结论：正面战场回荡着斗志昂扬的民族精神。

史实2：惨烈的淞沪会战

为了淞沪会战，国民党政府动员了全国1/3以上的兵力，平均每天就有1个师的士兵阵亡，第一天就有多名国民革命军的旅长牺牲在前线，可想而知战况有多么惨烈。冯玉祥说："这个战场就像大熔炉一般，无数部队填进去就熔化了！"

分析结论：正面战场的巨大投入粉碎了日军三个月灭亡中国的计划。

史实3：衡阳保卫战牺牲的国军英烈

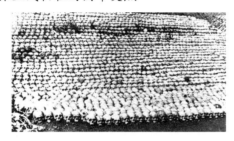

衡阳保卫战牺牲的国军英烈

分析结论：正面战场付出了巨大的代价。

史实4：领袖评价正面战场

以国民党军队为主体的正面战场，组织了一系列大仗，特别是全国抗战初期的淞沪、忻口、徐州、武汉等战役，给日军以沉重打击。……国民党军"八百壮士"等众多英雄群体，就是中国人民不畏强暴、英勇抗争的杰出代表。

——胡锦涛在纪念抗战胜利60周年大会上的讲话

分析结论：那些在青天白日帽徽下为民族浴血奋战的勇士，同样是中华民族的英雄。正面战场的作用不容忽视。

2. 史实分析：我看两大战场（敌后战场）

史实1：到底谁离鬼子更近

（出示"国民党正面战场形势的恶化及其独裁统治图"。此处略。）

分析结论：八路军坚持抗日战争的时间最长，在最广大的地区、最接近敌人的地方作战。

史实2：鬼子最不愿与八路军作战

齐会之战，八路军歼敌700余人，俘日军7人，缴获山炮1门，轻重机枪20余挺、步枪200余支。

或许你觉得这个战果还不太辉煌，但要知道这样的战斗八路军经历了12万余次。

在《我认识的鬼子兵》一书中，很多老鬼子都说："我们更不愿同八路军交战。"

从原点追问：我教的是一门副科吗？

分析结论：敌后战场与正面战场有很大不同。

战术不同——正面战场为大规模阵地战；敌后战场为游击战、地雷战、地道战。

效果不同——正面战场伤亡巨大、丢城失地；敌后战场消灭敌人、壮大力量。

史实 3：百团大战后蒋介石发贺电

"贵部窥此良机，断然出击，予敌甚大打击，特电嘉奖。"

分析结论：八路军在抗战最困难的时候主动出击，鼓舞了全国人民的斗志。是否游而不击，蒋介石已有结论。

史实 4：有时候敌人的感受最权威

敌大半为中共军……交战回数一万五千次，与中共党军的作战占七成五，交战的二百万敌兵力中，半数以上都是中共党军，我方收容的十万九千具敌遗尸中，中共党军约占半数，而七万四千的俘虏中，中共党军所占的比率，则只有三成五。

——《朝日新闻》一九四四年一月十五日电

分析结论：敌后战场让鬼子胆寒。

师：经过 8 年艰苦的抗战，1945 年 8 月，随着日本的无条件投降，中国人民取得了反侵略战争的完全胜利。8 年抗战，使人民的力量不断壮大，中国人民的民族自尊心和自信心大大增强，这一切为民主革命的胜利奠定了坚实的基础。

师：可是最近我发现网上有这样一种观点："中国局部抗战 14 年，全面抗战进行了 8 年，一直没有取得胜利。但苏联一出兵，美国一扔原子弹，日本就马上投降了。所以说中国抗战的胜利主要得益于苏联和美国。"为此，我给第三小组布置了预习作业"互联网上，我的跟帖"。

生：在 1945 年以前，不仅中国无法单独取得反法西斯战争的胜利，包括美国、苏联等任何国家都无法独立完成。因为世界反法西斯统一战线是个有机的整体，正是由于各反法西斯国家的相互配合和支援，世界人民才共同迎来了最后的胜利。

生：在《联合国家宣言》上，当时的中国政府代表中华民族庄严承诺，用自己全部的人力、物力抵抗法西斯，决不与日本帝国主义单独媾和。中国是世界上第一个受法西斯侵略的国家，也是最后一个迎来胜利的国家，在抗战中，中华民族做出了巨大的牺牲，用鲜血和生命履行了诺言。中华民族表现出的不屈不挠的民族韧性，令世界刮目相看。

生：我们可以假想一下，如果中国投降了，那么世界反法西斯联盟将是一种怎样的情形。苏联战场将面临德日夹击、两线作战的被动局面。如果让日本占据了中国的全部资源，控制了中国的兵力，太平洋战场的形势将更加被动。连当时的美国总统罗斯福都说，"那种局面我们不敢想象"。"二战"后期，中国政府参加了一系列重要国际会议，并成为联合国创始会员国和安理会常任理事国之一，表明中国人民的艰苦抗战和巨大贡献赢得了世界人民的认可和尊重。

师：让我们回到1945年的8月，和中华民族一起去分享这伟大的胜利。

（伴随着《红旗颂》激越的旋律，师生共同分享教师搜集的资料。）

师：我们不妨以老舍先生的一段话作为抗日战争的缩影。"民族，带着鞭痕，悲壮地生存着；国家，带着创伤，骄傲地屹立着；人民，带着鲜血，顽强地站立着。就是那些表面上毫无英雄气概的人们最后成了胜利者。他们经受了最冷酷、最严峻的摧残和折磨，没有下跪，没有死绝，他们高傲地站着，挣扎着，宁死不屈，反抗着，终于迎来胜利。正义，带着它的庄严、神圣和人道，光荣地战胜了邪恶、侵略和野蛮。"

让我们记住这段话，它告诉我们，一个人不论在多么黑暗的情况下都应把持内心的气节和操守；一个民族不论在多么困难的情况下都应抱定必胜的信念。只有这样，我们才能战胜黑暗，迎来黎明，走向复兴。

【案例说明】

虽然"国共合作抗日"一课曾收入我的另一本教学专著《新课程在新课堂——钟红军高中历史教学实录》中，但我在此仍想以它作为案例来说明历史教学的学科价值。

这是一节日常的教学课，比起我上过的一系列评优课、展示课，这节课在我的教学经历中留下的印记最深。从这节课中我感受到一种由使命感而引发的强烈的教学欲望，感受到来自学生的强烈的思想共鸣。

作为一名有十余年教学经验的教师，我也想在两次国共合作的比较、两大战场的关系、第二次国共合作得以维护的原因等常规知识上多安排些时间，但课堂实践证明，没有标准答案的教学内容更能震撼学生的心灵。当我看到学生充满理性地分析"人与魔鬼的界限"，从陈难的信中深刻体会

从原点追问……我教的是一门副科吗？

27

"正义与邪恶的较量"，从汪精卫的表情变化中捕捉"失去操守与气节的可怕"，含着眼泪分享"民族的尊严与自豪"的时候，我坚信，"人性的较量，正义的胜利"这个教学主题我选对了。

以往教师在进行有关抗日战争历史的教学时，较多着墨于日本侵略者的残暴、中国人民的英勇，而我在设计这节课时，力求站在人类文明发展的高度上，依托"人性的较量，正义的胜利"这一主题，将学生带入一个理性思维与情感交织辉映的全新境界，较好地体现了主题式教学的特色。

我与学生一起鞭挞了侵略者的丑恶、投降者的卑微，歌颂了宽容者的高贵、抗争者的伟大。在教学过程中，没有简单地灌输"牢记国耻""中华民族是不可战胜的""增强民族的自豪感""理性爱国"等观念，全课在清晰的教学思路的引导下，在师生搜集和分享信息的互动中，将善恶标准、是非观念、人生境界、民族情感如血液一般输入学生的血管里，给学生留下了深刻的印记。

这样的教学能使教师更加贴近学生主体的生命需要，能使教育更加富有人文色彩，能使课堂更加富有理性。参拜靖国神社的小泉、制造南京大屠杀"百人斩"的刽子手、表情变幻莫测的汪精卫、大仁大义的陈难等素材无一脱离"人"的主题，无一脱离正义与邪恶的对照，各种抗战中的人物勾勒出了宏大的历史画卷。我充满激情地说："正义，带着它的庄严、神圣和人道，光荣地战胜了邪恶、侵略和野蛮。"在这一瞬间，我感受到了学科价值的巨大力量。

从节点追问：
我的课堂应是什么样子的？

教学素养是教师设计、实施和驾驭课堂教学的能力，是学科教师对教学过程拥有的体验与思维模式，是考验一个教师能不能把自己的学问转化成学生能够接受、乐于接受的知识的教学能力或技巧。教师以持续的反思促进课堂教学的完善，以科学的设计意识保障课堂教学的规范，以独特的教学理念和教学价值观作为"我的课堂"的标志，不断提升自己的教学素养，用一堂堂课串联起教师职业生涯的节点，在教学素养的滋润下，让课堂焕发出蓬勃向上的生命气息。

问题缘起

21年前的春天，我心情忐忑地准备着实习期的第一堂课。记得当时的我一边背教案，一边在学校操场的跑道上慢走，走一圈大约要七分半钟，走五圈儿正好背完一遍。那天晚上，我把教案整整背了八遍，一共沿操场走了四十圈。途中我还会想一件事："明天，那个属于我的课堂到底是什么样子的？"

第二天，那个属于我的课堂终于成为现实，但上课没五分钟，就出现了问题。我的教案是从"上课，同学们好"开始写起的，每一个需要学生回答的问题后面都写上了"好，请坐"。但第一个回答问题的学生就答错了，当时我的脑子突然"短路"了。接下来说什么？"不好，请坐"？"好，不请坐"？别说我那时候根本不知道预设和生成的概念，就算知道，我也没办法在这么简单的问题上"生成"。课后，当我还在为"短路"事件懊恼不已的时候，宿舍的同学从学校图书馆借书回来，带给我一个信息——当图书管理员看到她借书证上的班级时问："今天在附中某某班上课的是你同学吗？我孩子说这个实习老师讲得可真好。"感谢那位不知姓名的图书管理员，是他让我一晚上的努力得到了肯定，并且感到能获得这样的肯定就是因为那四十圈的努力，所以此后我对待每一节课、每一件事都会拿出"四十圈"的态度。

在我的教学经历中有一个最骄傲的荣誉，那就是21年来学生评教时对我的"非常满意"率几乎是百分之百。这里我用了"几乎"一词，是因为这21年中有个例外，有一次我的"非常满意"率是98.2%，也就是说，有一个学生对我不是"非常满意"。当我发现这唯一的例外时，脑子里想的只有一件事：他是谁？为什么不满意？我怎么能让他满意？并且脑海里还尽己所能回放了"电影"：教学习惯有不好的地方吗？教学方式有让人难以接受的地方吗？教学用语有伤害人的地方吗？此后上课，我都会认真观察，观察学生是否专注，观察学生是否认真回答问题，甚至观察学生看我时的眼神。在这期间，我修正了我能察觉到的所有缺点，我一直期待着下一次评教，但结果仍是 98.2%。我可以非常负责任地说，在我心里丝毫没有责怪这位学生，我就是一根筋地想让他"非常满意"，然后继续坚持做着前面的事情，继续期待评教结果的变化。结果直到毕业，这个班对我的评教"非常满意"率仍是 98.2%。我粗略地算了一下，21 年来我的课堂上流动了近三千名学生，只有这一名对我不是"非常满意"的学生。这位同学，你是谁呢？我们能否有机会坐下来谈谈，让我弄清你的不满意？我愿做出真诚的改变，我想那不满意可能只是一层窗户纸，只是没有机缘捅破。即便如此，我仍要感谢这位学生，感谢他让教学反思始终陪伴我的教学生涯，感谢他让我知道什么是学生个体，感谢他让我不断思考怎样完善我的课堂。

21 年中，我上过无数次的优质课、展示课。我和同行们深知这类课的诟病：一人上课全教研组上阵，一节展示课需要准备一个月的时间，一遍遍的试讲最终把展示课上成了表演课。最后大家得出一个结论：优质课、展示课都是假的。

同时，我也在思考这样的问题：我们经得住优质课、展示课的考验吗？是否出现过在日常教学的课堂里可以以"神侃""野史""戏说""漫谈"赢得学生的欢迎，但站在专家、同行面前就产生"拿不上台面"的不安呢？是否平时两天就能备出一节课，而一到优质课、展示课等所谓的关键时刻便思路堵塞、方寸大乱呢？

我喜欢接受优质课的挑战。与优秀的同行同台竞技，比的不是现场发挥，比的是平时课堂教学的积累，尤其是一些现场抽签式的优质课评比，只有一个小时或半个小时的准备时间。不过值得庆幸的是，我从没抽到过没有准备的课题，因为我平时的每一节课都是认真准备的。

我喜欢展示课带来的磨砺。与优质课的"功利"相比，展示课的职能似乎只是人们期待你能拿出新东西来让大家评判。从 2007 年承担教育部新课程高中历史教师远程培训，到 2008 年至今承担山东省新课程高中历史教师远程培训，再到参与承担初中历史教师国家培训项目，我已拿出二十余节日常教学案例与数万名同行分享。一个人的课堂教学让几万人听、几万人评，这是一个多么难得的完善自己的机会啊！

更重要的是，我珍惜优质课、展示课带来的所思所得，并努力把它们

从节点追问：我的课堂应是什么样子的？

带回到日常课堂教学中，让新理念、新教法变成我的教学习惯。

从21年前在大学操场走的"四十圈"为起点，到现在，我已形成以下不同类型的教案。

（1）初登讲台时的语言型教案。在对知识体系、学科本质、教学理念还没有深层次理解的时候，我希望自己能凝练语言，讲清楚教材，吸引学生。

（2）初教高三时的知识型教案。初教高三时，我的书桌上放着三十余本教学参考书，每节课前我都要求自己把这些书中关于这节课的相关内容看一遍，并做成电子教案之后才去上课。这样的积累让我敢于直面同行的各种疑问。

（3）日常教学中的课件型教案。这其中记录着我与学生在课堂中的对话、交流、思想碰撞，包含着我搜集的教学资源，承载着我让学生期待的每一节课，让每个学生都"非常满意"的努力。

（4）教学比赛时的教法型教案。在这里面，我的教学思路和教学习惯已渐渐明晰，即明确主题体现学科价值、整合知识减轻学习压力、划定板块凸显教学逻辑、挖掘资源丰富教学内涵、精选教法引导思维深化。

（5）新课程改革后的教学专著。在《新课程在新课堂——钟红军高中历史教学实录》一书中，我依托自己的历史教学实践来化解新课程下的教学理念、教学方法、教学设计等现实问题，将高高在上的课程改革理念拉到了课堂教学的实境中。

重新审视这些不同类型的教案，我似乎看清了自己的发展轨迹，那就是不断提升自己教的能力。换言之，就是提升自己的教学素养。正是一堂堂课串联起了教师职业生涯的节点，有了教学素养的滋润，课堂才能富有蓬勃向上的生命气息。

教学思考

教学素养是教师设计、实施和驾驭课堂教学的能力，是学科教师对教学过程拥有的体验与思维模式。有句话说得好，"这个世界缺少的并不只是真理，更缺少传播真理的正确方法"。教学素养就是考验一个教师能不能把自己的学问转化成学生能够接受、乐于接受的知识的教学能力或技巧。

（一）以持续的反思促进课堂教学的完善

相对于教学比赛中"过五关斩六将"的荣耀，"走麦城"的经历更让人难以忘却。记得在一次重要的教学比赛中，我只获得了三等奖。那时我还年轻，心里不由出现了一个念头：一定是评委收礼了，一定是一等奖获得者"走后门"了。值得庆幸的是，一个月后我有机会聆听了获得第一名的教师讲的一节课，我才知道，不了解别人的长处是多么可悲，不知道自己的差距是多么可笑。从那以后，教学反思就成了我教学历程中的重要组成部分。

纵观自己20多年的教学实践，我把它分为三个阶段。

1. 教学基本功的养成阶段

有实习时为一节课走"四十圈"的经历垫底，初登讲台时的我已能做到教态自然、语言流畅，对基本教学内容能正确把握。但教导主任听完我的第一节课时，说了一句很有内涵的话："你讲得很累吧？"我当时没能理解这句话是什么意思，还客气地回答："不累，不累。"直到我看了自己第一节公开课的录像后，我才明白这句话的含义：我讲得累，学生听得也累啊。

片段观察

一个人喋喋不休是件多么令人生厌的事情

我上的第一节公开课是"甲午中日战争"。从当年的教学录像上看，我的语言看似说得很流畅，其实是"背"得很流畅，我的脑子一直游走于教案的遣词造句之中，游走于我与课件的操作之间，整个背景部分的教学就问了两个非常弱智的问题："对不对啊？""是不是啊？"

每当我为一线教师作有关教学素养的讲座时，我都"逼着"大家看我这个"甲午中日战争"教学录像的前五分钟，我说："就把这个录像片段当成反面教材，看看一个人在课堂上喋喋不休，讲起来没完没了是件多么令人生厌的事情。"

还记得实习时我的指导老师说的话："钟红军，你讲课最大的缺点是你的语言表达太流畅。"我不服气地说："语言流畅是优点。"指导老师说："这会使你片面地依赖自己的语言表达。"

认真想来，我上课之所以滔滔不绝，背后隐藏的原因是教法的贫乏。

从这节课起，我就开始思考：除了讲，我还应干什么？

2. 教学方法的探索阶段

1998年，我在讲"义和团运动"这一内容时，走上街头拍摄了济南洪

从节点追问：我的课堂应是什么样子的？

楼广场和将军庙街教堂的景色，开始尝试着让学生从生活走进历史。此后我又用张裕葡萄酒创始人的艰辛创业过程折射民族资本主义发展的历程，用泰山红门宫胜景破解"三教合一"的概念，甚至连山东省实验中学的清末时期的教室都成了我让学生亲近历史的素材。

2000年，在一次送课下乡的活动中，我讲授"美国霸权政策"一课。我以美国轰炸中国驻南联盟大使馆的新闻导入，尝试着"创设情境，渲染氛围"；在讲述其中的重点内容"马歇尔计划"时，我选用了一幅漫画，并设计了三个问题。几个月后，上海高考题出台，我惊喜地发现，其选用的漫画和问题的角度与我当初的设计竟然高度一致。从此，我尝到了"精选素材，问题导学"的甜头，也坚定了对教学方法的探索与高考并行不悖、相辅相成的信心。

对教学方法的探索，大大丰富了我的课堂教学形式，但与同事的几次交流和对话又让我深受触动。

片段观察

你的课"亮点"太多

山东省实验中学历史组有一个最愉悦的时刻，就是备课聚餐，换言之，就是隔段时间出去撮一顿。或许大家对工作太热爱、太执着了，几乎每次聚餐，讨论的话题都围绕着历史教学进行。在餐桌上，大家身心放松，语言放肆，点课评课的力度绝非公开场合中"你好我好大家好""九分优点，一分不足"那么温和，常常是一针见血，让人面红耳赤。

比如，某某人一节课讲起来没完没了，评论者会说："能不能闭一会儿你的嘴，让学生缓缓？"某某人不顾教材主旨，教学一味求新求怪，评论者会说："醒醒吧，说几句课本上的话不丢人。"

某次聚餐时，话题转到了我的课上，组长朱晓英老师说："钟红军，你的课最大的缺点就是'亮点'太多。"

我不服气地说："'亮点'多是优点。"

"一节课听着这里也挺好，那里也挺好，听完了以后想不起来讲的是什么，好像被你的'亮点'闪晕了。"朱老师回应道。

我的好朋友谭静说："你那些'亮点'设计性太强，好像给学生预先挖好一个个坑，然后引着他们跳进去，人家不跳你就再推两把。恭喜，你已成功地将传统的'填鸭式'课堂改造成了'挖坑式'课堂。"

魏明老大哥也说："一节课上到处都是你闪闪发光的影子，你能找到别人找不到的资源，你能制作感悟革命烈士情怀的电影。但你也要想个什么办法让学生也闪闪发光才好，不然你那就不叫闪闪发光，而叫阴影笼罩了。"

难听的话往往是最有道理的，我听懂了：为教法而教法，有失恢弘和大气。

3. 教学理念的形成阶段

2004 年，全国中心城市首次普通高中新课程改革协作会议在济南召开。当时，我作为济南市的教师代表之一，为来自全国各地的教育界同人公开执教了一堂历史研究课——"北美大陆的新体制"。虽然那节公开课我只用了一天的时间准备，但从教学内容的整合、拓展，到对教学细节的关注、处理，我都在引导学生不断进行智慧的思考与探究，处处展示着师生共同学习和交流的激情。课后专家评判说："新课程改革才刚刚开始，没想到钟老师对历史教育的本质以及课堂教学真谛的把握就能达到这样一种令人赞叹的程度。"后来，这节课为首批进入高中新课程实验的省区提供了案例参考，为帮助教师们化解新课程实验之初在教学实施过程中遇到的一些困惑，起到了有益的参考和启迪作用。

我之所以能在短短一天的时间内准备出一节国家级的公开课，是因为此时的我，教学风格已经形成，教学思路已经明晰，我把它概括为以下五个字。

（1）分——要点分得清。了解课标要求，理清教材的知识要点是进行教学不可缺少的初始步骤。要点明晰了，既可使教学设计围绕主线进行，也可使学生明确学习内容，减轻学习负担。

（2）合——地位把得准。进行一课的教学，不能仅把目光局限于此课，而是要考虑它在本单元、本专题、本模块甚至人类历史发展中的地位。

（3）异——教法选择巧。在教学设计过程中，我追求一种求异的思维定式，即追求一种"情理之中，意料之外"的教学效果。

（4）活——主体地位显。在备课过程中，我常常会这样想：我该怎样设计课件？我该怎样设计问题？我该怎样组织语言？总之一句话，我该怎样在一节课中充分展示自己的风采？这就带来了一个问题：尽显教师风采是否是教学设计的最高追求？答案当然是否定的。在新课程改革的理念下，教师的风采取决于学生的风采，所以备课时我常问自己一句话：学生在

从节点追问：我的课堂应是什么样子的？

哪里?

（5）升——角度站得高。注重寻找贯穿全课的主线和能对学生终生成长产生作用的"教学制高点"，思考这节课中什么能在十年后仍让学生记得。

片段观察

初中版的"北美独立战争"

2013年春天，我承担了全国初中历史教师"国培计划"，因而与初中历史教师的接触日益增多。基于初中学生低龄化的特点，很多教师都认为在初中教学中体现新课程改革的理念就是多讲历史故事，因此，有许多教师常常热衷于在课堂上给学生讲历史故事，而忽略了历史故事背后所承载的历史内涵；常常热衷于设计课堂上热闹的表演，而忽略了学生对历史整体的感受。一位教师提出："钟老师，您能否设计一节初中版的历史课?"

这确实是一个挑战。好在我的女儿是个初中生，我还算比较了解初中生的知识起点。记得女儿刚上初中时，非常高兴地告诉我："妈妈，我终于弄清了孙中山和赵本山不是一个人。"请不要笑话她，我认真翻阅了一下小学教材，只有在"品德与社会"六年级上册中才有200多字关于孙中山的资料介绍，这是所有小学生唯一能够从课堂上知道孙中山的机会。这个缩影让我看到了初中历史教学的起点，真正感觉到了初中历史教师的不容易。

那就试着设计一个初中版的"北美独立战争"吧。

我在设计教案时习惯以解析课标作为起点，并且如第一个专题所述，我习惯把课标再往前解读几段。

本课课标：通过华盛顿、《独立宣言》和1787年宪法，理解美国革命对美国历史发展的影响。

单元主题：步入近代。（资本主义时代到来）

模块思想：了解历史人物、历史事件，梳理历史脉络；培养对同类历史事物比较、概括和综合的能力；培养概括分析的能力；培养历史进步意识、历史正义感。

当将三层课标要求摆在面前时，有的教师就会发现：原来我把华盛顿给忽略了，只放了一张总统山的照片，没有讲活讲透这个历史人物啊。还有的教师曾用"自由"一词作为贯穿全课的主线，主题非常鲜明，但对照课标要求时却发现："自由"一词能较好地体现这场战争追求民族独立的性质，却无法体现其资产阶级革命的性质。

再看"北美独立战争"这一历史事件，难道仅仅概括出六件大事即可吗？梳理历史脉络难道仅停留在背景、经过、影响上吗？美国的建立在历史发展长河中到底居于什么位置？还有什么与美国诞生同类的历史事件可以比较？培养学生的概括、分析能力难道只能依靠教材？是否能有让学生体验的方法？"自由"一词确实能帮助学生体会历史的正义感，但他们能从这一课的学习中形成感悟历史进步的意识吗？

当我们具有基于课程标准进行教学的意识时，会发现，原来我们曾忽略了非常重要的教学内容，如华盛顿；当我们具有基于主题设计的意识时，会发现，在环节流畅、形式完美的教学设计中我们可能会忽略重要的线索，比如，拾起了民族独立的性质而忽略了资产阶级革命的性质；当我们形成模块教学设计、单元教学设计、课时教学设计这样的流程图时，会发现，每节课都有广阔的开拓空间。

基于上述交流，我依托初中教师原有的教学设计进行了下面的调整和补充。

1. 一方土地——英属北美殖民地

材料一：1754 年英国下令禁止北美制造任何纺织品，甚至不允许北美殖民地人民把当地生产的毛皮制成帽子，而必须先把毛皮出售给英国资本家，在英国制成帽子后再运销到北美来。

材料二：《印花税法》规定，所有印刷品、商业单据、法律证件等都要缴纳印花税。

原有的设计通过材料解析，说明了英国压制北美经济的发展。

我又增加了这样的环节：请同学观察北美殖民地的三种经济类型。（图略）

通过看图这一环节使学生认识到，英属北美殖民地经济发展的主流是资本主义经济，从而得出结论——英属北美殖民地最基本的状况是呼唤自由，发展资本主义经济。

从节点追问：我的课堂应是什么样子的？

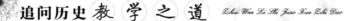

2. 一场战争——北美独立战争

在原有概括六件大事的基础上，请同学解读《独立宣言》的精神内涵。

> 我们以这些殖民地的善良人民的名义和权力，谨庄严宣告：这些联合殖民地从此成为、而且名正言顺地应当成为自由独立的合众国，它们解除对英王的一切隶属关系，而它们与大不列颠王国之间的一切政治联系也应从此完全废止。
>
> 一切人生来就是平等的，他们被造物主赋予他们固有的、不可转让的权利，其中有生命、自由以及追求幸福的权利。
>
> ——《独立宣言》

北美独立战争英美力量对比表

	英国	美国
经济	老牌殖民国家	年轻国家
人口	连同殖民地在内共3000万	不到300万
军事	有强大舰队，军需品充足	无海军，物资奇缺

结合上面的英美力量对比表，让学生看到，这场战争美国以弱胜强，是以自由、平等为精神动力的。

3. 一项原则——《1787年宪法》

在解说原有示意图的基础上，我带领学生走进"实例体验——三权分立在当今美国的体现"，让学生讲述其了解的"水门事件"等事例，使学生感受到，美国远离专制，得益于"三权分立"。

4. 一个伟人——华盛顿

我选择了华盛顿一生中最感人的三个瞬间，让学生感悟：华盛顿最打动你的是什么？他成为伟人的原因何在？

瞬间一：独立战争结束后，一群将领为争功围攻华盛顿，他却只是轻轻地说："让我掏出眼镜，这些年我的头发白了，眼睛也花了。"那些从战争初始就跟他转战四方的将领顿时痛哭，一场兵变悄然结束。

瞬间二：有人写信给华盛顿："凭您卓越的功勋，完全有资格担任这个大陆的君主。"华盛顿痛斥说："这封信包藏着最危险的用心。"

瞬间三：在连续担任两届总统后，华盛顿面对国人的推举，坚决辞去职务，重返平民身份。此后，总统不能连任两届以上成为美国的惯例。

让学生看到，华盛顿的历史贡献在于他是美国独立之父、民主先驱。

列宁对这场美国独立战争有过这样的评价："现代的文明的美国的历史，是由一次伟大的、真正解放的、真正革命的战争开始的。"

让学生思考：列宁为什么说这是一次真正解放的战争？真正革命的战争又是指的什么？

至此，北美独立战争的性质已水到渠成：美国独立战争既是民族解放战争，又是资产阶级革命战争。

5. 一个新世界——迈向近代

最后，引领学生的思维向更深更广处发散。

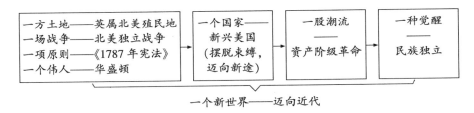

一方土地——英属北美殖民地
一场战争——北美独立战争
一项原则——《1787 年宪法》
一个伟人——华盛顿

一个国家——新兴美国（摆脱束缚，迈向新途）

一股潮流——资产阶级革命

一种觉醒——民族独立

一个新世界——迈向近代

在这个初中版的教学设计中，是否也可以看到"分、合、异、活、升"的影子呢？

教学反思的背后有着"关怀"的伦理观，关心学生的发展，才会为他们的成长而改进教育教学方法。

教学反思的背后有着"创造性"的教学观，教师不再会指责学生为什么不听课，而是不断地向自己提出要求：我凭什么才能让学生听我的课？

持续的教学反思，有利于调整教师的心态，使教师在小骄傲中时刻保持着大谦虚；有利于提升教师专业成长的境界，使教师由"传道受业解惑"者变为学习型、研究型、发展型乃至专家型的教师；有利于丰富教师的精神世界，帮助教师从日常繁杂的教学工作中脱身出来，在思考中获得理性的升华和情感的愉悦，提升自己的精神境界和思维品质。如果觉得这样的精神境界太虚无缥缈，那就再回味一下我们历史组的"备课聚餐"吧。

（二）以科学的设计意识保障课堂教学的规范

教学素养简单地说，就是会教，教得有序、高效，从而无论是在知识

从节点追问：我的课堂应是什么样子的？

与能力、过程与方法，还是在情感态度与价值观方面都能把学生"教会"。要做到这一点，就离不开科学的教学设计意识作保障。

1. 教学设计是一种智慧

作为已走进新课程改革多年的历史教师，应以什么样的心态来面对课程目标、教学设计，是一个特别值得关注的问题。当教师背着多年教学实践的行囊与新课程改革的理念相会时，需要问自己一句：教学设计，我可读懂了你？

教学设计不应该仅仅是对课本知识的解读。教师在备课时往往一味沉湎于对教材知识的把握，将诠释教材作为备课最重要的甚至是唯一的使命，当自认为已将课本知识消化的时候，便宣告备课任务的完成。其实，这只是解决了备课过程中较容易解决的一个步骤：教什么？而完全没有涉及备课过程中更重要的一个步骤：怎么教？教师不懂得设计自己的教学，就不可能有完整的教学行为，那么他所施行的教学就可能是一种随意的、盲目的、缺乏逻辑观念的行为。那么，教学设计是否应从设计意识起步呢？

教学目标的设计不是一道简单的填空题。当教师在知识与能力、过程与方法、情感态度与价值观的后面点上冒号，然后列举上几个条目便认为是完成了教学设计时，心中可曾质疑过这种做法对课堂教学的意义何在？"根据课程目标的要求"—"依托学习主题内容"—"结合使用的教材"—"设计教学目标"，难道仅仅将课标所列的内容分散到几个不同的"筐子"里便大功告成了吗？难道进行教学设计时非要将其做成"三段论"吗？是否非得把教学内容搞得界限分明？能不能融为一体呢？是否打破了这种"三段论"的界限，才称得上一个符合课标理念的教学目标设计呢？的确，教学目标的设计是我们进行教学设计的第一关，或许我们还没有认识到这一关存在的真正意义吧。

片段观察

"鸦片战争"一课教学目标设计

本课课标要求：列举 1840 年至 1900 年间西方列强的侵华史实，概述中国军民反抗外来侵略斗争的事迹，体会中华民族英勇不屈的斗争精神。

如果只落实这一句课标，那么只要给学生画出鸦片战争的背景和经过，让学生记住《南京条约》的内容，讲讲林则徐虎门销烟和关天培的英雄事迹就算完成课标任务了。

事实真的是这样吗？再次提醒大家在解读课标时要有"再往前读一段"的意识。

模块课标要求：政治活动是人类社会生活的重要组成部分。它与社会经济、文化活动密切相关，相互作用。了解中外历史上重要政治制度、重大政治事件及重要人物，探讨其在人类历史进程中的作用及其影响，汲取必要的历史经验教训，是高中历史学习的基本内容之一。

在"鸦片战争"的教学中，能让学生感受到它是中国社会生活的重要组成部分吗？能让学生联想到它与经济、文化活动的关系吗？能让学生深刻理解鸦片战争的作用和影响吗？能从中汲取历史经验和教训吗？

学科课标要求：全面发挥历史教育的功能，尊重历史，追求真实，吸收人类优秀文明成果，弘扬爱国主义精神，陶冶关爱人类的情操。通过历史学习，增强历史意识、汲取历史智慧，开阔视野，了解中国和世界的发展大势，增强历史洞察力和历史使命感。认识人类社会发展的统一性和多样性，理解和尊重世界各地区、各国、各民族的文化传统，汲取人类创造的优秀文明成果，进一步形成开放的世界意识。

通过"鸦片战争"的学习，我们能否帮助学生达到以上的课标要求呢？

当我们具有把课标"再往前读一段"的意识后，就能准确地把握本节教材的地位。

（1）纵联中国古代史，鸦片战争是封建统治走向衰落的继续。

（2）横联世界近代史，鸦片战争是资本主义在世界扩张的缩影。

（3）开篇中国近代史，鸦片战争是中华民族屈辱的开端，近代中国人民英勇抗争和探索的肇始。

在此基础上，我确定了本课的教学目标。

［知识与能力］

概括鸦片战争爆发的原因，了解鸦片战争的过程，识记《南京条约》的内容，分析鸦片战争失败的原因，探究鸦片战争的影响。培养学生运用历史发展的必然性、通过现象看本质等观点分析历史问题的能力，帮助学生客观、全面地分析历史现象。

［过程与方法］

应用建构主义的教学理念，使学生通过学习情境、同伴合作、多向对

从节点追问：我的课堂应是什么样子的？

41

话，最终实现全课意义构建。

[情感态度与价值观]

（1）接受国情教育。鸦片战争前，清政府的统治已在政治、经济、军事等方面危机四伏。封建主义走向衰落，是鸦片战争前中国最基本的国情。

（2）形成世界意识。西方列强对中国的侵略是世界资本主义发展的必然产物，是资本主义国家开拓殖民地、争夺世界市场和霸权的重要组成部分。闭关锁国的观念，使中国无视世界的变化。据此引导学生关注世界、把握趋势，形成开放的世界意识。

（3）培育民族精神。以林则徐为代表的中国人民的抗争，是民族精神的集中体现。据此激发学生的民族情感，培养学生的民族精神。

这样的教学目标，不是简单地从教参上抄录下来的，而是基于对学情的了解，基于对课标的全面解读，基于对教材地位的准确把握进行设计的。

教学设计同样不应该是一种机械的格式化设计。例如，某位教师在教学设计中曾用这样一些"公式"来进行历史教学：根本原因＝★＋▲＋△；背景＝☆＋⊙＋◇；意义＝□＋△＋◆。这种"历史教学公式"使我们感到有些莫名其妙。当丰富多彩、底蕴深厚的历史教学变成一些所谓简单化的公式时，当学生的历史学习被这样的公式格式化时，历史学科的魅力可能也会因此而被格式化，学生的学习能力可能也会因此而被格式化，学生作为人的心灵情感同样可能也会因此而被格式化。

另外，我们还应该防止教学设计成为一种表演设计。"某某的课教法很新颖"似乎成了当下课程改革的时尚，其实，新奇和巧妙的教学设计都是为教学目标服务的。如某些教学设计中经常会有这样的环节："下面请同学们看一段录像。"究竟出于什么目的看、带着什么问题看、看后要有什么收获，要是教师心中无数，那么学生便只是在观风景了，这样的设计就成了无效的设计。对于某些教学枝节问题，由于找到了比较新奇的教学方法，教师也容易不顾主旨和学生一起耗费大量的精力于此，这样的设计就成了低效设计。而一些需要反复演练才能拿上台面的设计，则无疑成了虚假的表演型设计。

教学设计是一种智慧，要想拥有这样的大智慧，就需要教师通过广泛的学习去吸纳，认真的思考来积聚，不断的实践来验证，在痛苦的反思中沉淀。教师只有掌握了教学设计这种大智慧，才能真正地在历史教学的海洋中自由地冲浪。

2. 教学设计与备课的不同

或许有的教师会问："教学设计不就是备课吗?"其实,现代教学设计与传统备课有着很大的区别,现代教学设计虽以传统的备课为原型,但还需要运用系统的观点、方法将这种原型系统化、科学化,使之变成更具操作性、可控性的模型和流程。

传统的备课是指教师所作的课前准备,一般包括钻研教材、了解学生、选择教学方法、准备有关教具和板书。备课分为学期或学年备课、单元备课和课时备课三种。其中的课时备课就是我们常说的教案,它是教师对每节课的规划,是教师讲课的依据,直接关系到教学质量。课时备课一般包括以下几个项目:教学目的、课的类型、教学方法、讲课进程、板书设计、课后分析。

传统备课有以下几个浅层次的特点:第一,它只是教师上课前所作的准备;第二,备课的重点是对教材的钻研与组织;第三,备课的主要表现形式是教案。

而现代教学设计则是运用系统方法分析教学问题和确定教学目标,建立解决教学问题的策略方案、试行解决方案、评价试行结果和对方案进行修改的过程。

一般来说,教学设计应当包含教学任务及对象、教学目标、教学策略、教学过程和教学评价等基本要素。

基本环节	组成部分	教学设计中的基本要素
课前分析	教学目标设计	① 学情分析:学生认知水平能力状况;学习需要和学习行为。 ② 内容分析:课程标准要求;每课教学内容在整个模块中的地位、特点和作用。 ③ 目标确定:根据课程标准与学情确定知识与能力、过程与方法、情感态度与价值观。
实施过程	教学策略设计	① 教学内容的顺序编排。 ② 教学方式与方法。 ③ 教学媒体的组合与运用。

从节点追问:我的课堂应是什么样子的?

续表

基本环节	组成部分	教学设计中的基本要素
课后反思	教学评价设计	依托教学评价进行课后反思，需注意的是： ① 教学评价设计应起自课前分析，应围绕教学目标的确定设计评价内容和标准； ② 教学评价设计应贯穿于教学实施过程，要保障教学策略的落实； ③ 教学评价设计是课后反思的重要依托，应根据评价结果对教学设计方案进行必要修正。

片段观察

一样的教学内容，不一样的教学设计

学情分析是进行教学设计不可缺少的环节。比如，同样讲述"大跃进"和人民公社化运动的教学内容，从高、初中不同的学情角度出发，就应该确定不一样的教学目标，采用不一样的教学方法。

1. 高中版的"大跃进"和人民公社化运动

高中生的历史学习已不能仅仅立足于对知识的掌握，而应该提升到对历史规律的把握。对于"大跃进"和人民公社化运动部分内容的教学，我确定的教学目标是：概述"大跃进"和人民公社化运动，总结其经验教训。依据这一目标，我采用了以下教学方法。

师：对照下面几组"大跃进"和人民公社化运动的史实，我们发现，理想的阳光照进了现实的土壤，却没有结出预想中的果实。请大家概括下列现象给国民经济带来了哪些危害，我们在社会主义建设中可以吸取哪些教训。

理想对照现实，总结危害教训

浮夸的高产　　　热闹的公社食堂　　　全民大炼钢铁

荒芜的土地　　　松松垮垮的田间劳动者　　　留下荒山秃岭

<table>
<tr>
<td>

"大跃进"本来是希望创造一个中国历史上没有、其他社会主义国家罕见、能使世界震惊的经济发展速度的新纪录。

</td>
<td>

"二五"期间，工农业总产值平均每年只递增 0.6％，是新中国成立以来所有五年计划中增长率最低的。不仅速度最低，而且经济效益也最差，每百元积累的新增国民收入，"一五"期间是 35 元，"二五"期间只有 1 元，创新中国成立以来最低速度的纪录。

</td>
</tr>
</table>

生：第一组史实说明高指标、浮夸风给农业生产带来了严重的破坏；第二组史实说明，人民公社的"大锅饭"不利于调动人民的生产积极性；第三组史实说明，"大炼钢铁"运动使生态环境遭到了严重的破坏；最后的统计数字说明，高速度建设社会主义的良好愿望非但没能变成事实，反而给国民经济带来了严重的损失。

生：我们从第一组史实中得到的教训是进行经济建设必须要有实事求是的态度；从第二组史实中得到的教训是进行生产关系的变革要与生产力的水平相适应，要与人民群众的觉悟水平相适应；从第三组史实中得到的教训是发展经济不能以牺牲环境为代价；从第四组史实中得到的教训是进行社会主义经济建设必须遵循客观规律。

从确定的教学目标上看，对学生的要求已不仅仅是了解史实了，而是概括史实，并且在概括史实的基础上总结经验教训。针对这一目标，我确定的方法是提供历史资料，对学生的要求是要能从图片资料、文字资料和数字资料中提取历史信息，并在概括史实的基础上得出经验教训。尽管这些照片很典型，文字也很简练，但要让初中学生去完成这样的任务是根本不能实现的。

2. 初中版的"大跃进"和人民公社化运动

针对初中学生低龄化的特点，山东省博兴县实验中学的张磊老师确定了教学目标：知道"大跃进"和人民公社化运动的失误。也就是说，学生只要能"知道"便达到了教学目标。当很多教师在课堂上面对初中学生口干舌燥地解释什么是"左"，什么是"右"的概念，学生仍不知所云的时候，张磊老师把一盆花端上了讲台。

学生一看到这盆花就笑了，因为实在已不能称其为花了。

张老师说："同学们看，这是我们班精心培养的花。"

一听是"精心"养的，又引起了学生的哄笑。

从节点追问：我的课堂应是什么样子的？

张老师又说:"同学们别笑,这真的是我们班同学精心培养的花。大家都希望这盆花能茁壮成长,开出漂漂亮亮的花,所以,每天都有同学争着给它浇水,还有同学把自己爷爷养花的肥料偷偷拿来,天天给它施肥。就这样,在我们全班同学的努力下,花被养成了今天这个样子。"

学生的笑声更大了。

当学生安静下来后,张老师话锋一转:"我们班的同学这么用心地养花,可为什么花被养成了这个样子呢?咱们一起来分析分析原因吧。"

学生立即七嘴八舌地说开了:"浇水、施肥太多了。""太着急了。""没了解花的特点和生长规律,只是按着自己的想法去养花。""养花没有经验,应该先向爷爷求教再养。"……

张老师一边听学生的讨论,一边在黑板上写:愿望好、缺乏经验、急于求成、不从实际出发、违背规律……

学生讨论完毕后,张老师肯定了大家的想法,然后让大家对照思考,1956年,"三大改造"完成,社会主义制度在我国基本建立以后,中国共产党领导中国人民开始了社会主义建设的新探索。那在精心浇灌这朵社会主义之花的时候,是不是也犯了这样的错误?

张老师在课后反思中说,概念不一定非要拿到桌上隆重地说,让学生领会即可。面对初中生,复杂的概念要简单地说、形象地说,能到达润物无声的效果则更佳。有时教师把从网络上搜到的概念大篇幅地教给学生,一扫而过,学生有可能都没看清楚,就更谈不上理解了。有时教师费力地给学生解释概念,越解释学生却越混乱。而张老师用"一盆花的成长"浓缩了一段历史,巧用身边事,让学生直观地看到了抽象的历史,课堂设计非常生动,值得借鉴。

这个教学设计真是让人心服口服,张老师"一盆花的智慧"比我的教学设计更精彩。由此我们可以看到,因为学情的不同,对于"大跃进"和人民公社化运动这一教学内容,高中教学目标确定的是"概括",初中教学目标可以确定为"知道"。概括和知道是两个不同层面的要求,当目标或要求不一样时,采用的教学策略也就不同。换言之,就是确定了"知道"的教学目标后,在教学中就要下"知道"的力气;确定了"概括"的教学目标后,就要在教学中下"概括"的功夫。

经过比较,我们能否发现这样的规律:不同的学情——不同的教学目标

—不同的教学策略—不同的评价标准？

现代教学设计与传统备课相比，实现了以下几个方面的转变：

（1）将传统备课中的以教材为基点转化为以课程标准为基点；

（2）将以教师为中心，转化为在学情分析、内容确定、教学方式和方法的选择中处处关注学生的成长需求为中心；

（3）突破了传统单向式的教学过程，使教学过程成为师生互动、共同提高的过程；

（4）现代教学设计运用的资源更丰富，手段更先进。

我们常常说，新课程下的教学需要有全新的教师观、学生观、教材观、课程观。教学设计就是新课程由理念层面转化为课堂实践层面的重要桥梁。

3. 教学设计需要有丰富的教学策略作支撑

教学设计的一个重要组成部分就是知道用哪些方法去教，即教师具有丰富的教学策略。教学策略是实施教学过程中教学思想、方法模式、技术手段三方面动因的集成。教学策略是为实现教学目标而制订的，是付诸教学过程实施的整体方案，它包括合理组织教学过程、选择具体的教学方法和材料、制订教师与学生共同遵守的教学程序。

人们常说教学无定法，在课堂教学实践中的教学策略更是多种多样。在以后的几个专题中我还将对学生地位、教师角色、资源挖掘等教学策略的原则和方法进行集中探讨，在此先从以下几个方面进行整体分析。

（1）整合知识，优化教学结构的策略

整合知识是指以课程标准为出发点，将分化了的历史知识、系统的各要素及其各成分形成有机联系，使之成为一个整体协调、相互渗透的系统的教学设计。知识的整合有利于学生梳理、发现更深层次问题的规律性、趋势性和线索性。

教材地位的变化需要教师进行知识整合。在传统教学中，教材是最重要的依托。但新课程改革有一个重要的变化就是"一标多本"，因此，教材从某种意义上就成了教师的"教本"，学生的"读本"。就现行的考试制度，如何在"一标多本"的前提下形成试题的标准答案是命题专家一直在破解的难题，而以教材中的表述作为标准答案的方式是首先被否定的方案。

教师地位的变化允许我们进行知识整合。新课程改革赋予了教师更大的教学自主权：可以删繁就简；可以调整顺序；可以这里讲快一点，那里

从节点追问：我的课堂应是什么样子的？

讲慢一点。教师只要落实了课标的要求，落实了基本的知识要点，坚守正确的历史观，剩下的就是"我的地盘我做主"。教材不再是"圣经"，而是乐谱，是需要教师依据课标主旋律去感知主体知识的乐谱。

教学效率的提高亟待我们进行知识整合。只有教师最大限度地简化教学内容，理清教学的主要脉络，才能最大限度地帮助学生减轻学习压力，从而为提升能力、活跃思维、积聚学科素养提供更大的空间。试想，一个连知识都讲不完、落实不了的教师，怎能有精力去进行其他方面的探索呢？所以，能够真正依托课标而进行知识整合的课堂，才可能是有条理的课堂，才可能是有空间的课堂。

知识整合，就是要做到"用教材"，而不是"教教材"。很多教师在这方面进行了有益的探索，他们对教材进行二次加工，以给人一种全新的感觉。但其中出现的某些现象也提醒我们要思考，在进行知识整合时，我们所应坚持的原则。

片段观察

设计出吸引眼球的板书是否等于知识整合？

先来观察几个非常精彩的初中历史教学的板书设计。

"蒙古的兴起和元朝的建立"：说崛起——蒙古政权的建立；忆统一——辽阔元朝的统一；谋发展——元朝政权的巩固；促融合——民族融合的高潮。

"匈奴的兴起及与汉朝的和战"：和——长风几万里，吹渡玉门关；战——三面黄金甲，匈奴破胆还；和——何如一曲琵琶好，鸣镝无声五十年。

"民族团结"：品味民族风情；探究民族政策；共谋民族发展；升华民族情感。

上述板书或层层推进，水到渠成；或意境优美，令人回味；或教学方法与教学内容有机结合，言简意赅。但由此也产生了一个疑问，知识整合是否只是给板书设计个吸引眼球的标题？这让我想起了一次在山东省高中历史教师培训的时候，朱树杉老师曾就这个问题向我这个所谓的专家"发难"。

朱老师是位非常有经验的老教师，是我历史教学的引路人，我一直称她为师傅。在线研讨的时候，她向我提出了这样的问题："以下'辛亥革命'的板书，选择哪个最好？设计一，背景、过程、影响；设计二，第一幕、第二幕、第三幕；设计三，遥望共和、走向共和、梦碎共和。"

朱老师提出的这个问题看上去很"萌"，其实是很有深意的。当时我是这样回答的："师傅，您的意思我明白了，饺子好吃不在褶上。"

这说明，知识整合绝非只是设计几个吸引人的题目，而是要简化结构、突出主题、彰显逻辑、表达关联。一句话，知识整合是为优化教学结构服务的。

如果按这个标准来重新审视刚才的几个板书设计，就会发现，"匈奴的兴起及与汉朝的和战"的板书设计好像有些缺憾。其实，开始我是最喜欢这个板书设计的，觉得它意境很美。但认真考量后我发现，知识整合是为了减轻学生的负担，原本中国古代史对初中生来说就较难理解，再把标题变成古诗就更增加了学生理解的难度，其中的"镝"字，学生还不一定认识。这样的板书，虽然教师和评委们读起来觉得很不错，但学生学起来可就费神了。

我真正喜欢的是"民族团结"的教学板书设计。短短几个字，使得教学内容、教学方法、情感态度与价值观都能层层递进。这样的知识整合，真的起到了简化结构、突出主题、彰显逻辑、表达关联的作用。

我们再来欣赏一个非常优秀的知识整合的设计，130多个字就概括了世界近代史。

世界近代史（资本主义发展史）

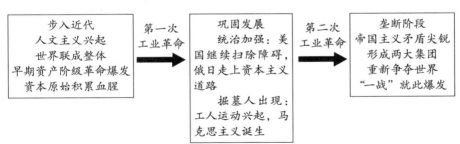

它让我们再一次明确了知识整合的原则——简化结构、突出主题、彰显逻辑、表达关联。

（2）创设情境，优化教学过程的策略

对于情境教学，大家比较认同这样的观点：历史教学情境是依据历史课程标准、历史学科的特点和学生的认知规律，在历史教学过程中，针对具体的教学目的和内容，综合运用多种教学方法和手段创设特定的教学情境，激发学生的学习兴趣和情感，优化认知过程，掌握历史知识，陶冶情操，建构正确的观点和能力的教学过程。同时，还强调历史教学情境要能使学生身临其境，并积极、主动地进行思维活动。

片段观察

难忘的情境，难忘的课堂

——匈奴的兴起及与汉朝的和战

小调查

1. 我们班的同学有几位姓刘？几位姓李？几位姓王？几位姓董？有姓丛的同学吗？

2. 我们班同学有几位是 B 型血？

3. 我们班同学脚趾中有谁的小脚趾趾甲盖是两半的？

据考证，部分刘姓、李姓、王姓、董姓等姓氏以及全部丛姓的人，是匈奴族的后裔；中国人口中，B 型血占 20％，主要是由匈奴族等少数民族融入汉族而造成的；小脚趾的趾甲盖是两半的，也是匈奴族后裔的特征。

【观课思考】这是济南济微中学的董艺老师设计的一个小调查。董艺老师的这个小调查是一个生动的生活情境，想必此时姓刘、李、王、董的学生会非常激动，可能还有不少学生在使劲回忆自己的血型，更有人可能还想脱鞋看一下自己的小脚趾趾甲盖是不是两半的。他们一定会非常吃惊：啊？难道我是匈奴的后代？其实这个小调查还有个很深的用意——什么是民族的融合？

董老师指出在 56 个民族里，并没有匈奴。接下来她用一系列的揭秘内容，带领学生走进匈奴与汉朝的和战。

揭秘一：匈奴源自何方

教师播放视频，要求学生概括匈奴是一个什么样的民族，与汉族有什么关系。

自西周以来，匈奴族垂涎中原地区的富庶，不断南下抢夺中原地区肥沃的土地和丰富的物产。秦统一后，秦始皇修建了万里长城，但是，雄伟的长城也没能阻挡匈奴南下的步伐。

某年，西汉王朝的实际掌权者吕后，收到了一封塞外来信，是匈奴族的首领冒顿单于写给她的。这封信在朝堂上引起了轩然大波，那么，冒顿单于在信中给吕后写了些什么呢？

揭秘二：一封塞外来信

冒顿单于来信，称自己独居，吕后寡居，愿与吕后结为百年之好。面对如此无理的要求，吕后却只能无奈地回信：我现在容颜老去，头发和牙齿都掉落了，所以，我挑选了年轻貌美的姑娘送给你，就让她们代替我侍奉你吧。　　　　　　　　　　——《王立群读〈史记〉之吕后》

从此信的内容分析，此时匈奴对汉朝的态度如何？汉朝作何回应？

一个蛮夷小族，竟然敢向大汉王朝的皇太后提出这样无理的要求，这简直就是对大汉王朝的侮辱、挑衅！匈奴的冒顿单于为什么敢如此轻视汉朝呢？

学生通过阅读教材、解析材料，得出匈奴因强而战、汉朝因弱而和的结论。

【观课思考】我在现场听到董老师读吕后的回信时，真的很心酸，这封塞外来信创设的情境非常具有情感的冲击力，汉朝因弱而和的无奈让人印象深刻。

然而，几十年后，在匈奴单于的大帐外，来了一位汉朝使者，他带来了一封中原的战书。

揭秘三：一封中原战书

"单于能战，天子自将待边。不能，亟来臣服。何但亡匿，幕（漠）北寒苦之地为！"　　　　　　　　　　——《汉书·武帝纪》

这句话的意思就是，"你要是能打，就来打，大汉天子亲自率军，在边境等着你来决战。你要是不能打，赶紧来投降，干什么跑到漠北这种寒冷困苦的地方做缩头乌龟呢"？这话讲得多刺耳啊，对敌人蔑视，向敌人挑衅。

请同学们体会，汉武帝时期，对匈奴的态度发生了什么变化？（根本变化就是由和到战）

单于听到这番话后，很生气，但他却始终不敢出兵和汉武帝正面对垒，因为他被卫青和霍去病打怕了！

董老师进而介绍卫青、霍去病的赫赫战绩。

董老师用生动的语言描绘了卫青、霍去病二人的战神形象。就在同学们为汉朝一雪前耻而激动时，董老师话锋一转，转向汉武帝的反思：

汉武帝在位54年，和匈奴的战争打了44年，当他晚年去体察民情，来

从节点追问：我的课堂应是什么样之的？

51

到一个当年曾经参加过漠北大战的老兵聚居的村落时，他看到了什么？他的思想又发生了什么改变呢？

汉朝国君认识到不应该把国家和人民引向战争，而应造福百姓，让人民安居乐业。一个封建国君能够认识到自己的错误并能及时改正，是多么难能可贵！

【观课思考】在这个教学环节中，董老师引用了丰富的影视资料，时而战马嘶鸣，时而热血沸腾，时而哀鸿遍野，时而痛彻心扉。听课的时候，我心里总想着一个词：历史画卷。董老师绝非简单地让学生欣赏影视，而是在每个片段的背后都承载着学生的思考。

揭秘四：一片匈奴瓦当

1955年，在内蒙古包头的一个墓葬中，考古学家发现了这样一片写有汉字的瓦当（见右图）。请同学们看一下这个字——"降"，这个字究竟应该读"jiàng"呢，还是"xiáng"呢？

这个字应该读"xiáng"，这是后人根据汉匈关系的变化判断出的读音。为什么念"xiáng"？它是古汉语中"和"的意思，这块文物说明，汉匈之间的关系，又从战走向了和。

结语：匈奴族的发展历史为秦汉时期多民族国家的发展，乃至整个中华民族的发展留下了浓墨重彩的一笔。今天，在中华民族这个大家庭中，匈奴族虽已了无踪迹，但它与汉族早已血脉相连。

【观课思考】从本课的设计中我们能发现，情境教学可以将复杂的讲述变得简明、直观，对历史概念的解读能做到举重若轻；情境教学还可以创设师生共同体验的平台，使学生参与到教学过程中；情境板块的设置还可以让学生形成关联性记忆，进行思考方式的转换，锻炼不同的思维技能。听这节课已经过去很久了，但我仍对一封塞外来信、一封中原战书、一片匈奴瓦当的设计记忆犹新。

（3）挖掘资源，优化教学内容的策略

新课程理念认为，教科书是教学资源的重要组成部分，但不是唯一的。教师在教学中除了要充分利用教科书中提供的文字、图片、图表及阅读材料外，还需要通过各种渠道为学生提供一些材料，努力寻找和开发贴近学生生活、符合学生认知水平的话题来进行教学，以弥补教科书材料的不足及单一、抽象、静态等缺憾，帮助学生更好地认知。因此，在历史教学中，合理开发和利用教学资源是教师不能忽视的一个环节。

片段观察

一次关于教学资源的意外点评

我曾为辽宁省葫芦岛市的教师提供了一节"宋明理学"的观摩课。为破解"三教合一"这一难以理解的概念，我引用了梁武帝、泰山红门宫、孙悟空三张图作为教学资源。

课后，葫芦岛市教育局的高局长上台进行了点评。他说："各位老师，钟老师能把史料当作教学资源，能把学生熟悉的传说人物当作教学资源，能把家乡的名胜当作教学资源。那大家是否知道，我们葫芦岛莲花山的圣水寺集佛教'众生平等'、道教'道法自然'与儒教'天人合一'于一体，同样是一个'三教合一'的圣地。但我们的教师可曾在教学中想到并利用这一教学资源？"

高局长对本地文化古迹的历史内涵了如指掌已让我感到非常意外了，更让我意外的是他随口背诵出了王阳明的"心学四诀"——"无善无恶心之体，有善有恶意之动，知善知恶是良知，为善去恶是格物"，然后说："有了这样的教学资源，我们还用费力地去解释什么是心学、什么是良知、什么是心学和理学的区别吗？"

在研讨活动结束后，我得到了一个最让我意外的信息：高局长原来是教数学的！

（4）合作探究，优化教学主体的策略

在新课程改革实践中，出现了许多新的教学方法和学习方法，归纳起来，主要包括自主学习、合作学习、探究学习（研究性学习）。在教学过程中引导学生实施这几种新的学习方式，是新课程最为关键的环节。探究问题的设置要紧紧围绕知识建构的目标，探究过程的实施必须体现学生的自主性原则。因此，开展探究式学习，必须紧紧抓住学生知识建构的自主性这一核心问题，才能最大限度地提高探究的实效性。济南外国语学校的侯淼老师通过一个"王冠与权杖"的小游戏，帮助学生搭建起了一个合作探究、自主构建知识的平台。

片段观察

小游戏：王冠与权杖

道具：王冠代表国王的名号，权杖代表国家的权力。

人物：查理一世、克伦威尔、查理二世、威廉和玛丽。

规则：每小组派一名代表抽签决定他们代表哪个人物，由小组讨论决定应选择什么道具，并解释选取该道具的理由。

通过充分地讨论，学生做出这样的解释，查理一世、查理二世既有王冠（名号）又有权杖（实权），克伦威尔只有权杖，威廉和玛丽只有王冠。

学生还进一步解释了选择的理由，克伦威尔没有受到法律制约，即使是在共和国时代也难以避免专制独裁。而威廉和玛丽时代，《权利法案》为限制王权提供了法律保障，英国由封建君主专制转变为资产阶级君主立宪制，国王不再有独裁的条件，可见《权利法案》确实巩固了资产阶级的革命成果。

（5）精妙点拨，优化主导作用的策略

如今，关于讲授式教学方法的存在方式，也是大家激烈讨论的问题之一。

讲授法在当今许多教师的心目中似乎已经成了一种最老土的、应淘汰的方法了。于是，有些教师，包括一些所谓的专家提出了"能不讲则不讲，尽量让学生讲"的主张，有的教师甚至谈讲色变，完全让出了讲台。于是便不难看到，在有些课堂教学中，教师完全成了旁观者，只是在做着播放录音机、操作鼠标、念念串词之类的事情，好像这样就能体现学生的主体地位。但事实上，我们必须认识到，这种"放羊式"的所谓的自主学习，是难以充分挖掘、利用好多种课程资源，难以充分体现明晰的教学线索，难以全面、正确地实现历史课程的三维目标的。

那么，究竟怎样的讲才是恰当的讲授方式呢？这是一个值得我们认真思考的问题。有一种观点认为，好的历史教师应当讲得像水银泻地一样，才够味，才是有效的好课。可换一个角度思考：什么叫水银泻地？流畅？不留任何缝隙？那么，这是不是意味着教师就只管"讲"和"灌"，不需要给学生留出任何思维的空间呢？如果这样做，是否是一种典型的包办式的教学行为呢？如此，何谈学生的主体性发挥？何谈学生的智慧生成与发展？尽管教师可以在课堂上滔滔不绝，但这除了证明自己的"讲功"过人之外，对学生内在的主动性发展，功用又有几何呢？这，似乎同样值得我们认真思量。

随着学生主体参与程度的增强，课堂教学的不定与未知因素大大增加，教师只有不断提高驾驭课堂的能力，才能引领学生真正走向三维教学目标。譬如，当学生的讨论"山穷水尽"时，教师的点拨可以帮助他们走向"柳暗花明"；当学生的认识"误入歧途"时，教师的三言两语可以帮助他们回到"正确航道"；当学生那些"珍珠"般的思想散落时，教师的总结可以将其串成精美的"项链"；当学生那源自感性的"小楼春色"萌发时，教师的理性升华能将其引入意境高远的"别有洞天"。教师这样的讲，不是单方面个人才华的展示与对学生的硬性灌输，而是源自师生心灵的互动。

片段观察

谁也不能剥夺我"讲"的权利

很多教师向我提出过这样一个标准："我们学校规定教师上课不能多讲，如果教师的讲授超过 15 分钟或 20 分钟，就会被定为不合格课，钟老师，你接受这样的标准吗？"我的回答是"坚决不接受，如果硬性规定我的讲授不能超过多少分钟，非把我憋死不可，谁也不能剥夺我'讲'的权利"。

如前所述，我曾认真反思自己"一个人喋喋不休是件多么令人生厌的事情"，但我同样反对硬性规定"教师一节课的讲授不能超过多少分钟"。因为教师的教学素养终究与学生不同，教师放弃了讲，就意味着课堂教学放弃了方向的引领，放弃了教学结果的追求，放弃了教学境界的提升。讲的尺度的界定，不在于时间长短，关键在于什么时候讲、怎样讲、讲出什么境界。

1. 把握讲的时机

在学习"新航路开辟"一课时，学生认为，哥伦布等人将人类从分散带入统一的整体，为英国、荷兰等国带来资本的原始积累，促进了资本主义的发展，促进了生产力的发展，符合历史潮流，因而付出一定的历史代价也是值得的。

当我听到"付出一定的历史代价也是值得的"时，我觉得必须要"讲"了。

"评价历史事件和历史人物有两个标准，一个是客观评价，即刚才大家

从节点追问：我的课堂应是什么样子的？

所说的从推动历史发展的角度，从促进生产力发展的角度来评价。但大家要知道，还有一个标准，是价值评价，即此事对不对，也就是换成我会不会这样做，这就需要站在人的标准来进行观察。生产力的发展与非洲上亿精壮劳动力的丧失相比，孰重孰轻？是否可以轻松地说一句'没了一亿人，幸福十亿人'？评价历史事件和历史人物，是否应以促进生产力发展为至高无上的标准？如果历史是人的历史，那么评价历史至高无上的标准应该是人。从客观评价上看，新航路的开辟加强了世界的联系，促进了生产力的发展，推动了人类历史进程，但从价值评价的角度看，殖民扩张毫无疑问是人类历史上的罪恶。任何历史的发展都不应该以人的牺牲作为代价。"

2. 讲出人生感悟

在"辛亥革命"的教学过程中，我发现学生对辛亥志士所知甚少，感想也不外是"革命烈士抛头颅洒热血才换来了我们今天的幸福生活，我们一定要好好学习，为振兴中华而努力"等"标准答案"。因此，我通过下面的"讲"带领学生走进了辛亥志士的内心世界。

"其实当时的起义还有很多很多，多得在书上只能变成一个个代表省略的文字符号。当时为国捐躯的烈士还有很多，众多热血儿女的英灵变成了纪念碑上笼统的数字。一次次的起义，一次次的失败，血腥没有动摇革命者心中的信念，反而让他们愈加抱定了必死的决心。徐锡麟刺杀两江总督未果，被剖心而死，临刑前他神色自若地说：'功名富贵非所快意。今日得此，死且不憾矣。'34 年的生命历程，果真不值得留恋吗？号称'鉴湖女侠'的秋瑾，临刑前只写下'秋风秋雨愁煞人'七个字，那时她的心中难道只惦记着满目疮痍的国家，就从没闪现过一对娇小儿女明亮的双眸吗？林觉民，这位安眠在黄花岗的烈士在给妻子的信中对生与死、情与爱作了最好的注解：'吾至爱汝，即此爱汝一念，使吾勇于就死也！吾充吾爱汝之心，助天下人爱其所爱，所以敢先汝而死，不顾汝也。汝体吾此心，于啼泣之余，亦以天下人为念，当亦乐牺牲吾身与汝身之福利，为天下人谋永福也。'"

感悟离不开人生的阅历，徐锡麟对 34 年生命历程的留恋，秋瑾"鉴湖女侠"与母亲的双重身份，林觉民在生与死、情与爱之间的痛苦抉择是中学生难以体会的，这就需要教师通过"讲"，把自身的内心体验转化成学生对历史的感悟。

3. 讲出思想境界

在"孔子"一课即将结束时，我对全课进行了如下小结。

"1913年，英国人庄士敦说：'当我们欧洲人开始惊异于发现中国的社会和政治思想、中国的道德伦理、中国的艺术和文学都有崇高价值的时候，中国人自己却开始学着把他们文化当中这些伟大的产物加以不耐烦的鄙视。'斗转星移，这'不耐烦的鄙视'似乎有增无减。面对市场经济下功利主义的驱使和影响、西方文化的渗透、流行文化的冲击，传统文化渐渐成为镂空的细胞，从社会的肌体中慢慢脱落。文化是一个民族身份的标志，失去了传统文化的我们会随之失去一个国家和民族的集体记忆与精神寄托。

"让我们以著名国学大师钱穆先生的一段话作为这次探究活动的总结：'当信任何一国之国民，尤其是自称知识在水平线以上之国民，对其本国已往历史，应该略有所知。所谓对其本国已往历史略有所知者，尤必附随一种对其本国以往历史之温情与敬意。'①"

民族文化与民族精神之间的关系、传统文化受到的现实挑战以及国人对传统文化抱有的心态，是学生难以体会的，这就需要教师通过讲来帮助学生理解，通过讲来提升全课的思想境界。

4. 讲出历史美感

让我们一起来欣赏纪录片《大国崛起》中关于苏联历史的解说词。

"来自西伯利亚的狂风怒吼着，如同随风飞舞的雪花，每个吊唁者的脸上都充满了失落和彷徨，苏维埃的明天怎么办？谁来带领大家完成这段未竟的旅途？"

"剧院里灯火辉煌，主席台上挂着大幅的苏联地图。报告人每提到一项建设工程，在地图上相应的地点就会亮起一盏小灯。等到报告结束时，苏联地图上已经布满了五颜六色的灯光，一千多个迷人的亮点闪烁着。"

"出于对苏联的热爱，罗曼·罗兰决定这本日记五十年后再发表，他不想因为这本书造成对苏联的哪怕一点点伤害，他认为五十年后，苏联一定已经解决了这些问题。"

这些都应该是我们历史教师的语言啊，可为什么一些不是从事历史教

_____

① 钱穆. 国史大纲［M］. 北京：商务印书馆，2010：1.

从节点追问：我的课堂应是什么样子的？

学的人反而比我们用得好，而我们还停留在背景、过程和意义的枯燥表述中呢？美的教学语言是进行历史教学的重要组成部分，美的教学语言离不开日常的语言训练，更离不开历史学科素养的积累，美的教学语言是历史思维的外在体现。

（6）预设生成，优化教学智慧的策略

现今教师教学的计划性太强，总是有准备好的材料、问题和答案。教师在每节课前都会对该节课进行预设，但在实际教学过程中，预设与课堂的生成之间经常会出现矛盾。如果教师能机智灵活地处理好这些矛盾，那么课堂教学往往会收到意想不到的结果，即所谓"有心栽花花不开，无心插柳柳成荫"。具有生成性的课堂，才是确保生命本真的原生态课堂。如果课堂中充斥着预设的答案、霸权式的引导，我们就看不到生命的真实存在，看不到生命体验的鲜活，看不到生命成长的困惑和愉悦。可见，生成性是课堂教学不可缺少的魅力，有生成性的课堂才能使教师和学生的智慧共同绽放。

片段观察

来不及全部展示的解说词

在"世界工业革命"一课的教学中，我要求学生阅读教材后，分别为伦敦世界博览会上四个最耀眼的发明撰写解说词。要求语言简洁、重点突出，要说出机器的特性和历史地位，文笔优美，引人入胜。创作时间为 3 分钟。

我们在这里分享一下山东省实验中学 2012 级 19 班的学生在课上创作的部分解说词。

珍妮纺纱机

——当一方再促狭不过的织坊里诞出机器的响声，当纱线从一名再平凡不过的织卒手中源源流出，世界由一个时代向另一个时代华丽转身，人类在默然索声的详静中踏上全新的征程。丝梭穿动，绮丽流转，普天同庆。

（闫寒）

——你嘲笑我的体型微小，我可怜你不懂什么是机器带来的效率；你嘲笑我的简陋，我可怜你看不到工业革命的第一道曙光。 （王毅楷）

蒸汽机

——还在因为山回路转而沮丧吗？还在因为夏涝冬旱而烦恼吗？蒸汽

机帮助你摆脱自然条件和地理形势的局限，让你可以随时随地拥有一间大工厂！ （陈婧文）

——蒸汽机，好东西，有它生产不费力。

蒸汽机，好东西，火车轮船添动力。

蒸汽机，利经济，工厂建在城市里。

蒸汽机，创奇迹，工业时代已来临。 （刘畅）

火车

——它依靠蒸汽机，借用一条条铁轨让人们越发紧密地联系在一起。

（张言轩）

——你讨厌我的喧嚣，却不知道讨厌的还在后面呢。有了我，整个世界将一片喧嚣！ （王晓睿，张文丰）

机床

——夫机床者，机械之本也。苟无机床以利工人，则无机械以利万民。若无机床以存于世，制造兮无效率，损坏兮不可修。无机床焉称工业革命？无机床何来近代生产？ （于润芃）

——此乃工业之本、万机之源也。 （王萧凡）

4. 教学设计中最易被忽略的环节——教学评价设计

基于课程标准的教学设计包含三大环节：教学目标设计、教学策略设计、教学评价设计。教师应该具有一个重要的意识，即教学评价设计应起自教学之前，当你确定教学目标之时，就要设计出评价方案。

说到教学评价，许多教师都认为它应该是最简单、最熟悉的教学术语。之所以认为评价简单，是因为我们一直熟练掌握着的三大法宝：提问、作业和考试。之所以对评价很熟悉，是因为在教学改革的过程中，我们都能把下面这些话倒背如流："重视过程性评价。""体现评价的主体性、方法的多元性。"但实际上，我们在日常教学中却还是只会用"这位同学回答得很好"等类似语句来进行评价。

使教学评价从教学术语变成教学行为和教学习惯，教师需要经历一个漫长的学习过程。

片段观察

教学评价原来是这么回事儿

山东省 2013 年高中教师暑期远程培训的主题是教学评价。通过学习我才发现，评价在教学中的作用远不是我原先想的那样。

1. 为什么要评价——教学评价目标

教师在开展教学评价时，需要思考为什么要评价。传统意义上的评价就是评价教学结果，而现代意义的教学评价则包含以下五个目标：分析学生需求、鼓励自主学习与合作学习、监控学习过程、检查理解程度、展示理解状况。

2. 用什么评价——教学评价的方法与工具

在评价目标确定后，教师可以用不同的方法来收集评价信息。比如，学生小组讨论、写日记、作品展示、观察、师生讨论会、同伴互评、自我评价等。此外，还有多种评价工具，如下面所示的新闻稿评价量规。

新闻稿评价量规

评价者：第5组　　　　　　　　　　　　　　　　　　作者：第3组

主体性知识			
这篇新闻稿展示了对主题的深入把握，并解释了为什么这个主题很重要。	这篇新闻稿显示作者完全理解这个主题。	这篇新闻稿显示作者基本理解这个主题。 ✓	这篇新闻稿显示作者没能很好地理解这个主题。
评价：信息是好的，但你可以添加一些内容来说明为什么它是重要的。			
惯例			
这篇新闻稿没有拼写、语法或打字错误。 ✓	这篇新闻稿只有一两处拼写、语法或打字错误。	这篇新闻稿有一些拼写、语法或打字错误。	这篇新闻稿有很多拼写、语法或打字错误。
评价：很好。我们没有发现任何错误。干得好！			

3. 教学评价的课堂应用

在培训教学评价设计的内容时，我一直感觉云里雾里，不断地跟同伴抱怨，总觉得学这些东西没用。但下面的经历和思考却改变了我对这次培训内容的看法。

对"鸦片战争"一课的教学，我曾设计了以下四个教学环节：

环节一：设置情境，深入战争背景；

环节二：问题导学，分析战争影响；

环节三：课堂讨论，挖掘战败原因；

环节四：意义构建，评说鸦片战争。

在原有的设计基础上，我加入了评价设计，依据本节课的教学目标和教学策略，照葫芦画瓢设计了课堂表现评价量规（如下表）。四个板块的教学活动由四个小组分别承担，每个板块由一个小组担任主要解决者的角色，另有一个小组进行评价，其余两组负责补充，这也就意味着每组都要承担一个板块的任务，且都要负责进行一次评价。这样做不管对于承担者、评价者还是补充者来说，都是一个认真学习的过程。这一量规在上课前发给各小组，让学生明确努力的方向。

课堂表现评价量规（鸦片战争）

项目	1	2	3	4
材料解析组	能全面、准确捕捉材料中的历史信息，使用规范历史语言，并能结合所学知识进行延伸。	能从材料中捕捉多种历史信息，但语言组织不准确。	能从材料中捕捉历史信息，但不全面，语言组织不准确。	不能从材料中捕捉任何信息。
问题探究组	对史实把握清楚，能洞察其本质，且能从多个角度形成与概念的联系。	对史实把握基本清楚，能洞察其本质，但无法形成与关键概念的联系。	对史实清楚，但对其本质认识不清。	对两次鸦片战争及不平等条约的相关史实掌握混乱。
课堂讨论组	组员参与度高，观点鲜明、角度全面，能紧密结合所学知识，形成完整的历史结论。	组员参与度高，观点较全面、鲜明，能较好地结合所学知识，但未形成完整的历史结论。	组员有一定参与度，能贡献部分观点，但无特色或缺乏历史依据，对所学知识有所涉及。	组员参与度较低，贡献观点少，且没有特色，未结合所学知识。
历史评说组	对问题理解全面，有自己的理解，评说角度丰富，且逻辑关系清晰。	基本理解问题，有自己的理解，有多个评说角度，但未发现其中的关联。	初步理解问题，没有自己的理解，照搬现有结论。	未能理解问题，逻辑混乱。

正是这张量规表与四个板块的教学，规范了学生探究活动的质量和层次，保证了整堂课上教学设计的落实。

从节点追问：我的课堂应是什么样子的？

此时，我忽然觉得此次培训所接触的东西，看似陌生却似曾相识。2009年，我随齐鲁名师考察团赴美国考察，发现美国教师上课时经常做的一件非常重要的事，就是不断地给学生以评价。当年有一大堆看不懂的资料，现在再看，其中一部分便是评价量规。

我还想到了一位教育专家曾提出的一个发人深思的问题："学生为什么沉溺于网络游戏？网络游戏最大的魅力就是即时评价。一关有一关的任务，一关有一关的挑战，一关有一关的得分。所以，你们的课堂教学跟网络游戏争夺学生总是失败。"摈弃网络游戏的弊端不谈，单从这个角度讲，教师就要向网络游戏学习，即在课堂教学中对学生要进行即时的评价。

对于教学评价，我经历了"这是怎么一回事"的困惑，才有了"原来是这么一回事"的明了。最后，我好像忽然明白了"评价原来是这么回事儿"：评价应该置于教学前，贯穿于教学中，延伸于教学后。当各种评价方法、评价工具一直伴随着学生时，评价就应该成为教学理念的缩影、教学目标的保障以及学生主体地位的体现。

过去我们常常苦于新课程改革的理念和课堂教学实践是"两张皮"，无疑，教学评价就像是强有力的黏合剂，它能把"两张皮"变成"一张皮"。有它没它，完全是不一样的理念，不一样的课堂。

（三）以独特的教学理念和教学价值观作为"我的课堂"的标志

随着我在各类教学比赛中蟾宫折桂，我的专业成长似乎也遇到了一个瓶颈——是否只满足于做一个教学比赛的优秀选手？一旦意识到这个问题，我的历史教学便开始从求"术"向问"道"的方向转变。

在这个过程中，对于"我的课堂应该是什么样子的"我似乎渐渐清晰：我的课堂应该是生命化的课堂。

——教学内容富有生命化的鲜活色彩。在这里，我通过对中山装的解读让学生体味共和的理念，感悟中国人民的政治梦想，引领学生与中国的传统、社会现实和自身发展对话，将人文精神放进生命的行囊；在这里，我带领学生透过《诗经》中"坎坎伐檀"的声响悄然走进民族文化成长的童年；在这里，我带领学生变换角度品味"问渠那得清如许，为有源头活水来"的美妙诗篇，轻松化解了"格物致知"的深奥理念。富有文化底蕴的课堂，能为学生的可持续发展提供更加广阔的思维空间，为学生的成长提供更加丰富的文化积淀。

——教学主体绽放出生命化的创造活力。学生会在为罗曼·罗兰撰写的日记的情境中总结社会主义经济体制发展的经验和教训；会通过搜集婉容在不同历史时期的生活照片发现中国近代社会的时尚元素。这样的课堂是灵动的课堂，是一个教师风采与学生光彩交相辉映的舞台，学生的潜能和主体意识逐渐从沉睡中觉醒。

——教学过程充盈着生命化的幸福体验。在学生的心中，我党的理论体系似乎是高深莫测的，我便用街头的宣传画将建设中国特色社会主义理论带入学生的视野，引导学生通过家长的工资单的变化感受"三步走战略"带来的生活上的变化；我示范性地展示计划经济与市场经济不同的票证后，学生回应的是家乡"文化搭台、经济唱戏"的牡丹花展。在这样的课堂上，看不到如同标签一样陈列的标准答案，真实的生活感悟和体验无声地浸润着学生的心田。

——教学境界昭示生命全面发展的方向。在我的教学经历中，能时时感受到由于自身使命感而引发的强烈的教学欲望，我希望自己的课堂能给学生带来开阔的眼界、独立的思想、博大的胸怀和自信的力量。

在问道的过程中，我渐渐形成了自己的教学价值观。

——我的教学素养观。我在课堂教学中有着一种近乎执着的求异思维，要求自己每节课都能产生"意料之外，情理之中"的教学效果。我善于从生活走进历史，以浅显透视深刻，用感观破解概念，并让学生参与其中，力求将教学的难点巧妙地转化成教学的亮点。

——我的教师角色观。教师在课堂教学中的身份绝不是单一的导演，而应该是精神的导师。这样的教师应当关注人类文明所赋予的一切正义的、高尚的、理性的、科学的思想内容，这样的教师应当有能力引领学生心灵的成长方向。

——我的学生角色观。学生的头脑不应是被动充满知识的容器，而应该是被不断点燃的精神火把。

——我的教材地位观。在旧有的教学观念下，教材如同"圣经"，而我认为，教材应该是一份乐谱，每位演奏家都可以根据自己的体会演奏出不同风格的华美乐章。

——我的教学理念观。在每节历史课堂教学中，我都力求鲜明地体现出建构主义的理念，强调情境、对话、合作和意义构建的教学理念。我认

从节点追问：我的课堂应是什么样子的？

为，教学理念不是功利化的标签，而应成为一种日常教学习惯。

——我的学科价值观。历史教育绝不是可有可无的副科，它关乎人的成长，有什么样的历史教育，就会有什么样的未来公民。

当有了上述的感悟，我才有了这样的自信：这是我的课堂，我的课堂有我独特的标志。

案例展示

俄国十月革命的胜利

【设计背景】

我上课前有个习惯，就是会针对该课内容让学生先谈谈"你所了解的……"。将其说成是学前预热也好，学情调查也好，做好高初中衔接也好，总之，我的教学起点几乎都是从"你所了解的……"这个问题开始的。

当站在关于"马克思主义""列宁主义"的教学起点上时，我发现这恰恰是学生最不了解的一段历史。或许在他们心里，这些知识应该是政治课的范畴，或许他们一直认为，这些都是非常枯燥的学习内容。

另一种现象是，当学生不能用"我所了解的……"来表述所学内容时，他们的句式几乎无一例外地会转为"我觉得……"。这些"我觉得……"又来自于哪里呢？

与过去机械地、教条地解读马列主义相比，如今对这段历史采取虚无主义的态度似乎又成为一种时髦。学生的"我觉得……"很大程度上就来自于这种虚无的时髦。

每到此时，我都会说："同学们，咱们还是先走向'我了解……'，再说'我觉得……'吧。"

【教学过程】

师：对于马克思主义的精髓，过去有人说是阶级斗争和无产阶级专政，后来有人说是建立一种新的制度，推动生产力的发展。现在人们又说是马克思主义所提出的消灭阶级、剥削和压迫，推动生产力发展，最终是让人获得更高境界的独立、民主、自由和解放。

师：由此可见，人们对马克思主义的理解是不断向前发展的。在这个发展的过程中，有一个人做出的贡献是任何人都无法与其相比的，这个人就是列宁。

师：在人们心里，列宁和列宁主义一般是高频词语，那就先请大家谈谈你了解的列宁和列宁主义吧。

（学生的回答几乎都是来自于小学语文课本中对列宁的描述：列宁不怕困难，口含石子练习演讲；列宁善于观察，跟着蜜蜂找到蜂农的家；列宁非常诚实，打碎了花瓶如实告诉了妈妈。）

师：同学们，在历史上列宁打碎的可不只是一个小小的花瓶，他打碎的是一个旧的世界。希望这节课能让我们穿越时空隧道，更真切、更深入地走进列宁和列宁主义。

（一）背景：革命的条件是否成熟

师：十月革命该不该爆发？对此，不仅在东、西方史学界，包括国际共产主义运动的内部都一直存在着分歧。

有此一说

1. 有人说：到1917年，俄国进行社会主义革命的条件已经成熟。

2. 有人说：俄国十月革命是一个不具备条件的"早产儿"。

师：要回答这个问题，我们必须跟列宁一起与马克思、恩格斯进行下面的对话。

材料解析——列宁与马、恩的"对话"

材料一：在列宁登上历史舞台之前，一位俄国共产主义者给马克思写了一封信问：与大工业、工人阶级紧密联系的社会主义是否可以在俄国实现？马克思说，应该首先在欧洲发达国家实现。

恩格斯在《共产主义原理》中指出，社会主义革命将不仅是一个国家的革命，而将在一切文明国家里，即至少在英国、美国、法国、德国同时发生。

请思考：马克思、恩格斯认为进行社会主义革命的前提是什么？他们对爆发社会主义革命的设想是什么？

生：马克思认为社会主义革命应该首先在生产力发达的欧洲国家发生。

生：恩格斯认为社会主义革命应该在多个生产力发达的国家同时发生。

师：大家与列宁一起了解了马克思、恩格斯的观点，有什么发现？

生：社会主义革命应该与俄国没什么关系，跟列宁也没什么关系。这么一对照，是不是说列宁领导的十月革命不符合马克思主义对社会主义革

从节点追问：我的课堂应是什么样子的？

命所提出的条件啊？或者说列宁领导的十月革命不符合马克思、恩格斯对爆发社会主义革命的设想？

师：历史的发展在伟人的结论之外，总要展现它更加丰富的一面。下面我们就来分析一下俄国的生产力状况，看看它是不是符合马克思所提出的标准。

师：1861年农奴制改革以后，俄国走上了资本主义道路，投入到第二次工业革命之中，生产力水平取得了长足的进步，生产和资本高度集中，开始体现出垄断的特征。但是它的发展水平仍远远落后于其他欧洲国家。

1. 俄国资本主义有所发展，但远远落后于其他国家

材料二：1861年改革后俄国的工业状况

名称	增长率
棉纺织品	76％
生铁	190％
熟铁	116％
煤炭	131％

1913年，俄国的钢产量只及美国的1/11，德国的1/8，英国的1/6，法国的1/4，国民经济人均收入只有美国的1/7，英国的1/5，法国的1/5。

请概括俄国生产力水平发展状况。（符合不符合社会主义革命的条件）

生：应该符合条件吧，俄国已经开始了工业革命，并且还出现了垄断，这说明它已经进入帝国主义阶段，马克思只说在"生产力发达的国家"可以实现社会主义革命，又没说要发达到什么程度。

生：可以看出俄国这时的生产力发展程度也太不怎么样了，可以说是"麻袋上绣花，底子太差"。我个人猜测，如果拿着这个生产力发展指标再去问马克思，马克思的回答仍会是"社会主义革命不应该在俄国发生"。

师：说实话，俄国的生产力发展水平在进行社会主义革命的重要指标方面是相当不给力的。但它在激发革命的其他指标上却是特别给力的。

材料三：

豪华的宫廷宴会　　　　穷人的救济站

在十月革命前的 12 年里，俄国已发生了三次大规模的革命，参加革命的有几千万人。

请概括俄国的社会状况。

生：沙皇俄国统治腐败，人民生活困苦，革命的多次爆发及参加人数的众多说明再次爆发革命不是不可能的。

材料四：

俄国参加了第一次世界大战。在 1915 年的"春夏大战"中，俄军伤亡和被俘人员超过了 170 万人。1917 年春，俄国男性劳动力中，已有近一半被强征入伍，由此导致田地荒芜，交通混乱，粮食供应紧张，首都彼得格勒的存粮只够维持一个月。

一战与俄国社会矛盾之间是什么关系？

生：一战激化了俄国原有的社会矛盾。

师：俄国的士兵都快被打死了，农民都要穷死了，人民都要饿死了，一战激化了社会矛盾，使俄国成为帝国主义链条上最薄弱的一个环节。

2. 一战激化社会矛盾，成为链条上最薄弱的环节

师：正像列宁所说，如果没有战争，俄国也许会过上几年甚至几十年而不发生反对资本家的革命。所以说，一战是俄国十月革命爆发的一个非常重要的条件。

生：但我对列宁的说法持保留意见。如果说战争激化了社会矛盾，那么，一战后，德国作为战败国被战胜国宰割，它的社会矛盾更加激化，按照列宁的说法，这场社会主义革命应该在一战后的德国爆发才对。但历史并非如此。

师：这位同学的疑问非常有价值。这说明俄国一定还有着其他资本主

从节点追问：我的课堂应是什么样子的？

义国家不具备的优势。它有一个具有卓越智慧的领袖——列宁；它还有一个成熟而强大的无产阶级的政党——布尔什维克党。

材料五：布尔什维克

1912年，在俄国社会民主工党第六次全国会议上，以列宁为首的布尔什维克将孟什维克开除，成为俄国独立的马克思主义政党。

俄国革命得天独厚的优势是什么？

师：大家知道布尔什维克是什么意思吗？——多数，在长期的斗争中，列宁带领这个政党坚持马克思主义的基本原理，取得了对机会主义斗争的胜利，"多数"的称谓已显示了这个无产阶级政党强大的力量。就革命阶级的力量，即革命的政治前提的成熟程度而言，俄国已超过了其他国家。

3. 无产阶级力量壮大，拥有成熟的革命政党

师：让我们再回到这个争论，即"革命的条件是否成熟"，现在大家更倾向于哪种观点？

生：我认为革命的条件是成熟的，就算用马克思的生产力标准来看，俄国也已进入工业社会，具有垄断的特征，我们是不是就可以这样认为，俄国已具有了最起码的进行社会主义革命的物质前提。

生：人们常说五个手指没有一般齐，俄国的生产力水平这个"手指"或许有些短，但沙皇统治集团危机四伏、人民群众反抗不断、无产阶级政党比较成熟、革命领袖充满智慧称得上是四个"长手指"，综合来说，十月革命的条件是成熟的。

生：但不要忘了，生产力水平是基础性的"手指"及最关键的"手指"。

生：大家有没有发现，我们争论了半天，只能证明俄国发生革命是必然的，无法证明俄国发生社会主义革命是必然的。历史上不也出现过很多次推翻封建统治的革命吗？这种革命一定是社会主义革命吗？

师：我不希望大家简单地得出一个所谓的正确答案。在这场列宁与马克思超越时空，就革命条件进行的"对话"中，我们发现，生产力水平薄弱的这个缺陷是巨大的，而这个因素恰恰是最为重要的。但我们同样应该知道，历史没有假设，只有结果。结果是历史终究没有把发生划时代的社会主义革命的机会留给当时生产力最发达的美国，也没有留给受战争制裁最严重的德国，而是把这个机会赋予了俄国。俄国能第一个发生社会主义革命并不是因为其资本主义已发展到理想的水平，正如列宁强调指出的：

"是我们的落后使我们走在了前面。"这个旧国家已无可避免地要崩溃了，而且这个国家的无产阶级有足够的力量和智慧促使它崩溃，是历史选择了俄国，把社会主义革命的机会留给了俄国。

师：刚才那位同学的观点有一定的道理，俄国是一定要发生革命了，但到底要发生一场什么样的革命？这场革命将会沿什么样的走向发展？历史进行到这里，还真的没有确定。

（二）过程：俄国是否还可能有别的选择

> 有此一说
>
> 1. 有人说：布尔什维克夺取政权是俄国历史的必然选择。
>
> 2. 有人说：布尔什维克夺取政权是各种偶然事件巧合的结果。

师：1917年3月，在布尔什维克党的领导下，彼得格勒的工人和士兵发动起义，推翻了统治俄国三百多年的罗曼诺夫王朝。因为当时是俄历的二月，所以历史上称其为"二月革命"。二月革命期间，起义群众建立起的政权被称为工兵代表苏维埃。

师：在二月革命后，除了工兵代表苏维埃以外，还建立了一个资产阶级掌握实权的临时政府，这就使俄国出现了两种政权并存的局面。

1. 二月革命——推翻沙皇专制，两种政权并存

师：在历史的关键时刻，确实需要舵手式的人物来拨正航向。1917年4月，长期流亡国外的列宁回到彼得格勒，面对欢迎的群众，他站在一辆装甲车上发表了著名的"四月提纲"。

2. 四月提纲——提出革命要向新的阶段发展

师：俄国将向何处去？我们需要与列宁一起进行一场与时局的对话。

> 问题导学：与列宁一起进行与时局的"对话"
>
> 问题导学一：刚刚结束的二月革命是一场什么性质的革命？你判断的依据是什么？

生：二月革命应该属于资产阶级民主革命，因为它推翻的是沙皇的专制统治。我们在学习中国近代史的时候就知道，判断革命性质的依据不仅在于它的领导阶级，更要看它完成的任务。二月革命中虽然有布尔什维克党的领导，由彼得格勒的工人和士兵发动，但它完成的使命是推翻沙皇的封建统治。

> 问题导学二：两种政权并存的局面说明历史发展可能有哪几种走向？

从节点追问：我的课堂应是什么样子的？

69

生：我认为，二月革命以后俄国的历史选择并不是唯一的，它同样可以像其他国家那样在推翻封建统治后发展资本主义，建立一个真正意义上的资本主义国家。到这个时候，我看不出俄国为什么非要进行一场社会主义革命。

师：应该说，二月革命后资产阶级同样拥有历史赋予的机会，那么，俄国资产阶级是怎样面对这个历史机会的？在回答这个问题之前，大家必须要全面考察俄国社会的状况和人民最紧迫的需求，因为，这将决定历史发展的走向。

> 问题导学三：俄国资产阶级是怎样面对历史赋予的机会的？

生：俄国面临的最紧迫的问题就是摆脱战争的苦难，人民需要的是和平、土地和面包。但从教材上看，资产阶级临时政府却不顾人民死活，要继续进行这场帝国主义战争。看到这句话时，我心想，这下资产阶级临时政府完了，我要是俄国人民我都不会跟它站在一起。

生：但我还想再问一个问题，如果资产阶级临时政府做出退出战争的决定呢？也就是说如果资产阶级临时政府没发生决策上的重大失误，社会主义革命还有机会吗？

师：这个问题太有挑战性了。资产阶级临时政府有可能做出其他的选择吗？这需要我们从以下几个方面去观察。

师：第一，要看俄国的历史。它从一个臣服于蒙古的城邦小国最终发展成一个拥有2000余万平方公里土地的辽阔大国，说明它一直有着侵略扩张的传统。让这样一个热衷于扩张和战争的国家退出战争，那得需要多大的心理承受能力？第二，要看一战的属性。我们都知道，一战是一场帝国主义重新瓜分世界的战争，资产阶级的属性使其难以从这样的战争中剥离。这场战争打得虽然辛苦，但不论是协约国还是同盟国，又有哪个资产阶级国家打算退出呢？第三，要看后来列宁主张退出战争时面临的压力。这种压力对于无产阶级政党同样是巨大的，支撑列宁的除了强大的意志品质之外，更重要的是马克思列宁主义完全不同于资本主义的革命观、国家观和战争观。第四，要看俄国资本主义的发展历程。它是通过1861年自上而下的改革走上资本主义道路的，这决定了其资本主义的经济基础差，资产阶级力量弱。这样的资产阶级政府面对退出战争的巨大压力能挺得住吗？

师：难怪有位十月革命研究专家说，只有最爱说笑话的人才会认为布尔什维克的十月革命强制中断了俄国资本主义的发展。因为我们无法理解，当时是什么人、什么党可以带领俄国走资本主义道路？为什么他们掌权时没能带领国家走资本主义道路呢？

师：我们对二月革命后历史发展的几种可能性进行了分析，从中是否可以得出这样一个结论：二月革命后俄国选择资本主义的发展道路在理论上是可能的，在实际政治上却是根本不可能的？

问题导学四：两种政权并存的局面能否长期存在？原因在哪里？如果无产阶级取代资产阶级的统治，革命性质将发生怎样的转变？

生：两种政权不能长期并存，因为两种政权的阶级属性不同，更因为资产阶级临时政府推行继续战争的政策让人民无法忍受。如果无产阶级推翻资产阶级统治，革命的属性将由资产阶级民主革命转向社会主义革命。

师：首先，四月提纲提出给农民以土地，给工人以面包，给国家以和平。仅凭这一点，四月提纲就表现出了与资产阶级临时政府完全不同的态度，它把自己的主张与俄国人民的愿望紧密联系在了一起。其次，列宁提出要把革命从第一阶段向第二阶段推进。但第二阶段是什么呢？有人说第二阶段是推翻资产阶级统治，向社会革命迈进；还有人认为，第二阶段只是提出用无产阶级和农民的联合专政来取代资产阶级的统治，因为连列宁自己在四月提纲中都没有使用"社会主义革命"一词。我们应该看到的是，在四月提纲中，对于到底是使用暴力革命还是采取和平过渡，列宁并没有下定决心。

师：1917年7月，俄军在一战前线惨败。彼得格勒50万工人和士兵举行示威游行，资产阶级临时政府出动军队进行了血腥镇压。

问题导学五：七月流血事件意味着什么？

生：和平过渡已不可能。

3. 七月流血事件——和平转变已不可能，政权并立必须宣告结束

师：在列宁的领导下，布尔什维克党决定武装起义。1917年11月6日晚，起义开始，列宁来到起义的总指挥部斯莫尔尼宫。11月7日，停泊在涅瓦河上的"阿芙乐尔"号发出总攻的信号。

师：在十月革命爆发之际，布尔什维克党曾骄傲地赢得了两个压倒性多数：一个是人民用选票把60%的苏维埃代表席位交给了布尔什维克党；另一个是在反动统治的支柱——旧军队中，布尔什维克党也赢得了绝大多

从节点追问：我的课堂应是什么样子的？

数的支持。彼得格勒和莫斯科这两个全俄最大城市的每 5 名士兵中，就有 4 名拥护布尔什维克党。当起义队伍像潮水一般涌进冬宫大门时，只有为数寥寥的士官做了螳臂挡车式的无效抵抗。

4. 十月革命——推翻资产阶级统治

> 问题导学六：十月革命的结果说明了什么？

生：人民抛弃了资产阶级临时政府，选择了布尔什维克党。

师：从十月革命的过程我们可以看出，俄国人民做出的最后选择是符合历史逻辑的。我们再一次看到，假设只能作为一种推测，不能证明现实，历史从来不承认"如果"，现实就是历史的选择。

师："十月革命是人类历史上第一次社会主义革命"这一点在我们心里是根深蒂固、不容置疑的。难道这一点还有人质疑吗？未必，对于十月革命的性质还真有人质疑。

（三）性质：十月革命是不是一次社会主义革命

> 有此一说
>
> 1. 有人说：十月革命是人类历史上第一次社会主义革命。
> 2. 有人说：十月革命只是资产阶级民主革命的继续。

师：先不要急于说第二种说法是荒唐的，让我们与列宁一起进行一场与人民群众的"对话"。

> 情境体验：参与列宁与人民群众的"对话"

师：在攻打冬宫的炮声中，第二次全俄工人士兵代表苏维埃代表大会开幕。大会通过了列宁起草的《告工人、士兵和农民书》。

（1）列宁首先要向大家通报的是什么？

（2）如果你是一名士兵、工人、农民或知识分子，你最需要的是什么？要想实现你的愿望需要怎样的保障？

（3）以《告工人、士兵和农民书》可以断定十月革命的社会主义革命性质吗？

生：列宁一定会宣布，"资产阶级临时政府的统治已经被推翻，政权全部转归苏维埃"。

师：十月革命没有在推翻封建统治后停步不前，而是把斗争的矛头指向了资本主义制度。如果大家还记得"一场革命的性质取决于它所完成的革命任务"这一点的话,我们就可以判断十月革命属于社会主义革命的范畴。

生:作为士兵,我最希望的是和平;作为农民,我最需要的是土地;作为工人,我渴望面包;作为知识分子,我希望有民主。这一切愿望要想实现,我需要有一个属于自己的政权。

师:和平——在攻打冬宫的炮声中,大会通过《和平法令》,并向一切交战国建议,缔结停战协议,就公正的和约进行谈判,实现不割地不赔款的和平。后来,为退出这场非正义的帝国主义战争,布尔什维克党不惜以割地的方式缔结《布列斯特和约》,以满足人民的愿望,稳定新生的苏维埃政权。

土地——新生的苏维埃政权通过《土地法令》,没收地主土地,将土地分配给农民使用。

民主——人民的民主需要有一个能代表自己的政权来实现。当你的利益被沙皇代表,被资产阶级代表的时候,你最盼望的是什么?是自己代表自己。"全部政权转归苏维埃"就体现了人民的这种意愿。这次大会选举的第一届苏维埃政权,标志着世界上第一个无产阶级专政国家的建立。

师:不过,我们还是需要通过已经认识的标准来进行判断:《和平法令》具有社会主义革命的性质吗?《土地法令》具有社会主义革命的性质吗?

生:从刚才老师的介绍我们知道,退出战争需要有强大的承受能力,需要马克思列宁主义的革命观、战争观、国家观来支撑。《土地法令》废除了地主阶级的土地私有制,让农民能够使用土地,但这是否应该属于完成资产阶级民主革命的任务?我想的是,如果在第二次全俄工人士兵代表苏维埃代表大会上,列宁宣布取消私有制,实行社会主义公有制,那对于十月革命的社会主义性质就没有什么争议了。

师:列宁在这次大会上确实没有说过这样的话,因此,有人质疑十月革命是否属于社会主义革命的性质也就可以理解了。

师:我们需要知道,在第二次全俄工人士兵代表苏维埃代表大会上,布尔什维克党不可能也来不及把生产资料公有制等一切社会主义的特质充分展现出来,但在苏维埃政权建立后,它便迅速朝着这个方向迈进。更重要的是,在经历多年的政治斗争后,所有人都知道布尔什维克党的指导思想是马克思主义思想,布尔什维克党的政治理想是实现社会主义。布尔什维克党使人民在历史转折关头认定了社会主义方向,并把人民对和平、土地与民主的要求同社会主义的发展方向结合起来。俄国人民知道他们选择

从节点追问:我的课堂应是什么样子的?

了什么，他们选择了布尔什维克党，就意味着选择了社会主义。且这是已经发生的事实，它无法改变，也无法勾销。

（四）影响：十月革命到底给世界带来了什么

师：现在，大家应该明白了列宁和列宁主义最伟大的贡献在哪里了吧！

继承：十月革命继承了马克思主义关于阶级斗争、暴力革命和无产阶级专政的学说。

发展：十月革命创造性地在一个国家，而且是一个小农经济占主导地位的落后国家取得了人类历史上第一次社会主义革命的胜利。

（1）取得第一次社会主义革命的胜利。十月革命打破了资本主义一统天下的局面，使世界出现了两大对立的社会制度。这在很多方面决定了此后人类社会的发展方向。

（2）冲击了资本主义世界体系。"十月革命一声炮响，给中国带来了马克思列宁主义。""走俄国人的道路，这就是我们的选择。"在十月革命的影响下，一大批生产力水平相对落后的国家相继走上了社会主义道路。从此，殖民地半殖民地人民反抗压迫、争取自由解放的斗争风起云涌。

（3）将社会主义理论变成现实。十月革命将马克思主义的理论变成了现实，它向世界证明，除了资本主义世界以外，存在另一个更为公正的世界是可能的。

师：但是，随着1991年克里姆林宫的红旗悄然落下，苏联解体，东欧剧变，国际社会主义运动遭受了巨大的挫折。于是，关于十月革命又出现了另一种说法。

有此一说

1. 有人说：十月革命是20世纪最伟大的历史事件。

2. 有人说：十月革命是20世纪最大的悲剧性错误。

师：对于这个争论，我不希望同学们马上拿出自己的答案，我希望同学们在我们国家以后的发展中，在以后的阅历中去继续思考和感悟。

穿越时空：倾听列宁与未来的"对话"

我们决不把马克思的理论看作某种一成不变的和神圣不可侵犯的东西；恰恰相反，我们深信：它只是给一种科学奠定了基础，社会党人如果不愿落后于实际生活，就应当在各方面把这门科学推向前进。

——列宁

【案例说明】

从某种意义上说，"俄国十月革命的胜利"一课是我多年来历史教学习惯的一种延伸和缩影。

分——全课分为背景、过程、性质、影响四个板块，通过不同的教学活动使学生掌握基本的知识要求应该不成问题。

合——马克思主义与列宁主义是怎样的继承和发展关系？十月革命在俄国、世界和人类历史中到底处于什么地位？

异——针对背景、过程、性质和影响等教学内容，我分别设计了四组不同的"有此一说"，先后通过材料解析、问题导学、情境体验、穿越时空，引导学生的历史思维逐步走向深入。

活——每一个教学活动都针对学生的困惑，每一个教学活动都伴随学生的思考，更重要的是在每个教学活动中都允许学生提出自己的质疑。

升——面对现实环境中对马列主义的"虚无的时髦"和"无知的战胜"等评论，我觉得与其把结论灌输给学生，倒不如让他们先对马列主义有了解的欲望、亲近的情感、敬畏的心态。如果真能做到这些，这节课就算"升华"得可以了。

从另一个角度来看，"俄国十月革命的胜利"一课除了"教学习惯"以外，我还下了一些其他的功夫。

学情调查——我知道学生对这节课的缺失是什么，这是我进行全课设计的基点。

学科素养——为了这节课我认真研读了中央编译局出版的，由刘淑春、翟民刚、王丽华编译的《"十月"的选择——90年代国外学者论十月革命》一书。应该说这本书是我进行本课教学设计最重要的教学资源。我想通过更多的阅读来审视，是否还有教科书以外的历史？是否还有教科书以外的观点？我与学生是否能用理性客观的态度来面对这些观点？

讲史态度——通过研读国内外学者对十月革命的研究综述，我发现其分歧主要在于十月革命的条件是否成熟、十月革命的发生是偶然还是必然、十月革命是否是社会主义革命、十月革命对人类产生了什么影响，这四个分歧可以说涵盖了十月革命的背景、过程、性质和意义。因此，我就把四组"有此一说"展示在学生的面前，让学生听一听质疑者的观点又是怎么样的。我们发现，虽然一直伴随着质疑的声音，但任何质疑都无法掩盖十月革命在历史长河中的光芒。

或许下面这段总结才是我对十月革命一课的设计定位。

我认为一名历史教师应该最大限度地让大家接触到真实的历史；我认为科学的、优越的社会主义制度，应该有自信让后继者听到不同的声音，发表自己的看法。

这节课，我不想让大家只是简单地接受一种结论，得出一个标准性的答案。我希望大家通过这节课能走近列宁，走近十月革命，走近社会主义。当你真正地了解它，全方位地观察它，在真实中亲近它，你才有可能信仰它、捍卫它、坚持它。

从支点追问：
如何从肤浅走向深刻？

学科素养是指在学科学习和实践活动中养成的具有该学科特征的基础知识、基本技能、基本品质和基本经验的综合。它不是各种要素的简单叠加，而是一种注入主体精神的"合金"，是一种处理问题的习惯或思维方式。如果说教学理念和教学方法是任何一个学科都必须面对的共性问题，具备教学素养是对任何一个学科教师的共性要求，那么，教师要想把自己的学科讲出深度，使自己的课从肤浅走向深刻，就必须深入本学科领域的腹地，就离不开学科素养的支撑。

问题缘起

当一系列的教学理念、教学方法变成教学习惯，课堂变得形式生动、内容丰富的时候，或许又有一个评价的声音会响起：这课上得太肤浅。

如果说教学理念和教学方法是任何一个学科都必须面对的共性问题，具备教学素养是对任何一个学科教师的共性要求，那么，教师要想把自己的学科讲出深度，使自己的课从肤浅走向深刻，就必须深入本学科领域的腹地，就离不开一个重要的支撑：学科素养。

"历史教师的学养与教养"是 2010 年全国历史教师教育专业委员会上海年会的主题，我认为这个研讨的话题对历史教师而言非常重要。何为历史教师的学养与教养？专家学者们对此有不同的解释。我理解的"学养"为教师的学科素养，概括为教师历史教学的本体知识。学科素养是指在学科学习和实践活动中养成的具有该学科特征的基础知识、基本技能、基本品质和基本经验的综合。它不是各种要素的简单叠加，而是一种注入主体精神的"合金"，是一种处理问题的习惯或思维方式。我理解的"教养"为教师的教学素养，如上一专题所述，它是指教师设计、实施和驾驭课堂教学的能力，是学科教师对教学过程拥有的体验与思维模式。

对于学科素养与教学素养之间的关系，我们可以作个不太恰当的比喻，学科素养是看你的肚子里有没有真才实学，有没有丰富的学科知识，有没有对本学科知识习惯性的敏感以及由这种敏感带来的求知欲望，有没有对本学科规律和本质的敏锐洞察力和思考力；教学素养是考验你能不能把肚子里的学问转化成学生能够接受、乐于接受的知识的教学能力或技巧，能不能把教师身上的学科素养最大化地转化成学生人生成长历程中的学科素养。

可以说，学科素养是基础，教学素养是关键。如果离开了学科素养，历史教师会失去自己的教学内容，失去进行教学设计可供选择的资源，导致其选择教学方法的空间变小；离开了教学素养，历史教师就会把课堂教学变成简单的"掉书袋"的过程。因此，学科素养是教学素养的土壤，教学素养是对学科素养进行整合后搭建起来的舞台。夯实学科素养的"梅花桩"以及用好教学素养的"多棱镜"都是必不可少的。

在历史教学中，除学科素养、教学素养之外，还有第三个维度——学科使命。我们不妨以一个简单的公式来展示一下这三者与教师教育素养的关系：

学科素养×教学素养×学科使命＝教育素养

在这个公式中，三者之间的关系并不是相加求和的关系。比如，这三种素养中的某个方面差一些，另一个方面强一些，在求和时还能达到一个比较理想的状况。而三者之间的这种乘积关系则能提醒我们要注意三种素养之间相互的影响，即一种素养提升时，会带来另外两种素养的良性互动，而一种素养出现短板时，则会制约另两种素养的发展，从而影响教师整体教育素养的水平。

教学思考

随着教学阅历的丰富，我们会渐渐发现，决定历史教学境界的绝对不是单纯的拼教法、拼理念、拼资源，而是教师的学科素养。

提到学科素养，专家和学者往往将其概括为以下几个方面的内容。

第一，学科基础知识。由学科基本符号、基本事实、基本概念和基本结构组成。其中的学科基本符号包括词语、名称、术语或标记等，也有人统称其为事物的名称。

第二，学科基本技能。这里所说的技能，从广义的知识观来看，实际上指的是个人习得的一套程序性的知识，以及按这套程序去办事的能力。

第三，学科基本经验。是指在学科学习过程中的经历和体验。

第四，学科基本品质。在学科学习中，能在掌握学科基础知识，形成学科基本技能的过程中，捕捉本学科所能带来的良好道德品质。

第五，生活基本态度。学科也是生活的一部分，因此学科素养反映出来的往往就是一个人的生活态度。

当面对关于学科素养这些学术化的要求时，有些人可能就会感到无从

从支点追问：如何从肤浅走向深刻？

下手，下面，我就和大家分享一下我在积淀自己的学科素养时的一些感悟。

（一）培养对历史学科习惯性的敏感

在我心里，列在如何积淀学科素养首位的不是读书，也不是备课、做题、上课、参加各类比赛、提供各种讲座等，对于我来讲，我最爱琢磨关于历史教学的事儿。

很多教师也在认真地备课、上课，但在备课、上课之外的时间似乎就与历史教学绝缘了。这样做虽然可以保证一定程度的教学质量，却无法持续地提升教师自身的教学境界。这只意味着教师在做事，而缺了最重要的环节：琢磨事儿。

我的"爱琢磨"表现在只要有空闲的时间，我就会习惯性地琢磨历史教学的事儿。进书店先往历史类的书架前站；电视上播放有关历史的内容就下意识地锁定该频道；一跟人讨论历史教学就激动；听到某个以前不了解的史实就会条件反射般思考可否用在哪节课上；看到某个新的理论就会对照自己的教学实践，看是否与之相符。总之，只要涉及历史教学的事儿我就不自觉地"两眼放光"。我给自己的上述习惯起了个学名：对历史教学的习惯性敏感。

学科敏感并不是与生俱来的，它来自于教师对教学的专注和痴迷。学科敏感更不是可有可无的，它是积淀学科素养最基本、最常态的条件。学科敏感使教师对教学的思考超越了备课和上课时间的限制，使教师的思想时时处于对学科教学的发现和研究状态，使教师对学科的发展和变化拥有持续的敏锐的洞察力，对自己教学中出现的问题保持时时的警觉和反思。

片段观察

有关琢磨的故事

学科敏感的培养应该是因懂得意义而喜爱，继而关注、执着，并琢磨出自己的心得，在验证中获得自信和喜悦。

1. 琢磨的起点——"你跟恩格斯想的一样"

我对历史的喜爱很大程度上源于家庭的影响。我父亲是山东省博物馆研究馆员，是专攻新石器时代陶器史的专家，他的研究成果曾获得文化部颁发的科技进步奖。最让我自豪的是，在他的科研攻坚阶段，我一直陪伴在他身旁——那时我上小学三年级，常常在他的工作室里写作业，看热闹，还会时常打下手。

很长一段时间里，父亲一直致力于复制蛋壳黑陶的方法研究。某天，我帮他用绳子拉手动陶轮，因拉得时快时慢，他就笑话我是小笨蛋。看着地上的一堆堆废品，我说："爸，你用机器陶轮做，多稳啊，一定能成功，为什么非要让我这个小笨蛋帮忙，用手动陶轮呢？"他说："这叫还原，因为当时的人就是用手动甚至更落后的方法来制作的，或许当时在旁边帮忙的就是像你这样的小笨蛋。咱们只有最大限度地还原历史，研究才会有意义。"

从此我知道了一个词叫"还原历史"。于是我也开始不知天高地厚地"还原"："爸，我觉得人类的第一件陶器是这样产生的。有个妈妈生病了，想喝水，可床离河边太远了，儿子想给妈妈喝水，就用手捧着水，带回去给妈妈喝，但还没到床前水就漏光了。于是，儿子挖出河里的泥，做了个碗，可还没到床前泥碗就被水泡烂了。最后，儿子想到一件事，做饭的时候，火旁边的泥是很硬的，把泥碗烧一下就不会被水泡坏了。可儿子也是像我一样的小笨蛋，他做的碗啊、锅啊都特难看。因此，儿子又想了个办法，把泥巴往现成的篮子上一涂，再扔到火里烧，这就是为什么那些陶器上都有花纹的原因。后来儿子的技术越来越好，可以做出非常漂亮的碗和锅了，于是，以后的陶器上就没有那些花纹啦。"当时父亲看了我一眼，说："你跟恩格斯想的一样。"

这句评语是我一生中最难忘的褒奖，当听到这句话时，我真觉得自己是个研究历史的天才啊。

关于陶器起源的这段畅想，是因为我已给父亲当了多年的小帮工，我会拉坯、翻模，我能自己设计并烧制出很多造型独特的小花盆；还因为我是在文物众多的环境中长大的，我知道"蛋壳黑陶杯"是山东省博物馆的镇馆之宝，我特别希望父亲能够成功。这是否体现出因为懂得意义而产生出的学习动力呢？更重要的是，我目睹了父亲在研究过程中的执着，目睹了一个历史工作者琢磨心得、修正方向、验证结论、收获喜悦的过程，这个经历在我的人生中是一笔非常宝贵的财富。

2. 琢磨的延伸——谁都有思考的权利

每当站在课堂中时我都会想：这不正是我十岁时生活画面的重现吗？学生时快时慢地拉动着思维的绳索，我尽己所能与他们一起还原历史，让他们在亲近历史的自信中敢思敢想。

从支点追问：如何从肤浅走向深刻？

我非常迷恋父亲的那句评语："你跟恩格斯想的一样。"因此，我也会毫不吝啬地给学生以类似的评价："你跟某某大师想的一样。""你要不去当政治家，简直就'埋瞎'你这个人了。"……并且我还会给学生起些外号："百度百科，你再给大家介绍一下这个历史事件。""国学大师，我知道你一定要说不同意了。"……

有位哲学家说："人是一棵脆弱的苇草，但又是一棵有思想的苇草，是思想让苇草有了韧性。"思想是什么？思想就是琢磨，再脆弱的苇草都有琢磨的权利，再低微的苇草如果敢于琢磨，都有可能得到"跟恩格斯想的一样"的收获。如果一名教师对学科具有习惯性的敏感，就会在无形中培养出学生对学科习惯性的敏感。

3. 琢磨的常态——琢磨不通就讲解不透

历史教师琢磨教学最常态的依托就是课堂。《共产党宣言》在很多的课堂教学实践中，只被教师简单地当成一个知识点，但我们要知道，《共产党宣言》是阐述马克思主义的标志性著作。我们看到，很多关于"马克思主义诞生"的教学设计中，讲到"全世界无产阶级者联合起来"便戛然而止，甚至，有位教师将课程的题目定位成"解放全人类"。我暗想，这位教师一定是认真琢磨过《共产党宣言》，没想到他的教学设计仍是到"全世界无产阶级者联合起来"这里就停止了。不认真琢磨《共产党宣言》，又怎能讲得透马克思主义呢？

教材中对于马克思主义基本理论的阐述发生了如下的变化：二十年前强调阶级斗争的巨大作用，十几年前强调无产阶级在夺取政权以后其根本的任务是解放和发展生产力，如今的教材则昭示马克思主义的基本原则是"人的自由和全面发展"。面对这种变化，我认真查看了《共产党宣言》：

"共产党人的最近目的是和其他一切无产阶级政党的最近目的一样的：使无产阶级形成为阶级，推翻资产阶级的统治，由无产阶级夺取政权。"

"无产阶级将利用自己的政治统治，一步一步地夺取资产阶级的全部资本，把一切生产工具集中在国家即组织成为统治阶级的无产阶级手里，并且尽可能快地增加生产力的总量。"

"代替那存在着阶级和阶级对立的资产阶级旧社会的，将是这样一个联合体，在那里，每个人的自由发展是一切人的自由发展的条件。"

上述三段表述在《共产党宣言》中的出现有着明确的先后顺序，含义表达层层递进，相互间的从属关系非常明确。思考二十年来教材对马克思主义阐述的变化，我认为这体现了对马克思主义研究成果的不断更新和对《共产党宣言》解读的不断深入。阶级斗争只不过是无产阶级夺取政权的手段，而发展生产力也不是终极目标，只是"人的自由和全面发展"的前提。由此可见，马克思主义既不是阶级斗争的学说，也不是仅仅基于生产力发展的学说，而是关于人的解放的学说。

作为一名普通的中学教师，对《共产党宣言》的这种解读是否正确，我心里也一直没底。直到华南师范大学张庆海先生谈道：

"马克思、恩格斯在共产主义的奠基之作《共产党宣言》中已明确地阐释：人类发展的最终目标是每一个人的完全的解放。在这一解放的过程中，生产力的充分发展是全人类解放的基本保障，即是说，生产力发展是人类发展的手段与保障，它本身不是目的……"①

看到这一段评述，我心里踏实了，能跟专家琢磨到一块儿去也算是对自己思考心得的一种印证。

张庆海先生继而指出，近些年，我国政府开始转变执政思路，从强调将 GDP 的发展水平作为评价政府工作的重要标准，转变为和谐发展观，应该看作对马克思主义理解的进一步深化。

看来，对马克思主义的理解，我们还有继续琢磨下去的必要。

4. 琢磨的喜悦——于我心有戚戚焉

用心琢磨历史教学，就会发现有很多人在跟你一起琢磨。2012 年，我承担了甘肃省高中历史暑期远程培训的工作。在这期间，山东省邹平第一中学的刘庆亮老师负责经济史和史观部分的专题，甘肃省兰州第一中学的范多宝老师代表该省教师提出并解答了高中历史教学中的关键性疑问。当拿到两位教师的视频时，我的讲座已完成了第八讲，这期间我没跟刘老师、范老师进行过任何的沟通。但对什么是一标多本、什么是史观、什么是选修课、什么是历史概念，我、刘庆亮老师、范多宝老师却在不经意间达到了高度的默契和共识。在一件事情上认真琢磨的人一定会有共识，这个经历让我再次感受到认真琢磨后产生的"于我心有戚戚焉"的喜悦。之所以会有这样的感觉，是因为在历史教学研究中还有无数认真琢磨的人。

从支点追问：如何从肤浅走向深刻？

再分享几个由琢磨产生的惊喜吧。

2002 年，我参与了山东省实验中学五大德育实验课题的开发、实验和结题，并负责了"弘扬民族文化，培育民族精神"的课题研究工作。到 2004 年，学校已开展了师生学打太极拳、建立国学社、开设民族艺术选修课、举办京剧联欢会、进行实验学子修身行动等一系列富有民族特色的校园文化活动，并以浓厚的民族文化底蕴彰显出学校德育工作的特色。当中共中央宣传部、教育部于 2004 年印发《中小学开展弘扬和培育民族精神教育实施纲要》时，每一位山东省实验中学的教育工作者都为学校开展的活动能与国家教育方针高度契合而感到自豪和骄傲。

如第一专题所述，在二十余年的教学过程中，我也曾遇到过无数的教育领域的新名词、新理论、新概念，也曾进行过各种类型的新探索，当与这一切并肩同行的时候，我始终在探索这样的问题：我真的了解自己所教的学科吗？它的魅力到底在哪儿？它与其他学科相比不可替代的是什么？我将自己追求的这个东西定义为"学科价值"。多年来，我一直在教学实践中追求学科价值的体现方法，在与众多一线教师的交流中反复强调学科价值的意义。当我看到国家课程标准的设置、高考改革的变化趋势都不断强调学科价值时，我自豪于自己多年来探索方向的正确性。

在写这个小话题时，我起了个学名：对历史教学的习惯性敏感。在查询资料时又发现了同道中人。浙江省杭州市萧山区教育局朱华贤老师在《教师应培养自己的学科敏感性》一文中早就论述过这个问题：

"教师是普通人，但也是学科人。教师应该像普通人一样享受生活，但也应该像专家那样看待自己的学科，不断丰富和更新自己的学科涵养。"

"我们经常说，干一行，爱一行；爱一行，专一行。什么叫专一行？我以为就是要有强烈的学科敏感性。一个对自己学科不敏感的人，不大可能成为一名优秀的学科教师。"

分享这些琢磨中产生的收获，绝非是在标榜自己先知先觉，更不敢去争什么原创。相反，发现很多看似自己琢磨出的东西原来早已存在，但自己琢磨出来的，跟别人告诉你的终究是完全不同的感悟。

（二）不要做一名书架上只有习题集的教师

人的成长是一个新陈代谢、吐故纳新的过程，作为教师更应该终身吸纳、终身学习，并始终伴随着实践与反思，这些应该是教师职业生活的源泉。

教师的学习途径多种多样，无外乎在实践中学习，在阅读中学习，反思自己，学习他人。在这方面，教师有必要认真审视一下教师职业生活中的读书。从某种程度上讲，一个人的阅读史就是他的精神发育史。优秀教师的成长之路是用书籍铺成的，一个书架上只有习题集的教师根本不可能在教学理念上有所突破，在教学内容上有所选择，在教学方法上有所创新。

在阅读方面我有以下几个方面的体会。

1. 追求品位

著名作家张炜在我校作报告时，曾经给学生建议，多用些时间读书，而不是去看电视。这使我开始思考人们获得信息的渠道和品位的关系：某些直观的、有趣的、通俗的信息，往往是知识和思想内涵较少的信息；而某些看似枯燥的、学术性的、较难理解的信息，却往往包含着较为丰富的知识和思想内涵。作为一名教师，若想在思想高度上高人一筹，就必须在阅读品位上高人一筹。在日常教学设计的过程中，我一直存在求异的思维定式，要达到"情理之中，意料之外"的教学效果，就离不开教学理论、史学素养、知识视野的完善和开阔，正是有了大量跳出教科书又围绕教科书的阅读，才使我在教学资源的选择上拥有了更大的空间。

2. 绝不"跪读"

我曾与某位大学教师网上论战，缘自于他的一篇文章——《在某某先哲面前，我们应该跪下》。我对这个"跪"字非常敏感且感到厌恶，在任何大师、任何理论、任何著作面前，一旦有了"跪"的心态，便失去了人格之独立、思想之独立，就会变得视野狭小、心胸狭隘。在我心里，读书是一个了解、感知、学习的过程，是与文化精英进行精神上沟通的过程。正是这样的阅读定位，使我不会对任何一本书籍持"跪读"之态度，而是取"对话"之姿态。

3. 用读书滋养课堂

仅靠一本教参绝对无法滋养出一节丰满的课堂教学。我曾经给自己提出过这样的要求：最起码用一本书来滋养一节课。这本书需要有一定的专业性、权威性，要既能代表学科的主流观点，又能有一定的学术贡献。或许很多教师会说，面对这样的要求压力太大。试想一下，三册历史必修教材不过70余课，难道教师教上十几年、二十几年都没为历史教学读过70本

从支点追问：如何从肤浅走向深刻？

书吗？面对下面的案例展示中的"宋明理学"等教学内容，我们可能读上好几本书都难以讲通讲透，因此，就需要教师广泛地涉猎知识才能满足积淀学科素养的要求。让我们看看江苏省著名特级教师王雄老师的读书境界。他用30多本书的专业阅读量，滋养出了在全国历史教学年会上关于"辛亥革命"的精彩教学。在会场上，当著名历史学家袁伟时先生提问大家是否看过某某著作的时候，王雄老师均能娓娓道来。可以想象，有这样阅读积淀的教师，其课堂将是何等的充盈和丰满！

4. 让读书成为一种生命的状态

我女儿三年级时写过一篇名为《一家书虫》的作文："为什么说我们是书虫？因为我们全家人都太爱看书了，一天不看都不行，就像人一天不喝水就会渴死一样。"女儿的话虽然幼稚，却道出了阅读的地位——它原本就是生活的一部分。

读书的意义，不仅在于知识的积累与更新，更重要的是，它能使思想常新、激情常在，能永葆一种新生的渴望和战斗的姿态。这种精神建设的动力是任何金钱和权力都无法给予的。教师读书，不仅是一种习惯，一种意识，更应该是一种生命的状态。

读书一直是我的爱好，我们家常说的一句话是："又没书看了，该买书了。"年轻时读书常自得于读得多、读得快，家里每隔半年就要清理出一麻袋的书。有时外出讲课，上飞机前开读一本书，下飞机就已读完。我常用这样一句话自我安慰："书中自有独特的力量，可能它本身会被遗忘，但相信它的种子已留在你的心里。"后来我发现，那些书的种子在心里留下的印象实在太模糊了，书虽然读得多，但能用上的却很少。此时，我才发现精读的价值。于是，我建立起一个新的文件夹——"不必太多，把书架上的书精读"。在这个文件夹里已保存了我写的20余万字的读书笔记，这样一来，书的种子才算真的在教学中扎下根来。

片段观察

从苏格拉底和孔子说起

贵州人民出版社出版的李玉琪创作的《回到思想——从苏格拉底和孔子说起》全书共计250余万字，从东西方文化的源头上论证和比较了苏格拉底与孔子两位哲人的思想。基于对这本书的阅读和理解，我与学生在课堂上展开了下面的对话。

师：将孔子作为中华文明主流文化的代表者，大概争议不会太大。如同西方文化思想的源头可以追溯到苏格拉底身上一样。因此，比较苏格拉底和孔子，实际上就是在比较中华文明与西方文明的主流文化，说得深入点儿，就是在比较两种文明。站在两大文明的起点，就已经能看到其中的差异了。

师：苏格拉底追着人讨论："欺骗是正义的吗？""显然是非正义的。""如果在作战期间欺骗敌人呢？""为欺骗敌人那就是正义的。""如果一个将领看到士气消沉，欺骗自己的士兵援军快到了呢？""那也是正义的。""也就是欺骗自己的人也算正义的啦？"……

师：苏格拉底这样的追问是无穷无尽的。那么，苏格拉底在这个回合的对话里要探讨什么？

生：要给"正义"下个定义。

师：他是按什么思路探讨的呢？

生：抓住一点不断深入，在逻辑上不留漏洞。

师：问到最后得出结论了吗？

生：他让被问的人感到自己很无知，而苏格拉底自己也没找到答案，但他在向着那个答案不断地靠近。

师：这不能怪苏格拉底，因为，他想做的就是通过追问找出一切事情背后普遍的定义。苏格拉底推崇的一句话就是"认识你自己"，他就是要找出人背后那个最本质的东西。那不是一般的知识，是按照严密的逻辑思维，引向最终的本质的知识。书上讲的"知识即美德"指的就是这种知识，苏格拉底对这种知识无比敬畏，他说"我不以不知为知"，甚至承认自己是最无知的人。正是由于他对指向本质的知识的敬畏，人们才称他是最智慧的人。请大家再对照熟悉的《论语》，让我们站在东西方文化的源头上审视两者的不同。

生：孔子也爱谈话，他爱谈"仁"。

生：不过孔子谈"仁"不像苏格拉底那样沿着一条线问下去，好像也没有什么逻辑线索，这里谈两句"仁"，那里谈两句"仁"，并且，每次说的好像还不一样，最后也没有给"仁"下一个标准的定义。

生：孔子谈自己的思想，是为了给人以启发，不像苏格拉底那样追问得别人那么难堪。

从支点追问：如何从肤浅走向深刻？

87

师：苏格拉底更侧重于逻辑，而孔子似乎更依赖于人生的经验，东西方的这种不同的思维习惯一直延续到今天。建议大家读读苏格拉底的思想，它会让我们燃起探索世界奥秘的热情，激发我们掌控世界的信心。

师：作为中国人，可能孔子的话更能引起我们的共鸣。你也能在面对某个窘境时，眼前浮现出他的语句，那时，你觉得他的每句话都充满着人性的温暖，都是对你所遭遇苦难的关怀与安慰。

师：苏格拉底与孔子的每句话都是创造，每句话都是一个探索的方向。他们用最朴素的语言、最初级的谈话方式表达出来的思想，穿越了千年，至今仍是人类智慧星空中最深邃、最有魅力的部分。

（三）知道有此一说，还要知道有彼一说

在与一位大学历史教师交流时，他说："新生入校第一年我们的任务就是给中学历史教育纠偏。期末考试时，学生的答卷上写满了封建主义、资本主义、阶级分析的概念。传统的中学历史教学思维定式让学生形成了一种标签式的、概念式的历史印象，很多中学教师给学生传授了一种与主流学术思想背离的甚至是反人文的历史观念。"这就让我思考，中学历史教学是否应该眼光远一些，视野宽一些，让学生带着一种新型、多元的历史观念进入新的人生阶段？因此，我在学习和阅读上给自己提出了新的要求：要时刻关注和了解学科发展的前沿和主流信息。

建议同行们在研究某些重大历史事件并进行教学设计时，尽可能多地了解一下史学界的相关研究动态，这样，大家就会了解到，对历史的解读，除了我们过去所熟知的"有此一说"之外，还有我们所不知的或许同样很有道理的"有彼一说"呢。

片段观察

我们所不熟知的"有彼一说"

当我们还在为法国大革命的高歌猛进大为赞叹之时，早有史学家开始思考这种暴力浪潮和群众运动中的非理性行为了。

作家林达所著的《带一本书去巴黎》以敏锐的眼光和细腻的历史思维，向我们展示了与以往教科书中不一样的法国大革命，并引发了我们对这一类型政治革命的全新思考。

1. 警惕革命的异化

"革命，在很长时期里是一个神圣的字眼。我们几乎都是在渲染革命的

气氛中长大的。从我们开始学习语言起，这个字眼，就和阳光、空气、美好、光明，等等一起，成为我们童年梦想的一部分。这是一个不需要寻求解释，不需要思索和理解的一个词。革命总是好的，假如有问题，只是因为革命不够彻底。"

"人口 2500 万的法国，在 1793 年到 1794 年一年之中，就有 17000 人上了断头台。最快的一个记录是，在 38 分钟里，断头台砍下了 21 个头颅！"

"法国大革命始终宣称自己在追求实质正义，可是并不那么动听的、保障实质正义真正实现的程序正义，却被忽略了。对程序正义的忽略，是大革命之后，法国的政权交替屡屡以暴力政变为手段的真正原因。"

2. 警惕民主外衣下民众运动的非理性

"聚众和上街是有瘾的，革命也是有瘾的。但是，真正的革命是制度的内在变更，不是街头的外在形式。制度设计需要知识，需要妥协，需要协商，需要理性，需要回到会议厅，唯独不需要俱乐部的鼓动和街头的暴动。"

"也许，是大革命期间的断头台旁，永远挤满了嗜血的民众，对残酷的展示和鼓励成为公众节目和公共教育，使后人不堪回首。在断头台刚刚开始使用的时候，巴黎民众嫌行刑的过程太快，使得他们无法欣赏死囚的痛苦。他们在下面齐声高唱着：'把我的绞架还回来！把我的绞架还回来！'这呼声不是响在中世纪和旧制度的时代，而是有了《人权宣言》和'自由、平等、博爱'口号的法兰西共和国。"

3. 看到历史的真相，才能真正地追思历史

"路易十六被公认是一个相对温和的君主。1789 年 7 月 14 日，在巴士底狱被攻陷的时候，被革命救出的囚犯，只有七名。不论是谁，假如平心静气下来，都会承认，在巴黎这样一个大都市，在它的头号监狱里，只关了七个囚犯，这在数量上无论如何也算不上是暴政的有力证据。"

"假如我们永远以复杂的历史形势为借口，原谅我们在走向进步中的非理性，甚至把它理想化，拒绝从一个进步潮流的正面事件中，去剖析它实际包含的负面因素，不承认它的负面后果，那么，我们还是只能以继续支付更多的鲜血、制造更多的废墟作为代价。"

（四）学一点史学理论

1988 年我参加了高考，在这场考试过去二十余年后，我想揭露一个大秘密——当年语文高考的阅读理解题曾天天放在我家的书架上。命题专家

从支点追问：如何从肤浅走向深刻？

选择了一个最冷门、最生僻、最不被大家熟悉的领域——考古学，阅读理解的文章选自著名考古学家苏秉琦先生的著作。

凭着我对历史的喜爱，我也曾装模作样地读过家里书架上苏秉琦先生的著作，我的感受就是看不懂。考古学终究是个枯燥、生僻的学科。没有故事，没有情节，只有生冷的发掘报告和难以理解的史学理论。即便如此，我还是强迫自己用心看了几次，心得仍是看不懂。当我在考场上与这篇文章"相遇"时，得出的结论仍然是看不懂。

在这个人生关键的考场上，面对一篇熟悉却又看不懂的文章，是件非常难忘的痛苦经历。随着年龄和阅历的增长，我发现了这一痛苦经历的背后折射出的东西，那就是我对历史的感悟中有不敏感的死角，这死角就是我喜爱历史，却排斥理论，这种不敏感不仅表现在考场上，而且一直伴随着我的教学生涯。但我知道这些看不懂的东西是一名教师在专业成长中不可或缺的因素。

中学历史教学的特点决定了其对史学理论的介绍和应用应该符合中学教育阶段的特征。在中学历史教学中，当我们看到课标和教材中除马克思主义史观以外的西方的心态史学、结构史学、社会史学以及文明史观、全球史观、现代化史观等一系列的理论时，势必会感到茫然，无所适从。我认为，作为中学教师接触史学理论，其关键在于了解、亲近和运用，而没有必要将一系列史学理论生硬地灌输给学生。中学历史教学应该将史学理论应用于具体历史事实的解读，帮助学生领悟其背后的理论和方法特征。

片段观察

知道一点，找准方向

大约在20世纪50年代，欧美的新史学发展成为国际性的史学潮流，主导着历史学的走向，其中年鉴学派独领风骚，其主张主要有以下几点。

（1）倡导"总体史"。强调历史应包罗人类活动的各个领域，认为历史就是整个社会的历史。

（2）研究"心态史"。其所指的心态不局限于研究名人的心理发展过程及心理动机，更强调群众性心理。

（3）定量研究。在历史研究中使用大量的数字和曲线来说明数量的变化，并据此说明质的变化。

知道这些有什么作用呢？

我们还是看看高考指挥棒吧,这并不意味着盲从于高考,正如在"以站起来的姿态面对高考"专题中所说,"高考早已发生了悄然而深刻的变化:高考正在变为素质教育的试金石,新课程理念的演练场,引领师生体会学科价值、提升学科素养的指挥棒"。

在下面这些试题中大家是否看到了史料学、心态史学、计量史学、社会史学的影子?

(2010 年新课标卷)中日双方对 1894 年 7 月 25 日发生的丰岛海战记述各异。中方《济远航海日志》记载:"7 点 45 分,倭三舰同放真弹子,轰击我船,我船即刻还炮。"日方出版的《二十七八年海战史》称:"7 点 52 分,彼我相距约 3000 米之距离。济远首先向我发炮。旗舰吉野立即迎战,以左舷炮向济远轰击。"这说明( )。

A. 研究者的立场会影响其对历史的解释

B. 历史真相因年代久远而变得模糊不清

C. 通过文献记录最终能够还原历史真相

D. 原始记录比研究文献更接近历史真相

(2012 年新课标卷)据统计,1992 年全国辞去公职经商者达 12 万人,未辞职而以各种方式投身商海者超过 1000 万人,这种现象被称为"下海潮"。这反映了( )。

A. 市场经济改革成为社会共识

B. 多种经济成分开始共同发展

C. 城市经济体制改革全面展开

D. 计划经济开始转向市场经济

(2012 年新课标卷)下图为世界贸易中国家和地区所占份额示意图。它反映出( )。

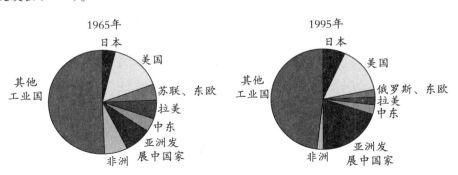

A. 关贸总协定维持了世界贸易秩序的基本稳定

B. 率先进行新技术革命的国家贸易量增加

C. 20世纪世界经济重心的转移趋势

D. 多极化趋势取代了冷战时期的世界格局

大家是否注意到高考已不再只关注政治史和经济史，涉及家庭史、人口史、教育史、生态史、妇女史的新情境、新材料层出不穷——这不正是倡导"总体史"的表现吗？

大家是否注意到，华盛顿、拿破仑这些叱咤风云的大人物渐渐在试题中淡出，无产者乃至童工、流浪汉等小人物成了其中的主角；历史不仅关注英雄金戈铁马的传奇故事，还关注百姓的桌上餐、身上服的变化——这不正是"新史学"倡导的关注历史中的普通人吗？

大家是否注意到，表格、数据、柱状图出现的频率越来越高——这不正是定量研究的体现吗？

正如法国历史学家雅克·勒高夫在《新史学》中所言："历史不仅是政治史、军事史和外交史，而且还是经济史、人口史、技术史和习俗史；不仅是君主和大人物的历史，而且是所有人的历史。"

原来，高考也一直在追随史学研究的发展。

中学历史教师由于长期承受应试教育的压力，被迫沉溺在习题里，对史学理论往往由潜意识的畏惧转化为习惯性的排斥，认为这些东西不能解决什么问题，或者对高考来说这些东西都是远水不解近渴。教师更希望能讲一些具有实战意义的教法，更希望能得到一些能直接拿来用到课堂上的外在借鉴。通过刚才的对照，我们不妨想一想，史学理论有用吗？

作为普通历史教师，对史学理论的掌握当然不能等同于专业史学家，但我们是否应该提醒自己尽力做到：知道一点，找准方向。

在以后的"史观教学"和"选修课教学专题"中，我将分别以"英国工业革命"和"王安石变法"为案例，展示史观和新史学理论在历史课堂教学中的应用。

案例展示

品茗备课，不亦乐乎?

——"宋明理学" 2008 年山东省高中历史远程培训集体备课版

【设计背景】

在 2008 年山东省首期高中教师新课程远程培训中，我设计的"宋明理学"一课作为"历史有效教学"的案例呈现在全省高中历史教师面前。作为一名教师，上一节课有数千人来听，数千人来评，这对于个人的专业成长来说绝对是一个千载难逢的机会。非常幸运，我获得了这个机会。

与很多教师猜测的不同，"宋明理学"在我的教学经历中既不是一节公开课、展示课，也不是一节为评比而上的优质课，而是在日常教学中一直感到效果不理想而不断与之较劲的一节"家常课"。有教师问："钟老师，你的每节课都这样吗? 你备这节课用了多长时间?"应该说，我希望每节课都能把课讲通、讲顺，给学生带来启迪，能对学生的人文素养提升有所帮助。而"宋明理学"这节课要达到这个基本的要求非常困难，因此，我对这节课下的功夫要大一些。说到这节课备了多长时间，我想，应该是从我遇到这节课的时候就已经开始了，至今已是第五个年头，到目前的这一分钟仍在"备"这节课。

所以，当面对很多教师对"宋明理学"这节课的喜爱和肯定时，我会坦然接受。因为，我确实是以极认真甚至虔诚的态度来对待、思考和实践这节课的。

但是，中华传统文化博大精深，这节课不要说备五年，即使备一生，也难以穷尽其中的奥妙。所以，我愿把这节"宋明理学"课作为一个解剖的样本，供大家在教学内容、教学方法、教学理念方面观察和评说。为了更加全面、理性地考量"宋明理学"一课的教学，山东省历史教研室王怀兴老师帮助我联系了著名中国古代史研究专家、山东大学历史系教授、博士生导师颜炳罡先生，我就"宋明理学"一课教学中的例证、观点和方法等，通过电话进一步请教了他的看法。

于是，我就把远程培训这个平台当作一个全省数千名历史教师集体备课的大办公室，大家一起碰撞思想火花，分享智慧成果;优点不再赘述，

从支点追问：如何从肤浅走向深刻？

直面问题疑惑；不轻下正误结论，求开拓学科视野。

【研讨内容】

（一）"三教合一"例证谈

1. 质疑

（1）孙悟空与"三教合一"有关吗？

孙悟空形象的树立有个过程，在《大唐西域记》（玄奘著）和《大唐大慈恩寺三藏法师传》（慧立、彦悰著）中是没有孙悟空的影子的；在宋话本《大唐三藏取经诗话》中方始有一个神通广大的神话人物"白衣秀士猴行者"，即孙悟空的前身，但还远不是该书的一号主角。元末明初杨纳所编的杂剧《西游记》是长篇小说《西游记》成书前最为重要的依傍，其中孙悟空的篇幅占比重极少，显然仍不是一号主角。只有在集以上之大成的吴承恩版《西游记》中，孙悟空才成了一号主角。因此说，孙悟空的形象只有在元末明初才基本定型，唐宋时期是没有孙悟空的。所以，我觉得，讲唐宋时期的调和之风，用孙悟空的形象不太合适。

对学生来说，孙悟空的形象很熟悉，他是吴承恩笔下的神话人物，蔑视封建专制和歌颂人民的反抗精神应该是吴承恩写《西游记》的主题，这些与"三教合一"有关系吗？

（2）用梁武帝和红门宫这些非唐朝的例子来说明"三教合一"是否恰当？

"三教合一"这一概念的提法到中唐之后才出现。"合一"是儒、道、佛三家内在义理上的融合，是在道德标准取向上走向融合的一种趋势。这种"一"是被强调的结果，实际上是将儒家理念作为三教的取舍标准。"三教合一"，儒占主导。

梁武帝是南北朝时期的一位皇帝，南北朝时是"三教并立"而非"三教合一"，"三教并立"，佛教是三教的中心。梁武帝在其《述三教诗》中说他自己"少时学周孔""中复观道书""晚年开释卷，犹月映众星"，非常形象地突出了佛教盖过其他两教的吸引力。

孔子登临处，元君祠和弥勒佛院是能体现三教的景观，但孔子登临处是明嘉靖三十九年（1560年）始建，而红门宫创建无考，明天启六年（1626年）重修。它以盘路为界，分为东西两院，并以飞云阁跨路相连，拱形门洞上题"红门"两大字。西院为道观，宫门额题"红门宫"，祀泰山女神，为碧霞元君中庙；东院为"弥勒院"，供奉弥勒佛。用明朝始建的建筑来论证隋唐的"三教合一"思想体系，可取吗？

2. 讨论

（1）有的教师曾问："钟老师，你是怎么从孙悟空想到'三教合一'的呢？"

我认为如果是往孙悟空身上硬套"三教合一"的概念，这从治学态度上本身是不严肃的。选择孙悟空来作为例证，来自于我日常学习中的以下依据。

至于说到这书（《西游记》）的宗旨，则有人说是劝学；有人说是谈禅；有人说是讲道；议论很纷纷。但据我看来，实不过出于作者之游戏，只因为他受了三教同源的影响，所以释迦，老君，观音，真性，元神之类，无所不有，使无论什么教徒，皆可随宜附会而已。

——鲁迅《中国小说的历史的变迁》

实际上，《西游记》作为中国传统文化语境的产物，它的宗教文化思想仍超越不出儒家、释家、道家三家教义的范围。其中虽不时将所谓"三教圣人"（第八十六回）相提并论，在强调三教同源时却有所侧重，大体为："儒为立本，道为入门，释为极则。"

——兰拉成《〈西游记〉"三教合一"思想分析》

所以说，孙悟空、《西游记》与"三教合一"之间的关系，并非是我为讲课所需而牵强联系的。在中国古代小说研究史上，将《西游记》置于"三教合一"的背景中解读是一个比较常见的现象。在关于《西游记》主题的探讨上，学术界甚至普遍认可"心性说"这个主题，将孙悟空作为一个"三教合一"及心性说的民间化代言人。

不能光引用对自己有利的证据——在通话中，颜炳罡教授说，他个人并不赞同将孙悟空同"三教合一"联系起来，舍生取义的精神儒家有，佛教同样有。他认为，西游记宣传的主要还是佛教思想，东营胜利二中的曹永升老师也提出过类似的观点。

（2）对于"三教合一"概念出现的时间，很多教师定义为唐宋时期。其实，教材中是这样表述的：

"三教之间在彼此反复辩驳中相互吸纳渗透，到唐宋时期，调和之风尤其兴盛。'三教合一'的潮流弥漫到社会生活的各个领域。"

从支点追问：如何从肤浅走向深刻？

"为了重兴儒学，回答'三教合一'氛围下人们在世界观等方面提出的问题……"

即唐宋并非"三教合一"概念出现的时间点，而是这种氛围兴盛的时期，而宋明理学就是在这种气氛的挑战下形成的。所以，对于时间问题的分歧是因为有的教师把唐宋当作了"三教合一"概念形成的准确的时间点，并将其转化成知识点，因而不在这个时间范围的例子就感觉不太恰当了。而我是将"三教合一"的氛围当作促使宋明理学产生的一种文化、社会现象来理解的，这种现象从南北朝时便有，盛至唐宋，之后一直弥漫在社会生活的各个领域。

所以，对于梁武帝和红门宫不是唐宋时期的史实是否可以用来理解"三教合一"的氛围，就不难理解了。同时，我们还可以用教材插图作个佐证：如果元末和明朝的插图不能说明问题，那么教材中清代丁云鹏的《三教图》就更谬以千里了。

巧合的是，颜炳罡教授在谈到三教相互影响的时候，他举的例子恰恰就是红门宫。颜教授说，用红门宫这个例子证明"三教合一"应该是没有问题的。

如果这两个例子在时间上不存在问题，那么，前面那位教师提到的梁武帝"少时学周孔""中复观道书""晚年开释卷，犹月映众星"，则是给我们又提供了一点说明"三教合一"的资料。

在与颜教授通电话的过程中，有一个非常重要的信息可以说是一语点醒梦中人。他在电话里反复说："在最后的结果出现前，应该是三教融合，三教相互影响。"

虽然教材的大标题是"三教合一"，但"三教合一"的结果是很晚才形成的，颜老师说这个时间不是唐宋，甚至都不是宋明理学形成的时候。我也查了有关资料，对此牟平一中的刘虎建老师也提出过类似的观点。"三教合一"之称在整个《四库全书》中只出现过八次，且全都是在元代以后。也就是说，在明代之前，只有三教的概念，而根本没有"三教合一"概念的流行。知道这些，对我们的讨论到底有什么作用呢？

① 教材对"三教合一"的定位，强调的是三教并存和相互影响的一种文化和社会氛围，这种氛围早已有之，并一直蔓延。梁武帝、红门宫、孙悟空的使命就是体现这种氛围。

② 史学研究中的"三教合一"，强调三教相互影响而最终形成的一种结果，即强调"合一"，什么时候合的，合成什么了，合成什么样。而这种"结果"只能在理学产生之后去寻找答案了。

（二）理学、心学范畴谈

1. 质疑

（1）为什么要刻意回避理学与心学比较的那张表呢？

无论理学还是心学，都可以用世界观、伦理观、方法论三点来概括，这样线索就会比较清晰，也容易掌握，那么，用列表法不行吗？

理学与心学一览表

	程朱理学	王陆心学
世界观	天理是世界本原，理先气后	心是世界本原，心即理，心外无物
伦理观	仁义礼智信	仁义礼智信
方法论	格物致知	修身养性治国平天下
派别	客观唯心主义	主观唯心主义

"钟老师，当你的朱陆之辩包围圈形成以后再列表不行吗？为什么你刻意回避这个表呢？这样学生怎么能知道朱、陆二人究竟是属于客观唯心主义还是主观唯心主义呢？你不觉得这是本节课一个非常重要的需要学生掌握的内容吗？"

（2）理学影响到底是消极为主还是积极为主？

我认为，本节课最大的缺陷是对理学的评价。在人类世界总体向唯物主义转变的时候，宋明理学却走向了唯心，在认识论方面甚至落后于以前；在人类世界向人文主义转变的前夕，宋明理学以拯救道德为幌子，提出"存天理，灭人欲"，违背了人本精神，这是对中国很早就有的人本主义的背叛。教授者在评价的时候看起来一分为二，注意了两点论，但忽视了重点论。事实上，理学在那个时候对社会的阻碍远远大于它的积极作用，它占据中国思想领域的时间太长，涉及的人数太多，对中国人的身心摧残得太严重。我们在津津乐道它的积极作用的时候，想没想过，正是由于它空洞、压抑，致使到现在我们仍受其害？

2. 讨论

（1）我们应该简单地给理学和心学贴个标签吗？

过去我也认为，弄清朱、陆的哲学属性是本节课一个绝对不能缺少的

从支点追问：如何从肤浅走向深刻？

内容，在学生没有学过哲学的情况下，我甚至会先给他们补一堂哲学课，举例说明什么是唯物主义，什么是唯心主义，然后顺利地给朱熹和陆九渊戴上那两顶早已准备好的"帽子"。但后来，我通过读书和与一些历史研究人员交流后才发现，这种概念化、标签化解读理学和心学的做法，在很多年前就已被历史学科主流所抛弃。正是这个经历才使我有了公共课程上所说的"要随时了解学科前沿信息"的想法。

在2007年教育部全国新课程历史远程培训上播放"宋明理学"这节课的录像后，有的教师认为我给予理学的评价太高，认为朱熹那一套理论都是唯心主义的。江苏省特级教师王雄老师看到评论后，专门写了下面的这篇文章。

有关"宋明理学"一课的思考

本次研修过程中，许多学员对"宋明理学"一课进行了讨论，不少教师的文章理解深刻，见解独到，给大家的启发很多。不过，有一些评论的角度值得商榷。毕竟宋明理学是中国古代思想史中难度较深的内容，真要透彻地理解其精神内涵，需要读很多相关书籍，包括了解儒、释、道在中国的发展脉络。同时，还需要参与相关讨论，并参悟很多深奥的理念。这对于一线的教师来说非常困难，笔者也未能做到。正因为如此，我们对宋明理学的内容进行阐释或评价的时候需要万分小心，不能仅凭自己的感觉或者道听途说而妄下结论。

举例来说，张载与程颢、程颐均是理学的代表人物。过去，有些哲学家把张载划为唯物主义者，"二程"划为唯心主义者，似乎他们是两个阵营中相互斗争的对手。其实，张载是"二程"兄弟的表叔，又是学友。他们的思想有不同之处，但绝不可用唯物主义、唯心主义的帽子去乱扣。实际上，20世纪90年代以来，哲学界或思想史的专家们基本上已经摒弃了唯物、唯心的机械二分法，而开始更加深入地从社会背景、学术脉络、知识信仰等方面进行评述。

葛兆光说："自从韩愈、李翱以后，一直到宋代的邵雍、张载、程颢、程颐等人，在思路上超越道德与秩序，追寻道德与秩序的源头，他们重新诠释与讨论儒家一贯薄弱的'性与天道'问题，转手引入很多佛教与道教的思想资源，给道德与秩序重建了合理性的基础，收复了这一片曾经失去的思想天地。在这一思想史的重要时代，宋儒逐渐重新确立起来关于'道''理'与'心''性'的一整套观念系统，这套观念系统的核心，是将过去合理性的终极依据，从'天'转向'人'，把人的'本性'作为不正自明的'善'的本原，与不言而喻的'天'的依据，确立一个贯通自然、社会和人类的绝对真理，要求每一个人都应当呈现这种本性，开发趋近这种绝对真理的自觉意识。"[1] 这好比今天的社会在市场趋利的思想冲击下，道德日渐下滑，有人便从天理与人性的角度呼吁重建社会的道德基础，这才是宋儒思想发展的主流，何来后人框定的唯物与唯心？"在宋儒看来，确认每一个人的本性，鼓励每一个的向善之心，使这种心性得到天理的支持与肯定，使社会在这种心理基础上相互认同，这才是社会秩序得以重新建立的前提；……'格物穷理'规定了获取知识与思想的途径，'穷理尽性'确定了内在超越的思想趋向。"

又如，宋明理学有诸多名言逸事流传后世，影响深远，至今仍耐人寻味。宋明理学的开山祖师周敦颐的《爱莲说》中有"予独爱莲之出淤泥而不染"；程颐曾说："力学好古，安贫守节。"张载有名言："为天地立心，为生民立命，为往圣继绝学，为万世开太平。"朱熹有言曰："古人之学，固以致知格物为先。"唯物、唯心二分法过于简单，如果用唯心概括理学进而否定其价值，便会给学生带来错误的认识方法。

教师可以先阅读一些浅显的文章，了解其学术发展的脉络。如王心竹的《二十世纪中国大陆程朱理学研究综述》、汪传发的《20世纪陆王心学研究综述》。在了解学术研究的情况和看法后，再读一些后世学者阐释性的专著，如冯友兰的比较通俗易懂的《中国哲学简史》，葛兆光的《中国思想史》两卷，还可以参考谢谦的《国学词典》、余英时的《中国思想传统及其现代变迁》、陈

从支点追问：如何从肤浅走向深刻？

① 葛兆光.中国思想史（第二卷）七世纪至十九世纪中国的知识、思想与信仰［M］.上海：复旦大学出版社，2000：306－307.

钟凡的《两宋思想述评》等。最后，如果有精力再去读一些原著，如朱熹的《四书集注》《朱子语类》，王阳明的《传习录》和《大学问》等。这样，备课中史学学理这部分的任务就算完成了。

至于如何调动学生的学习兴趣，还要从学生的生活或理学发展中的趣闻开始。高中学生对争鸣比较感兴趣，教学就可以从著名的"鹅湖之会"开始，也可以从学生熟悉的"程门立雪"开始，前者注重的是程朱理学日渐成熟的学理分离，后者注重的是理学的道德力量，二者都可以切入主题。

（2）如何在宋明理学评价中既体现两点论，又体现重点论呢？

其实，王雄老师的文章已给了理学诸多正面的肯定，但那位提醒我在"两点论"里要坚持重点论的教师同样深深地打动了我。所以我在与颜炳罡教授通话的时候，特意提到了这个观点，请教颜教授："如果我们在两点论中还要体现重点论，您是如何看待宋明理学的呢？"颜教授说："我坚持认为宋明理学是功大于过的，它对中国哲学的贡献、对中华民族的价值构建、民众群体道德修养方面所起的作用都是非常巨大的。"还有一位教师提出：对宋明理学的价值判断不能这样含糊不清，应该告诉学生，凡是符合社会主义民主与法制要求的道德，我们就要坚持；凡是不符合的，我们就要反对。到底我应该选择哪一种观点呢？面对宋明理学，我们应该蔑视或跪拜，还是有所取舍？这是一个摆在我们个人成长面前的终身命题，也是摆在中华民族发展面前的永久命题。

（三）宋明理学地位谈

质疑

宋明理学在儒学发展中到底处于什么地位呢？

"宋明理学"这一课的课标要求：列举宋明理学的代表人物，说明宋明时期儒学的发展。我认为重心在"发展"二字，而发展从何来？从时代来，从背景来。这就需要教师真正理解"三教合一"与理学的关系。

讨论

特别佩服这位教师的火眼金睛，宋明理学是儒学发展到新阶段的表现。新在哪里呢？在课堂上我给学生画了个表，请他们梳理儒学的发展过程，思考理学之于儒学继承了什么，发展了什么，吸收了什么，强化了什么，又将什么推向了极端。

为了实现资源共享，现将泰安三中李莉老师的学习心得贴在这里，供大家参考。

宋明理学作为一种新的思想体系，无疑具有多方面的内容。但从总体上看，它至少具有以下三个主要的特点。

1. 思辨化的儒学

与先秦、汉唐儒学不同，宋明理学的一个突出特点是它的思辨性。佛教传入中国以后，其所具有的哲学思辨性深深吸引了中国的知识分子，也刺激了中国的本土宗教——道教和儒家思想的发展。但相对而言，儒家思想的应变总体上是滞后的。在唐代，儒家学者中的有识之士如韩愈、李翱等，虽然意识到儒学面临佛、道二教的严峻挑战，但却无法以实际行动改进当时儒家思想的现状。

理学家们为了确保儒家的地位，一方面，借鉴佛教和道教在哲学本体论方面的成果，另一方面，在传统儒学中寻找能够用来构筑哲学形而上学的因素，传统儒学经由理学家们的改造，道德信条式的理论体系终于变成以哲学形而上学作为基础的哲学理论体系。就此而言，它体现着宋明理学家们融合创造的哲学智慧。

2. 以伦理道德为核心的儒学

从儒学自身的发展来看，理学是一种哲学思潮或者儒学复兴运动，它所强调的义理之学，是对于汉唐儒学的一种反动，表现出一种想要摒弃汉唐训诂之学而直接面向经典、恢复圣人之道的气势，颇有一点"文艺复兴"的味道。理学家所强调的义理，就其内容而言，与汉代董氏的儒学相比，其重点不在政治哲学上，而在伦理道德上；与先秦的元典儒学相比，其对伦理道德的阐述更侧重于哲学的表达。宋明理学家在儒学的伦理道德学说上，提出了一系列非常有逻辑层次的哲学范畴和理论结构，并以伦理道德为其核心内容。

3. 融合佛、老的儒学

宋明理学作为儒学发展的一个阶段，带有明显的融合佛、老的特点。宋明理学的融合佛老表现为三个方面：其一，是借鉴吸

从支点追问：如何从肤浅走向深刻？

收佛、道二教的宇宙观和本体论，建构儒家的哲学理论基础；其二，是借鉴佛、老传法的法统，创立儒家学说的传道体系，即儒家的"道统"；其三，则是把佛、老的禁欲主义说教吸收进来，把它作为理学的一个基本思想，提出了"存天理，灭人欲"的道德论主张。后者在明清时期的中国社会产生了十分深刻的影响，其消极的层面成为一些有识之士对理学集中批判的焦点所在。

通过这些特点的概括，特别是第二、第三点，会使我们真正理解宋明时期儒学的新发展。

（四）知识能力落实谈

质疑

这节课怎样让学生落实知识与能力呢？

"钟老师，这节课的内容这么丰富，四十五分钟能讲完吗？"（这是问得最多的问题）

"这节课同学们一定听得很高兴，但知识和能力怎么落实呢？遇到考试会怎么样呢？"

讨论

"宋明理学"我在日常教学中已讲过多遍，四十分钟讲完应该问题不大。一方面，学生的基础确实有保障；另一方面，充分备课是提高教学效率和质量最重要的保障。

大家的疑问中还有这样一种，就是教学资源的取舍问题。实事求是地说，确实存在取之不易、舍之不忍的现象。"三教合一"需要用三个例子吗？"二十四孝"需要二十四个故事吗？

对于知识的落实，或许是由于使用了视频的缘故，大家只看到了落实的手段，没看到知识落实的基点。本节课的板书提纲如下：

一、背景：三教融合

1. 佛、道迅速传播，儒学发展出现危机

问题导学

（1）请简要介绍一下佛教和道教的主要教义。

（2）这二者之间有哪些明显的不同和相同之处呢？

（3）结合教义说明，为什么这两种宗教会在魏晋南北朝时期迅速传播呢？

（4）这种现象对中国的文化格局产生了什么影响？

2. "三教合一"潮流弥漫社会的各个领域

"三教合一"的梁武帝　"三教合一"的泰山红门宫　"三教合一"的孙悟空

3. 儒学体系更新，深受佛、道哲学影响

既要回答佛、道关于宇宙、自然的深层思考，还要与儒家对现实人生的关怀相联系。

二、宋明理学

1. 程朱理学

（1）代表人物：二程、朱熹。

（2）主张：世界本原——理；社会——儒家伦理道德；人——人性；方法——格物致知；价值观念——存天理，灭人欲。

材料一：宇宙之间一理而已。天得之而为天，地得之而为地。

材料二：（理）张之为三纲，其纪之为五常。

材料三：诚意、正心、修身、齐家、治国、平天下。

请概括：理学认为世界的本原是什么？它还涵盖哪些领域？

2. 陆王心学

（1）陆九渊：发明本心、心即理也。

包抄朱陆之辩

欣赏诗作，品味其人。

著作数量，相差悬殊。

治学方法，迥然不同。

形象比喻，体会差别。

（2）王阳明：致良知。

小角度切入阳明心学

谁可为圣人？

破山中贼易，破心中贼难。

平时袖手谈心性，临危一死报君王。

从支点追问：如何从肤浅走向深刻？

三、宋明理学的评价

消极：三纲五常维系专制统治，压抑人的自然欲求。

积极：重视主观意志力量，强调社会责任、历史使命，凸显人的尊严，塑造民族性格。

为理学把脉，为民族选择

消极：鲁迅名言、贞节牌坊、小脚童年、戴震语录。

积极：文天祥、于谦、林则徐、实验学子修身行动、温家宝引张载语。

通过上述图示，大家可以发现，这节课的教学设计不是为资源而资源，一切资源与设计都是为了让学生更好地理解、掌握知识和概念服务的。

说到能力培养，有些人似乎觉得只有让学生做上几道题才算是培养了能力，但大家可以看一看，能力训练在这一节课中何处不在呢？

如果每节课教师都能把知识落实到位，能力培养到位，情感、态度、价值观提升到位，怎么会与考试成绩相冲突呢？

（五）教材资源开发谈

质疑

教材资源的作用可以忽视吗？

"在课程资源利用方面，我认为你忽视了教材资源，须知教材资源是课程资源的主要来源，也是学生手中最重要的资源。"

讨论

这个提示是一个非常有价值的问题。如果为自己辩解的话，那么只能说"宋明理学"这节课确实难以理解，仅仅依托教材资源在教学效果上难以达到从生活走进历史、以浅显透视深刻、用感观破解概念、让学生参与其中的效果。但仍然有几点发人深思的警示和启迪。

（1）教师不要讲教材，而要用教材，但是教材真的用足了吗？

（2）用教材上的资源、讲教材上的话不丢人。

（3）更高境界的教学应是大象无形、返璞归真的教学。

（4）我希望在不久的将来，能为教师们再提供一节"教材资源版"的"宋明理学"，希望仍能做到深入浅出，引人入胜，发人深思。这将对一个人的学识积累、学科视野、理念积淀提出更大的挑战，我愿意接受这样的挑战。因为，我有这次与全省教师"共同备课"的心得。

【案例说明】

始自 2008 年的山东省高中教师新课程远程研修至今已历时六年，在这期间，我为全省历史教师提供了十余小时的历史教学专题讲座，展示了自己二十余节课的教学案例。"'宋明理学'全省高中历史教师集体备课版"算得上是我与全省历史同人一起在培训中积淀学科素养的一个缩影。

从某种意义上说，我特别敬重那些对此课教学提出质疑和进行过商榷的同行，他们在详细考证基础上的质疑，既是深厚学科功力的体现，也是独立精神的体现，正是这些教师的思想为"宋明理学"的继续改进提供了依托。大家的讨论从史料论证到概念解读，继之范畴定位，最终到评价标准，大家在质疑中辨析，在争论中分享。这种精彩的互动场面不只是出现在这节课的讨论中，而是始终伴随着我们数年的研修过程。

相信每个山东省高中历史教师的电脑上都有一个为研修而设的文件夹，打开就可以清点学科素养的积淀印记。

——2008 年，我们分享了"教师职业生活"的话题，开始思考怎样设计自己的职业生涯；从"宋明理学"等教学案例深入到历史课堂的有效教学，开始审视怎样的教学才更加有意义。

——2009 年，我们又深入必修一"政治文明的历程"和必修三"文化发展的历程"，讨论如何培养历史思辨能力，如何积淀教师的学科素养，如何将创新的教学理念应用于历史课堂，并收到举重若轻的效果。

——2010 年，设定"经济成长的历程"和历史选修一为研修内容，教师们洞察了推动历史发展的强大动力，在改革回眸中梳理了决定历史走向的谜底，探讨了文本解读与教学创新的关系。

——2011 年，我们在"近代民主思想与实践"中尝试站在更高的理论视野上审视人类政治文明的发展历程。

多年的历史研修，并不只是针对教材、知识和教法，我们更注重的是对历史学科的尊重，对历史教学本质的探寻。教师们一直记得曾经激烈争论过的话题："历史教育是关于事的学科还是关于人的学科""什么才是历史课的味道""学科素养和教学素养的关系"，这一切都折射出大家对历史教学本质的思考，体现出大家对积淀学科素养的迫切愿望。

从支点追问：如何从肤浅走向深刻？

从源头追问：
如何挖掘丰富的宝藏？

　　教学资源可以理解为一切可以利用于教育、教学的物质条件、自然条件、社会条件以及媒体条件，是教学材料与信息的来源。课程资源是课程的来源和构成要素，是课程得以形成和发展的基本前提，为课程目标的实现提供了资源上的保证，为课程意义和教育意义的充分展现提供了背景和基础。教学资源是基于课程资源的，因此，教师作为课程的实践者，要培养对教学资源的敏感性，要对教学资源进行开发和加工，使其在教学中发挥最大的效益和价值。

问题缘起

　　随着教学改革的不断推进，"趴在教材上讲课"的做法已越来越不被接受，大量的教学资源相继涌进课堂，历史课堂因此变得生动而丰满起来。备课标、备教材、备教法、备学生、备资源，教学资源受到前所未有的重视，成为尽人皆知的"五备"之一。

　　教学资源有很多定义，如"教学资源是为教学的有效开展而提供的素材等各种可被利用的条件，通常包括教材、案例、影视、图片、课件等，也包括教师资源、教具、基础设施等，广义也应该涉及教育政策等内容""教学资源可以理解为一切可以利用于教育、教学的物质条件、自然条件、社会条件以及媒体条件，是教学材料与信息的来源"，等等。

　　我们不妨先将这些放之四海皆准的定义放在一旁暂且不表，就以历史课堂教学中最常见的教学资源——史料为中心，兼顾课件、影视、文学作品、网络媒体等，展开关于教学资源话题的讨论。

　　如今，当我们走进一些历史公开课、展示课甚至日常课的教室时，你是否会有以下所描述的感觉？

1. 课件频撞车

　　例如，连续听几位教师讲同一个课题时，很可能会发现他们的课件有众多部分雷同的情况。随着网络的普及，从网上查找教学资源成为众多教师的选择，但查找教学资源绝不只是简单地在网上下载别人的课件即可。可以这样说，如果不是自己有意识、有目的地挖掘的教学资源，就难以形成有意识、有目的的教学设计。换言之，照搬别人的资源、别人的课件是设计不出属于自己的好课的。

2. 动静相当大

　　例如，讲二战时就播放一段关于战争场面的视频，但它可能只承担了让课堂生动的使命；讲英国资产阶级革命时就播放一段《大国崛起》，但疏于设计的录像可能与教师讲解的区别仅在于其直观性。作为一名历史教师我们需要思考的是，影像资源的史料价值是否丰富？当我们偏爱一些"大动静"的教学资源时，是否忽略了那些无声无息却更有历史内涵的资料？

3. 资源被"利用"

教学资源的挖掘和利用无疑是其价值的体现，但如何利用却是一个值得探讨的问题。在历史课堂教学中，似乎存在着一种潜意识，即利用一种教学资源来体现教材中的某一知识，或说明教材中的某一结论。简言之，当具有客观性的资源摆在我们面前时，我们的心中早已有了主观性的解读。这样一来，与教材知识无关的资源便成为废弃资源，与教材结论相左的资源更不敢展示给学生，或者，原本与教学结论无关的资源，只要断章取义也可以解读出所需的结论。此时，充分挖掘教学资源就成了充分剪裁教学资源。历史一旦被"量体裁衣"，是否还是真实和全面的历史？众所周知，史料在史学中有基础性的地位，体现为先有史料而后有论点，强调论从史出。但在现实教学中，包括史料在内的教学资源的使命似乎变成了"史为论用"。

4. 资源被"创造"

一方面，浩如烟海的史料并未真正被历史教学工作者所挖掘；另一方面，或许因为寻找资源比"创造"资源要下更多的功夫，"创造"资源比寻找资源更加方便，所以一些带有主观性的教学资源和教学情境在课堂上遍地开花。

课程资源与课程有着十分密切的关系。从某种角度上讲，没有课程资源就没有课程。从课程资源的本质来看，它是课程开发的条件，是课程的来源和构成要素，是课程得以形成和发展的基本前提。课程资源为课程目标的实现提供了资源上的保证，为课程意义和教育意义的充分展现提供了背景和基础。因此，课程的存在必须以课程资源的存在为前提，但课程资源不是课程本身，还需要对其进行开发和加工，只有这样才能发挥课程资源的教育价值，形成课程要素，从而进入课程。

所以，我们要培养自己对课程资源的敏感性，并使其在教学中发挥最大的效益和价值。教师作为课程实践者，最了解学生的知识起点、能力提升空间和兴趣爱好，所以，教师要树立课程资源意识，充分发挥课程资源开发的主体性作用。

从源头追问：如何挖掘丰富的宝藏？

教学思考

我们不妨把上述问题概括为教学资源的价值。什么样的教学资源更有价值？怎样挖掘有价值的教学资源？怎样体现出教学资源应有的价值？

（一）从源头守住历史教学之道

历史的学科特点决定了史料是教学中最重要、最核心的资源。因为史料是形成问题、提炼论点、建构解释的基本材料，所以没有史料就没有历史。

正是出于对史料价值的重视，傅斯年才会"上穷碧落下黄泉，动手动脚找东西"，才会发出"一分材料一分货，十分材料十分货，没有材料便不出货"的感慨。

如果再追忆得久远一点，许多史学家之所以名垂千古，正是因为他们不惜用生命的代价为后世留下一份真实的历史记录。例如，公元前548年，齐国大臣崔杼设计杀害了齐庄公，三任太史前赴后继以性命相抵，最终才在史书上留下了"崔杼弑君庄公"的记载。

守住历史的真实性，就是从源头上守住历史教学之道。

片段观察

"最贴切"的史料

十几年前，我观摩过一位年轻教师的公开课，据我所知，他一直没有找到合适的史料。但上课时史料突然出现了，生动形象且针对性极强。课后，当大家纷纷赞赏其史料选用得恰当时，我心里已经有了数：这史料应该是假的，是为了说明课本上的结论编出来的。我在跟这位教师交流的时候，这样表明了自己的态度："哪怕什么材料也找不到，用嘴巴干讲一节课，也不能用这样的'材料'。"

印象中，著名表演艺术家黄宏和巩汉林曾经演过一个小品，主题就是"每一行都要守住自己的道"。"道"其实就是职业操守。如果问一名学史者、讲史者最应该守住什么道，我想最起码的底线应该是客观与真实。史料与结论的关系，应该是在掌握史料的前提下，通过思辨得出结论。但如果变成先定结论，再编出史料来证明结论，这无异于欺骗学生，这样的历史教学就太不堪了，所谓思辨的逻辑链条也太荒唐了。

如今，那位年轻的教师已成为一名业务上非常成熟的教学骨干，但刚走上讲台的那节课他仍牢牢地记在心里。因为他懂得了，作为一名历史教师必须知道还有比教学效果更重要的东西，那就是客观与真实。

我们不妨再自问一遍：教学效果与客观真实放在一起，我们会选择什么？

作为一名历史教师，历史知识当然重要，但尊重历史，诚实认真地对待历史才是我们修养中最重要的内容。如果我们认为历史教学是严肃的，那么我们选择和对待史实的态度也应该是严肃的。

片段观察

到底行进了多少里？

同样是在十几年以前，我曾在一天中连续听了两位教师讲的同一节课——"义和团运动"。

上午的讲课教师说："袁世凯残酷镇压义和团，当时义和团的人头挂满了茌平县的街头。"下午讲课的教师说："袁世凯残酷镇压义和团，当时义和团的人头挂满了东平县的街头。"——到底是哪个县的街头？

还有，上午讲课的教师说："义和团的斗争沉重打击了帝国主义，改变了以往列强一踏上中国的土地便长驱直入的局面。在义和团的狙击下，第一天八国联军行进了六十里，第二天行进了三十里，第三天只行进了十五里。"下午讲课的教师则说："第一天八国联军行进了四十里，第二天行进了二十里，第三天只行进了十里。"——到底行进了多少里？

或许是因为偶然，才让我在这对照中发现了其中的荒谬。但是在互不对照的课堂上教师们讲出的史实差距要远远大于这"几十里"。

"史实嘛，就是给学生说个意思，能让他们得出结论就行了，咱们中学老师又不是史学家，没有必要这样较真。"

正是因为不较真，一些以讹传讹的"史实"被教师在课堂上反复地传播；正是因为没有较真的意识，一些原本错误的东西才被我们非常肯定地讲了一次又一次。

在每一节课前，当我们被鲜活的史实所吸引的时候，应该再多拿出一点时间考证一下——该多少里就是多少里，因为没有严谨的史实，就不可能有严谨的教学。

（二）为历史教学资源的价值排个序

史料的不同类型决定了史料的不同价值。

从源头追问：如何挖掘丰富的宝藏？

傅斯年把史料分为直接史料和间接史料。直接史料，即未经中间人修改、省略或转写的；间接史料，即已经中间人修改、省略或转写的。

欧美学者把史料分为第一手资料和第二手资料。第一手资料指历史事实发生时期留下的资料，如档案、日记、书信、实物和各种记录等；第二手资料是史学家对历史事实的研究结果。可见，第一手资料才是史料。不同类型的史料在价值上是有分别的，史学家一般较重视直接史料或原始史料。

同样，教学资源的价值也是有高低之分的，当众多历史资源摆在我们面前时，不妨先在心中排列一下，弄清这些资源的价值顺序。

以"王安石变法"的教学资源为例，我们最常见的有以下这些。

史料资源：《上仁宗皇帝言事书》《答司马谏议书》等。

数字资源：北宋官员、士兵、财政增长示意图等。

历史图片资源：宋代耕织图、宋代殿试糊名法、誊录图等。

漫画资源：能引起学生兴趣，可以生动形象地展示王安石变法的内容。

文学资源：《三言二拍》中的《拗相公饮恨半山堂》。

评论资源：郭沫若、列宁等人对王安石的评价。

现实资源：当代政治家怎样引用王安石"三不足"精神的。

第一手的历史资料应列为首选；数字统计虽具有一定的客观性，但来源一定要可靠；文学著作以历史事件为素材，能折射历史事件，但往往带有作者的主观情绪；评论资源，尤其是史家、政治家的评论带有权威性，但同样受个人立场的制约；现实型资源最能体现历史的魅力，但也可能为了让历史为现实服务，而把历史变成"随意装扮的小姑娘"。在我个人的喜好里，我会把为教材内容而创作的漫画（这种漫画不同于同时代漫画，如国民党统治时期国统区的漫画，那是历史记录的一部分）放到最后一位，这种漫画是为说明教材结论而主观创作的，通过视觉刺激，让学生接受现有结论，带有较强的主观性。

片段观察

为了富强民主的新中国

本课可以采用的教学资源比较多，我们不妨尝试选用完全不同的教学资源和教学设计，以观察教学资源价值的差异。

版本一

环节一：解放区的天。（从学生熟悉的文学作品《小二黑结婚》入手，使他们体会到解放区民主改革带来的变化。之后，播放电影《董存瑞》片段，体会因土地改革而激发起的解放军战士的高昂斗志）

环节二：两条路线的斗争。（电影《停战之后》）

环节三：反饥饿，反内战，反迫害。（播放电影《烈火中永生》的片段，了解人民民主统一战线的伟大力量）

环节四：新中国成立。（电影《建国大业》和《开国大典》均可选择）

版本二

1. 解放区的改革

（1）那个时候的一首音乐：《解放区的天是明朗的天》

（2）那个时候的一段记载（关于"三三制"原则）

晋冀鲁豫边区所属武乡、榆社、襄桓三县的598个村级委员会中，通过直接选举，贫雇农占35.1%，中农占43%，富农占15.4%，开明地主占6.5%。

——范小方，毛磊. 延安时期中共为促进根据地社会和谐的主要经验[J]. 湖北行政学院学报，2007（3）.

（3）那个时候的一件文物（关于土地改革）

在分配胜利果实结束后，各乡村着手编造土地证，从法律上承认农民分得土地房屋的所有权。广大农民敲锣打鼓，欢庆"土地还家"。

2. 两条路线的斗争

（1）那个时候的一组漫画①（关于国民党的专制独裁）

《需要光明吗？这里有电灯》

①　收录于山东画报出版社1999年出版的《老漫画》（第五辑）第30，32，56页，漫画作者叶浅予。

从源头追问：如何发掘丰富的宝藏？

《民主之道》

《1946年元旦即景》

（2）那个时候的两篇文献（感受中共争取和平与民主的诚意）

中国抗日战争，业已胜利结束，和平建国的新阶段，即将开始，必须共同努力，以和平、民主、团结、统一为基础，并在蒋主席领导下，长期合作，坚决避免内战，建设独立、自由和富强的新中国，彻底实行三民主义。

中共愿将其所领导的抗日军队由现有数目缩编至二十四个师至少二十个师的数目。

——"双十协定"

确认国内各民主党派，应实行长期合作，坚决避免内战，国内任何政治的、民族的纠纷，均应以政治方法寻求解决。

——1946年中共代表团于政治协商会议上提出的主张

（3）那个时候的一篇演讲（感受人民民主统一战线的力量）

你们杀死一个李公朴，会有千百万个李公朴站起来！……光明就在我们眼前，而现在正是黎明之前那个最黑暗的时候。我们有力量打破这个黑暗，争到光明！我们的光明，就是反动派的末日！……我们不怕死，我们有牺牲的精神！我们随时像李先生一样，前脚跨出大门，后脚就不准备再跨进大门！

——闻一多《最后一次演讲》

3. 为了新中国

那个时候的几个瞬间：渡江战役前美国军事顾问说，有长江天险为依托，蒋介石用笤帚疙瘩也能守住南京，但在渡江战役时，国民党军队的炮弹都落到了我军的前方或后方，因为，计算射击角度的是我党的地下工作者；南京即将失守，但国民党在江面上的军舰却按兵不动。有人问邓小平解放军需要多长时间才能过江，邓小平预计要几天，但战役发起4小时后，成功渡江的部队就已达16个团，控制了江南岸宽100余公里、纵深5至10公里的登陆场；当事人口述，很多解放军战士找不到船，就划着大木盆渡过了长江。渡江战役成为历史选择、民心向背的一个缩影。

最后，以那个时候的毛泽东的一首诗《七律·人民解放军占领南京》作为全课总结。

（三）要相信历史本身的魅力

历史具有过去性，也就是说，历史一旦发生就不可能重现。因此，我们手中掌握的不论是直接史料还是间接史料，其对人类历史的记载都是片面的，并非历史现象的全部。而且，大部分史料的记载是由人来完成的，这就决定了任何历史的记载都会刻上人的主观印记。当我们想最大限度地还原历史的时候，却发现历史是不可能被完全复原的。史料的上述特点，决定了人在历史面前应该拥有想象的权利，但这一权利绝不能滥用，对于一些通过想象再现历史的教学方法，尤其需要谨慎。

片段观察

想象有风险，求证需谨慎

随着新课程改革的进行，情境教学已成为教师钟爱的一种新教法，其中一些想象型的情境占了相当大的比例。首先需要说明的是，我无意对这种教学方法进行全盘的否定。

因为情境、对话、合作、意义构建原本就是建构主义教学理念的要素。

许多著名史学家也会用想象的场景来增强历史的生动性。且看黄仁宇先生的《万历十五年》："这一年阳历的三月二日，北京城内街道两边的冰雪尚未解冻。天气虽然不算酷寒，但树枝还没有发芽，不是户外活动的良好季节。然而在当日的午餐时分，大街上却熙熙攘攘。"[1] 这种情景描述，人家大史学家用得，凭什么我们用不得？

而且，现代新史学倡导"活着的"历史，就是要将历史栩栩如生地再现出来。英国历史学家柯林武德在其著作《历史的观念》里谈到历史的想象力时，举例说："如果我们眺望大海，看见有一艘船，五分钟之后再望过去，又看见它在另一个不同的地方；那么当我们不曾眺望的时候，我们会发觉自己不得不想象它曾经占据过各个中间的位置。"这样想来，我们可以把黄仁宇先生描述的场景看作"虽未亲见那船在移动，但因为有起点和终点，五分钟内那船也应该是这样的轨迹"——不管在哪个时代，阳历三月的北京天气应该不会酷寒了吧？树枝应该都没发芽吧？在明清商品经济发

从源头追问：如何挖掘丰富的宝藏？

---

① 黄仁宇. 万历十五年 [M]. 北京：中华书局，2006：1.

展的大环境下，一条大街上熙熙攘攘总不会有什么大问题吧？咱们到底有没有通过想象创设历史情境的权利？我想，这个，可以有。

所以，我也曾东施效颦地在"欧洲经济一体化"中展示了一位欧洲公民的"欧盟新生活"。

但要知道，这种想象是有风险的。虽然我已参阅了大量的资料可以证明在欧盟有相互承认高等学历、一国驾照可在他国使用，以及在贸易、就业等方面的便利条件，但直到今天，我对这情境是否绝对准确仍惴惴不安——谁知道就在我们没看见的"五分钟"内，有什么不为人知的情况啊。想出来的终归叫主观，真实存在的才叫客观，这两个不同范畴内的东西在真实性上是没法掰手腕的。

总之，想象有风险，求证需谨慎。最不可取的就是，教学设计时一遇到史料缺乏的情况，便来个想象型情境，缺什么材料就"想象"出什么情境，甚至用"本来就是虚拟情境"的托词来逃避史实的论证。那我们不妨思考一下：瞎编的情境与瞎编的史料有什么区别呢？

我们不得不承认，在采用虚拟情境时会担心，怕找不到合适的教学资源来优化教学内容，而且会有这样的感觉：真实的史料就是不如虚拟的情境生动。果真如此吗？

片段观察

真有一个金斯

"世界工业革命"的教学案例将在"史观教学"的专题中进行全面展示，其中我采用了英国钢铁顾问金斯的报告作为情境。

1904年美国圣路易斯世界博览会，是第二次工业革命成果的展示舞台。工业化和现代化又大大向前迈进了一步。

爱迪生发明的几十万盏电灯把整个展馆照得通明；在电气馆里，参观者可用无线电与芝加哥通话；几位美国的工程师当场拆装了三辆凯迪拉克汽车，引起现场一片轰动。并且这届博览会专门设立了冶金主题馆，因为冶炼钢铁从来没有像当时那样重要过。

在一片繁华中，有一个人的心情非常低落，他就是英国钢铁业顾问斯蒂芬·金斯。面对冷清的英国展台，他感受到一种前所未有的危机。基于这种感受，他给英国政府写了一份调查报告，用大量数字描述了自己的忧虑。认真研究一下金斯的报告，大家会发现：数字是会说话的。

在金斯记录下美国工厂的规模、美国人民的进取心和现代性的种种表现后，哀叹道："英美两国之间的竞争，已经结束了。"

这个教学片段选用了一组非常简洁的数字材料，我引导学生洞察数字背后的本质，进而找出本质问题之间的关系，继而得出历史发展的规律和启迪。很多教师问："金斯的报告太生动了，金斯是不是个虚拟的历史人物啊？"

我想告诉大家的是，金斯这个人物不是虚拟的，他就是英国当时的钢铁顾问，他真的在圣路易世界博览会上写了这份报告，教学片段中引述的所有数字均出自金斯的报告，这份报告的结论就是"英美两国之间的竞争，已经结束了"。这一切都记载于一本很严肃的历史著作《商业帝国与美国经济史》中。同样，"爱迪生发明的几十万盏电灯把整个展馆照得通明"这样生动的场景，"美国工程师当场拆装了三辆凯迪拉克汽车"这样震撼的画面，同样来自真实的历史记载。

我想用这个片段说明，史实比虚拟的情境更精彩、更震撼，我们应该相信历史本身的魅力。

（四）要有发现源头活水的眼力

我在前面的专题中多次提到，在教学中我一直追求"意料之外，情理之中"的教学效果，但要达到这种效果，就必须拥有"意料之外，情理之中"的教学资源。

如何搜集教学资源是教师们经常遇到的问题，我想除了"学科素养"专题中所说的学科敏感和阅读积累之外，再从以下几个角度分享一下自己搜集教学资源的心得。

1. 一样的资料，不一样的眼睛

台湾著名作家三毛的作品中有这样的描述，三毛常和家人外出旅游，在他人看来平淡的风景，三毛总有自己新奇而惊喜的发现。三毛的父亲说："面对同样的风景，三毛却有不一样的眼睛啊。"

如前所述，从网上获得教学资源是教师经常采用的方法，但很多同行往往习惯从网上搜索现成的教案和课件，这种潜意识里希望别人替自己备课的做法恰恰制约了自己独立思考的能力和教学特色的形成。

我习惯根据教学内容在网上用自己的眼睛去搜索教学资源，但在搜索框里输入什么关键词，则是对教师知识积累的一种考验。换句话讲，只有你的学科素养丰富了，搜索的视野和角度才会丰富。

我常常用这样一段话与同行共勉："我们可以下载别人的课件，却不能

从源头追问：如何挖掘丰富的宝藏？

117

下载别人的理念；我们可以拷贝别人的教案，却无法拷贝别人的思路；我们可以复制别人的事迹，却无法复制别人的人生。"

每个教师都是一个与众不同的个体，应该在专业成长中珍惜自己的个性，要从用自己的眼睛搜寻独具特色的教学资源开始，逐渐形成独具个性的教学设计和教学风格，继之塑造属于自己的教学人生。

2. 历史流淌过的地方总会留下痕迹

学生之所以对历史感到陌生，是因为觉得历史离他们很远。充分利用地方史资源进行教学，是我多年以来养成的教学习惯。

在学习清末新政的内容时，学生看到其实质是地主阶级的自救运动，而且"臭名昭著"的袁世凯也参与其中，便不以为然。于是，我提到了山东省实验中学校园里一排不起眼的老平房："这是建于清末的老教室，我们的校园曾是山东大学堂的前身，由当年担任山东巡抚的袁世凯于1901年主持创办。这是全国第一所使用自来水、建有公共浴室、使用电灯的大学堂。"得知这些后，学生对清末新政和袁世凯标签式的看法才发生了转变。我说："其实我们的身边处处都有历史的痕迹，大家不妨在寒假里做一个研究性的学习作业——踏寻济南历史痕迹。"

没想到，学生的研究成果非常丰富，他们不仅尽己所能拍摄了济南古迹的图片，还分类编号配以说明，并将研究成果发布在济南门户网站"舜网"的历史专栏中。这时，一个出人意料的事情出现了，历史专栏的版主留言道："感谢同学们如此重视和珍爱家乡历史，送给你们一个礼物——你们的校园，当年的山东大学堂在1904年绘制的平面建设图。"虽然版主提供的这张图片只是一个比邮票大不了多少的压缩图，但这也足以令学生们感到兴奋了，他们说："校庆六十周年就要到了（我校建于1948年，于1960年迁到现址），如果找到大图，这将是我们献给母校最好的献礼。"在学校和学生多方打听与寻找下，终于得知此图在北京的一位收藏家手中。2008年10月，在学校六十周年校庆之际，在改造成校史馆的清末老教室中，悬挂上了这张山东大学堂1904年平面设计图的巨幅影印图片，并成为"镇馆之宝"。这个起自清末老教室，结束于清末老教室的探寻历程，让学生深深感受到了历史的魅力。

我在山东临沂讲授"辛亥革命"一课时，引导学生从网上查阅地方史志，于是，他们找到了这样的史料："1914年，民国政府颁布了矿业条例，沂水的砂金获山东省第一届物品展览会银牌。后来花茧绸、茧绸参加了在巴拿马举行的万国博览会。——《沂水县志》"当时学生们的感言我至今难忘："原来课本上讲的是真的啊！"

相信吧，只要历史流淌过的地方总会留下痕迹。

3. 每个人都是一部历史

德国诗人海涅说："每一个人就是一个世界，这个世界是随他而生，随他而灭的。每一块墓碑下面，都躺着一部整个世界的历史。"

既然历史是"人"的历史，每个人的一生都意味着一部历史，那么，无论是改变世界的英雄豪杰，还是任历史大潮摆布的卑微小民，从某种意义上说，他们都是平等的。

我们再来看看著名汉学家史景迁的著作。

《王氏之死》折射出大历史背后小人物的命运，其视角定格在1668年—1672年的山东郯城，透过妇人王氏之死，重现了我国清代的司法制度、宗法社会、贞节观念等。

《胡若望的困惑之旅》中，一名叫胡若望的中国天主教教徒，离开祖国，来到他乡，开始了他一生的传奇之旅。在这次旅行中，他经历了东西方巨大的文化差异，不仅肉体饱经风霜凌辱，而且灵魂也受到了极大的煎熬。作者试图对胡若望的疑惑进行历史和文化的解释。

《皇帝与秀才》以雍正时期的曾静案为主线，翔实地刻画出清朝统治者在特定困境中的两难态度以及交替使用的镇压手段，展示了皇权游戏中文人的悲剧。

能够承载历史的不仅是作家笔下的人物，还包括我们自己。就拿我来说，下面的记忆算不算历史呢？

记得小时候，我发现很多电影里都会有个特务，而且喜欢发电报。很不凑巧的是，我父亲也爱鼓捣无线电，所以我一直怀疑他是个特务。想想吧，一个小孩子时而满怀崇拜地将父亲当作偶像，时而又充满恐惧地怀疑他是个特务，这是一种怎样的心情呢？上大学后，我在某次宿舍的睡前"卧谈会"里讲到这个经历，没想到八个舍友中有三个舍友都在小时候怀疑过自己的某个家人是特务。

我上小学时主要的业余生活是排队，最难忘的就是排队买肉，满脑子都是一件事："要瘦肉，不要肥肉……要瘦肉，不要肥肉。"那时几个月才能吃顿饺子，根本没见过真正的瘦肉，能吃上半肥半瘦的饺子馅儿就成了我的梦想。每每伸长脖子看着砧板上的瘦肉越来越少，就跟割我的心一样。

从源头追问：如何挖掘丰富的宝藏？

终于排到窗口前，营业员看我是小孩子，总是以一副爱要不要的样子给我割一块最肥的。几个月的盼望，总是换来无限的失望，以至于我看到学校医务室墙上的解剖图，竟能产生这样的联想："好瘦的肉啊！"

不必再解释这些可以在哪节课中使用，我自信我在课堂上讲述的是一个亲历者的"口述历史"。

（五）警惕"老师的谎言"

有人说："这世界上没有真正的谎言，只有修改后的事实。"换言之，只要把事实稍作修改，谎言就诞生了。

比如，为了证明长城的伟大，便出现了在太空中都能看到长城这一振奋人心的说法。结果，航天英雄杨利伟说在太空看不到长城。

再如，拿破仑说："中国是一只睡狮，一旦它醒来，整个世界都会为之颤抖。"这句话可以用来形象地说明中国的伟大。可有人指出，这句话是不完整的，完整的原话是，"中国是一只睡狮，一旦它醒来，整个世界都会为之颤抖。……不过它还一直在沉睡着，谢谢上帝，让它睡下去吧！"看来前一个版本是断章取义了，完整版的也可以用来说明中国脱离世界大势、沉睡不醒的悲剧。

还有一个著名的史实，美国前参谋长联席会议主席布莱德雷无可奈何地哀叹美国是在一个错误的时间，一个错误的地点，和错误的敌人进行了一场错误的战争。其实，这句话是布莱德雷在反对将朝鲜战争继续扩大时说的，而不是在战争结束时说的。如果恢复历史的真实，我们能看到的是这位美国将领的政治预见性；如果把这句话放到战争结束时，就可以显示"中国人民的伟大力量"了。

我们多么希望遇到的教学资源都是我们想象的样子，但遗憾的是，很多时候历史本身不是那个样子。

片段观察

来自彼岸的反思

我在美国学校参观的时候发现，学校教师在指导学生读书方面真的是不遗余力。学校教师向我们介绍了一位非常勤奋的小朋友，我在他两个月里读的书中看到了其所描绘的中国。

书中的中国小朋友正因生计所迫进行着危险的杂技表演。看到这样的照片我并没有产生那种"西方某某势力恶意诋毁中国"的感觉，因为这种现象确实存在，这样的照片在中国的网站上也屡见不鲜。有人提醒着我们也不是什么坏事。

当把这位小朋友读过的书放在一起时，我发现其内容都集中在贫困、儿童、人权等话题上，这些读物无一例外都是以第三世界国家为封面。希望这些书会帮助这位美国小朋友成长为一个有悲悯意识和社会责任感的人。同时，也希望这位美国小朋友在成长的过程中不要把对落后地区的悲悯情怀转化为发达国家的救世主情结。令人欣慰的是，有位美国教师已经开始进行这种可贵的反思了，他就是美国的詹姆斯·洛温。他所著的《老师的谎言——美国历史教科书中的错误》，虽然以美国历史教科书为观察点，但能给所有的历史教师以有益的警示。

对于美国历史教学中处处渲染民主的伟大和贡献的独特的现状，作者敏锐而风趣地指出："'民族主义'是祸根之一。……我们只需要走马观花，书名本身就讲述了故事：《伟大的共和国》《美利坚盛典》《希望之地》《美利坚民族的胜利》。这类书名不同于学生在中学或高校读到的其他教科书名。比如，化学书的书名就是'化学'或'化学原理'，而不是'分子的胜利'。"如此说来，我们的教材命名为"中国近代史"或"政治文明的历程"还是比较"低调"的。

对于美国人民自大的国民心态，作者认为教科书也难辞其咎："你有一份值得骄傲的遗产。做你能做的！毕竟，看看，美国取得了多少成就。""乐观主义的写作手法妨碍了人们对失败者的理解，造成对受害者一味指责。……苍白的乐观主义让每个人都倒胃口。"

对于历史人物的评价，美国的教科书也难免带有偏见。

"为我们所熟知的海伦·凯勒其实还是位激进的社会主义者，但美国的教科书只把她定义为身残志坚的榜样，却丝毫不敢告诉人们她的主张。凯勒顽强地学习说话，但历史却让她再度无言。"

"对于威尔逊，学生们都知道是他主张创立了国联，却不知道是他出兵干涉了俄国革命；只知道他是下令从墨西哥撤军的美国总统，却不敢告诉大家当初出兵的命令也是他发布的。"

为了让历史显得动人，于是产生了很多动人的故事："如果你在学生中做一个调查：'列出内战前你最想选择的政治和军事人物'……在大多数时候，贝琪·罗斯都名列榜首。有趣的是，贝琪·罗斯其实什么也没有做。那么，她的故事为什么得以流传开来呢？对此，弗里奇做出了饶有趣味的解释：如果说华盛顿是国父的话，那么贝琪·罗斯就是我们的圣母玛丽亚，

从源头追问：如何挖掘丰富的宝藏？

'华盛顿在简陋的小屋里找到卑微的女裁缝贝琪·罗斯，问她是否愿意根据他的设计缝制一面国旗，贝琪立即从她的衣服下摆掏出了这个民族和人类的自由和天赋权利的希望'。"当我了解到这一点时，这个被人编造出来的动人故事已被我作为课件的封面，放到岳麓版高中历史培训包里，在全国流传了近十年。

为了让历史更像神话，历史的细节漏洞频出："为了表现哥伦布在大海中航行的勇气，教科书说'他的船队被风暴击毁'，其实哥伦布的航海日记显示，那三艘船航行得很顺利，唯一一次经历的海浪也不是很大，并且当时他们已经知道自己离陆地不远了。""一些教科书把船员的抱怨夸大成差不多快造反了，并且哥伦布不惜以篡改航行里程，使船员不认为离家太远。而这种夸张并非完全无害，它告诉学生：'那些主导着社会事业的人比社会底层的人更有智慧。'"其实哥伦布航行在波涛汹涌的大海上和修改航行里程的情节，在中国的课堂上也广为传颂。

对于我们常在历史教学中追求直观形象的方法，作者用一个例证便揭示了其中的荒谬："哥伦布长什么样？大多数教科书都印有哥伦布的肖像。这些半身像作为历史文件没有任何价值，因为我们所掌握的这些数不胜数的图像中，没有一幅是他在世时绘制的。为指出这一点，国会图书馆发售了一件 T 恤衫，上面印了六幅不同的哥伦布的面相。"无内涵的直观形象真的很没有营养。

如何尊重其他种族的文化、如何看待美国历史上的瑕疵、如何教会学生找到与他国相处的正确方法，是作者最为担忧的事情。"我们要理解并记住，我们再也不能制造伤害。我们应该通过自我批评来调整我们的民族自豪感。""美国人在问：为什么他们恨我们？因为他们恨我们民主选举的政府——多么令人惬意的想法。他们恨我们，是因为我们很好。这样的思维如何让我们成为受欢迎的世界公民？"

读这本书时，我丝毫没有"原来美国也这样"的幸灾乐祸之情。关注现实、注重史实的细节、注重师生的交流和讨论、为学生提供发表意见的机会并尊重不同见解、注重培养学生的多元文化视野，恰恰是我认为美国教师做得非常好的方面。如果这样的历史教学方式仍受到他们国内学者的质疑和指责的话，那我们所进行的历史教学情何以堪？看来问题人人都有，所不同的只是轻重，这其中的很多问题，是"你有我也有"。但可悲的是，有些问题是"你有而我还没机会有"，因为我们的教学思考还没有深入到这个层次，教学研究还没有触及这个深度。从这个意义上说，这位美国学者的自省意识让我对他无比崇敬。他曾对中文译者说，他希望中国的历史教师也能一起来思考这些问题，写出一本《中国历史教学中的错误》。

让我们记住书中的这些真知灼见，尽最大努力避免"老师的谎言"。

不知道这么多事情，要比知道这么多不真实的事情好。

——乔希·比林斯（美国当代作家）

隐瞒历史的真相就是对人民犯罪。

——彼得罗·G. 格里戈连科（美国黑人民权运动领袖）

把我们尊崇的人奉为偶像，既伤害了他们，也伤害了我们自己。

——查尔斯·V. 威利（美国当代学者）

记忆说："我做了。"但虚荣心说："我不可能那样做。"最终，记忆让步了。

——弗里德里希·尼采（德国哲学家）

向教师和学生们推荐一些如何更加诚实地教历史、学历史的方法，这是一种类似疫苗的做法，有利于防范我们将来一定会遇到的各种谎言。

——詹姆斯·洛温（《老师的谎言》作者）

（六）挖掘教学资源不仅仅是为了"材料解析"

在课堂教学中我们发现，教学资源虽然丰富但表现形式非常单一，就是材料解析。我们不妨尝试一下，运用教学资源不仅仅是"材料解析"这一种方法，教学资源也不仅仅是具有"材料解析"这一种功效。

1. 展示历史的生动性

学生喜爱历史往往是因其生动，但生动的历史是否只能凭借戏说和野史的笑料？是否只能靠多媒体课件的感官刺激？其实，用心品味一下，严肃的历史同样很生动，而且这生动背后有着更耐人寻味的东西。

片段观察

听曹聚仁讲历史

曹聚仁是著名的现代作家、记者、爱国人士，除这些人们熟悉的头衔之外，他还在普及历史文化方面多有探索，著有《中国近百年史话》等著作。我们不妨听听他讲的历史，看是否别有一番韵味。

心学和理学的区别——比如，如果敌机来了，朱熹会教弟子爬到书架上翻查飞机种类、性能以及防空方法；陆九渊会让弟子闭目静坐，泰山崩于前而目不瞬，不为机声所慑。

从源头追问：如何挖掘丰富的宝藏？

三千年未有之大变局——胡林翼和部下巡视安庆太平军形势时，骑在马上，洋洋自得，觉得太平军不堪一击，安庆指日可以收复。这时候，忽见长江江面，一艘轮船呜呜驶过，他忽而一阵昏迷从马上跌了下来。部属把他救护回营，亲信进候起居，他慨然道："太平军不足平，不成问题，倒是江面上的轮船，来日大难，不是我们所及料的了。"

新旧交替的中国——《老残游记》的作者，刘鹗，在当时也曾成为思想的叛徒。他在小说中描写那时所谓公论："看看一只大船快沉了，那三人将自己的罗盘及记限仪器等取出呈上，舵工看见，到也和气；哪知那等水手里面，忽然起了咆哮，说道：'船主，船主，千万不可为人所惑！他们用的是外国罗盘，一定是洋鬼子差遣来的汉奸，他们是天主教。'三人垂泪，连忙回了小船。那知大船上人，余怒未息，看三人下了小船，忙用被浪打碎的断桩破板打下船去，……顷刻之间，将那渔船打得粉碎，看着沉下海去了！"

2. 展示历史的复杂性

历史是复杂的，不理解历史的复杂性是很难真正理解历史的。这种复杂性贯穿于所有历史的事件、人物和过程中，表现为历史发展的非线性、不可逆性和客观条件下的无限可能性。所以，复杂的历史需要复杂的头脑。

在日常教学中，学生对历史事件、历史人物的评价往往出现下面的症状：营养不良症——对历史事件和人物的认识简单化、标签化、脸谱化；以偏概全症——不能全面、客观地认识与评价历史事件和人物；吹毛求疵症——对历史事件和人物求全责备、以今观古。这就需要我们深入了解学生，摸准学生的脉搏，分析偏差的成因，辅之适当的学法，佐以丰富的史料，确立正确的标准，以帮助学生形成科学全面、辩证统一的历史事件和人物评价观，帮助学生认识历史的复杂性。

片段观察

曾经的"卖国贼"

直到今天，人们还会按照阶级属性为某个历史人物或历史事件标上"进步"或"反动"的符号，按照事物的表面现象给人贴上"爱国"或"卖国"的标签。这种现象在网络上尤为突出，似乎谁都可以打着爱国的旗号，站在道德的制高点上将另一个人定义为卖国贼。我对学生说，同学们知不知道，下面这些人在历史上曾被称作"卖国贼"。

——林则徐主张禁烟、抗击侵略者，是受到人们好评的。但同样被我们今天的教材所赞扬的"开眼看世界"，主张了解和学习外国的想法，在当时却受到朝廷诸多官员的声讨，说他是"卖国贼"。当时为林则徐鸣不平的官员中，没有一个人敢在莫须有的"卖国贼"罪名上替他辩护。

——《瀛环志略》的作者徐继畬因介绍英美等国情况，被称为"卖国贼"。

——郭嵩涛，清代经世派学者，外交家，中国首任驻英公使兼驻法公使，主张学习西方科学技术，允许商民自办企业，传播西方文明，被旧派称为"卖国贼"。

——康有为、梁启超主张按日本明治维新的方式改造中国，被骂为"卖国贼"。

再看当年这些被称为"卖国贼"的人，他们才是真正的爱国者。他们在面对复杂的历史环境时仍保持着清醒的头脑，而那些只会给别人扣卖国者帽子的人却长着一个简单的头脑。

3. 展示历史背后的人性和理性

既然历史是一门"人"的学科，那么我们在挖掘和使用教学资源时，就要最大限度地体现其中"人"的价值，让每一个生命（包括学生和教师）都能够得到自我的体认、智慧的发展与人格境界的不断升华。很多教师反映，教学资源的开发很容易，但利用很难，用材料激活师生的情感和精神世界更加不易。教师把大量的材料堆积在学生面前，而学生却游离于材料之外，即课程资源很难融入学生的情感之中。如何将教学资源融入学生的精神世界，唤起学生的精神共鸣，是一个值得探索的问题。

案例展示

始惊、次醉、终狂

——"明治维新"教学资源

【设计背景】

2011年山东省高中历史教师远程培训的内容是选修课，我当时作为省课程专家团队成员，为培训简报写下了一篇名为《始惊、次醉、终狂——从"明治维新"走进选修课教学》的文章。此篇小文展示的主要是我为"明治维新"一课搜集的教学资源，不妨作为此专题的案例展示。在本专题中，我只是罗列了教学资源，没有探讨资源的使用方法。这些资源就如同一个个插件，我们可以根据自己的需要把它们组装成理想的课堂教学方式。

从源头追问：如何挖掘丰富的宝藏？

那么，这篇小文就算是为"明治维新"一课的教学提供的资源插件吧。

【资源插件】

从选修模块的研讨开始，教师们的讨论便是从选修课的知识内容、地位和职能等问题展开的。是啊，当我们教惯了通史，习惯了按高考的分值来确定教学的轻重缓急的时候，选修课这一"新鲜事物"怎能不让人感到困惑和无所适从呢？其实想一想，选修课也是历史课啊，这有什么好紧张的呢？仔细品一品，选修课就如同一枚橄榄，外表青翠且回味悠长。就让我们从"明治维新"走进选修课的课堂，或许能发现选修课的韵味，曲调虽不激越，但也有一番别样的悠扬。

选修课是枯燥的吗？跟学生一起回想一下《聪明的一休》，那可爱的小和尚在历史上真有其人，他是后小松天皇的儿子，但在将军的压制下，只能被迫出家。足利义满将军、新右卫门武士，一直当作反面人物的桔梗店老板……几个伴随大家童年的鲜活人物，不正勾勒出了一幅幕府统治下社会各阶层的生活画面吗？

影视作品的史料价值终究是需要推敲的，因此，我们可以换一种开篇的方式：

"敲敲头发蓬松的脑袋，文明开化的呼声就响起来。"19 世纪 70 年代，在日本广泛流传着这样一首民谣。在那时，文明开化的呼声响彻岛国。天皇带头吃起了西餐，官员们穿上了燕尾服，男人们剪掉了发髻，修剪成西式短发……这一时期日本为什么会发生这样的变化？这些变化给日本的发展带来了怎样的影响？

选修课充裕的教学时间可以让我们展示更加丰富的教学资源。幕府统治下的农民生活非常悲惨，政府明令规定他们不能吃大米；武士的地位变得很低贱，沦落到给富商去当养子。这些因素导致了一个特殊群体——浪人——的出现。

选修课同样可以贴近生活。你发现了吗？很多日本人的姓氏都很有趣，如田中、三木、松冈、小鹿……这是因为明治维新前，一般的平民只有名而无姓，废藩置县后，政府为编造户籍，急令庶民报姓，人们就把自己家乡的地名、村名、居处、职业、工具、动植物名等以姓呈报。小泉、松下……再看看这些姓氏，真是令人浮想联翩。

选修课同样应该给学生带来心灵的震撼。美国叩关以后，两个日本青年冒着按律杀头的危险爬上美国的舰船，他们用手比划着说，他们想到美国去，看看美国究竟为什么强大。连日本的敌人也在日记里惊叹道："日本人的求学精神令我感动，如果所有的日本人都像这两个青年人一样，日本一定会变得像美国一样强大。"

选修课有更大的空间让师生共同思索历史的经验和教训。日本的缫丝工厂就要开工了，却招不来工人。因为当时很多日本人都认为，那些轰轰作响的机器会吸走人的精髓。这相似的一幕何尝没有在中国的历史中上演呢？当两种文明碰撞时，旧的势力总是那么强大执着。但当日本的高层代表出访欧美时，他们把自己的感觉用"始惊""次醉""终狂"三个词来概括："始惊"，就是他们到了欧美，看到了西方各种发达的制度后，那种吃惊的程度；"次醉"，就是陶醉在西方先进的物质文明和精神文明之中；"终狂"，就是下决心要发疯似地学习西方的一系列制度，要使日本跟西方一样。在中国，湘军将领胡林翼看到冒着黑烟的外国汽船也曾惊得从马上跌下，被人救醒后说："天要变了。"面对西方文明的强大冲击，不能说中国没有"惊"，只是学起来扭扭捏捏，既不敢深"醉"，更没有胆量轻"狂"。当日本天皇拿出宫中私房钱支持海军的时候，慈禧太后却挪用了北洋水师的经费修造颐和园；当三菱公司依靠政府委托经营、无偿转让的18艘轮船羽翼丰满，成为日本两大财阀之一时，"戊戌六君子"正被押赴菜市口的刑场。弱国要变强，大国要崛起，需审时度势、把握时机，中日两国正是在同样的环境中做出了不一样的选择，才造成了不一样的结局。

既然是选修课，不妨跟学生谈得再细一点——国民在历史中应该扮演什么样的角色？1853年7月8日，美国人佩里率领四艘全副武装的大船闯入横须贺港，向日本提出开港通商的要求。其船体为黑色，又像怪兽一样喷出漆黑的浓烟，发出震耳的轰鸣，日本人惊呼："黑船！黑船！"当两种文明碰撞时，日本人心惊胆寒。到了2003年，在横须贺这座依山傍水、清秀怡人的小城举行了一次盛大的纪念活动，纪念的就是打开日本国门的美国将军佩里。侵略的罪行是永远不应该被原谅的，但日本并没有停留在悲情中，而是在屈服中混杂了刚强，在悲剧中创造了奇迹。当他们是弱者的时候，不惜以敌人为师；当他们成为强者的时候，心态已发生了转变。

有一个耐人寻味的细节，在明治维新时政府宣布相扑过度裸露有失文明，因而决定予以禁止。此令一出，便遭到国民的强烈反对，以致给明治维新运动带来了极为负面的舆论压力，最后，天皇以亲自观看一场相扑比赛的方法才化解了矛盾。这是一场"小民"为自己心爱的民族体育运动进

从源头追问：如何挖掘丰富的宝藏？

127

行的抗争，也使政府开始思考西化与民族传统之间的平衡问题。以后的日本，西服流行的同时，和服被当作最华丽的礼服保留下来；酒吧多起来了，但茶室依然是人们的精神净地；西洋歌剧开始唱响，但能剧和歌舞伎也走向极致；当油画在日本绚丽夺目时，浮世绘也成为世界绘画的一大流派。在西化的过程中保留民族传统的血脉，日本的"小民"功不可没，也正因为如此，日本才没有在西化的"终狂"中完全失去自己。

选修课赋予了我们更多的权利来选择教学方法，可以进行资料搜集，还可以以"日本明治维新和中国维新变法"为题进行合作探研，也可以进行一次辩论赛——从明治维新看民族振兴。

可能有的教师会说，你讲的历史细节太多了。没关系，你可以选自己感兴趣的啊。可能有的教师会说，你要让学生懂的道理太多了。没关系，你可以选自己认为重要的啊。可能还有的教师会说，你提供的教学方法太多了。没关系，你可以选自己认为合适的啊。选修课起码要有更大的空间、更多的选择，掌握了这一点，我们也会经历一场"始惊""次醉"与"终狂"。

【案例说明】

由于写作任务不同，"明治维新"一课的教学资源让我整理成了一篇抒情散文，但在抒情之中还是流露出我对历史教学资源的思考。

我查证过一休的历史，也知道影视中的资料有待推敲；看着这些生动的史实，我更加相信历史本身的魅力；发现这些史料的过程，除翻阅历史书籍之外，还不可避免地使用了网络，但我自信根据这些历史资源进行的教学设计不会与别人"撞车"；我相信这些教学资源可以说明生动的历史过程，展示历史发展的复杂性，总结经验教训，概括历史规律；这些教学资源还可以帮助学生了解国民心态，培养历史的理性思维。

从关键追问：
真的理解了吗？

　　历史学科是一门理解型学科，加强学生对历史概念的理解是提升学生历史学习能力的一个极为重要的方面；帮助学生真正理解历史概念，应该是体现历史学科特色，发挥历史教学职能的关键点所在。教师不能孤立地进行历史概念的教学，而要从历史学科的本身特点出发，以准确把握基本史实为基础，以从本质上理解历史概念为纽带，以探寻历史发展规律为目的，以科学的史学理论为指导，达到历史教学的理想境界。

问题缘起

如果问学生对中学历史教师印象最深的是什么，答案大概有下面几种：

（1）老师能让我们很快记住课本上的重点知识，老师设计了很多记忆口诀，一些口诀到现在我还记得很清楚；

（2）老师经常设计一些学生喜闻乐见的教学环节，激发我们的学习兴趣；

（3）大家最不喜欢照本宣科的老师，我们的老师却会引用一些课外知识开拓我们的视野。

非常遗憾，不论这个调查的范围有多广，历史教师给学生留下的最深印象中都不包括历史概念讲解得到位。

先不必苛求学生，如果我们问一个教师教学设计的着力点是什么，往往会得到这样的回答：

（1）认真分析课标要求，提升学生能力；

（2）分析教材的重点、难点，力求重点突出，难点突破；

（3）认真分析历年考题，把握考试命题方向。

当教师完成了这些标准化的任务时，可曾想过提升学生历史学习能力的一个极为重要的方面——对历史概念的理解？认真观察，我们就会发现教材中所谓的重点、难点几乎都属于历史概念的范畴；纵观近几年高考试题，几乎每个有价值的考题背后都有一个值得理解的历史概念。这恰恰暗示着教学改革的方向：比记忆更重要的是理解。

历史教学讲求严谨性，概念教学尤其如此。在历史课堂中，一遇到概念教学这个"强大的敌人"，很多教师就会头疼。

很多教师一涉及概念教学，往往半天都讲不清楚。于是，到点评课时，概念表述不到位往往就成了硬伤。

于是，一些教师只能躲开概念，在非概念、非关键点处挖资源、设活动、增亮点。实在躲不开，就把一些看似非常严谨的概念表述"砸"向学生。

几十年前，著名历史教学法专家赵恒烈先生曾把学生掌握历史概念的常见错误归纳为四类问题：以今度古、相互混淆、区别不开概念中的主要特征和非主要特征、表达时用语不够确切。数十年过去了，从学生掌握历史概念的情况看，这些现象仍然存在。

这样看来，帮助学生真正理解历史概念，应该是体现历史学科特色，发挥历史教学职能的关键点所在。

那么，历史概念可曾走进我们心中？

对于历史概念，研究者有不同的解释，也给我们带来了很多疑惑。

解释一：历史概念是指反映历史、认知历史、表达历史等各种历史特征的专用术语或名词。根据这一解释，"商鞅变法""七七事变""百日维新"等史实性的专用术语或名词即属于历史概念的范畴。

解释二：历史概念是指人们对于历史事件、历史现象的本质认识。根据这一解释，"商鞅变法"是新兴地主阶级在政治上加强中央集权、经济上承认土地私有、社会形态上推动社会向封建社会转型的社会改革。这样理解，"商鞅变法"才能属于历史概念教学的范畴。

解释三：历史概念是源于对历史现象的观察，经过概括总结而形成对历史本质规律的认识。根据这一解释，历史规律也属于历史概念教学的范畴。

解释四：根据中学历史知识的抽象概括程度，将历史概念划分为基本史实、基本概念、基本规律（原理）三个层次。基本史实是指某一历史事件或历史现象的基本过程，它主要包括时间、地点、人物、过程等要素。基本史实属于中学知识的初级层次。基本概念是事物本质属性的反映，是对基本史实实质的抽象概括。基本概念在中学历史知识结构中属中间层次。基本规律是事物发展过程中的本质联系和必然趋势。基本规律在中学历史知识结构中属最高层次。

其实，哪一种是对历史概念最科学的解释并不重要，我们应该从中梳理出进行历史概念教学的思维脉络。在日常教学中我们常说，不能孤立地理解历史概念，要将其放在具体的历史背景中，要进行具体的分析，要联系前后的历史事件，要从深层次上进行考察。在这里我想说的是，不孤立

从关键追问：真的理解了吗？

地进行历史概念教学，就是要根据历史学科的本身特点进行历史概念教学，应该以准确把握基本史实为基础，以从本质上理解历史概念为纽带，以探寻历史发展规律为目的，一切都要以科学的史学理论为指导。

只有这样，历史教学才是一门理解型学科，而非一门记忆型学科。如果能达到这种境界，教学将会推动学生的历史思维层层走向深入。

教学思考

改进历史概念教学，需要我们具备反思精神，要有严谨的教学态度，要有把握历史本质的能力，要有创新教学方法的意识，要有较高的史学素养。

（一）实践反思：历史概念教学中的若干误区

误区1：历史教学并没有进入历史概念本身。

某版初中教材在讲述"宋代商品经济发展"时，引用了宋代济南刘家功夫针的"白兔"商标（如右图），并设计了这样的讨论活动："同学们，这幅图画好看吗？如果由你来设计，你将做哪些改善呢？"此设计引用了非常生动的课外资源，一定能激起学生的讨论兴趣。但一幅图是否好看属于美术课的事情，因此，这个教学设计不仅与历史概念无关，甚至与历史知识无关。

那么，怎样设计才能真正找回这张历史图片在教学中的作用呢？我们不妨做这样的修改。

1. 请认真观察这张图片，从中可以找出哪些文字信息和图画信息？（初中学生能观察到的文字信息有"刘家功夫针铺""认门前白兔儿为记"，图画信息是小白兔）

2. 猜猜看，这张图片是干什么用的？（学生在进行讨论和猜想后会发现，文字是刘家针的广告，白兔是刘家针的商标）

3. 由此你可以得出什么结论？（中国在宋代就有商标、广告，说明了宋代商品经济的发展情况）

与此类似的例子还有，关于"1929～1933年经济危机"，学生印象最深刻的是下面的片段：

（1）纽约交易市场里人们焦急抛售股票的疯狂场景；

（2）一个失业者挂着牌子站在马路上，牌子上写着：我懂几国外语，我有几个专业证书，我有多少年工作经历，我只要一份工作，因为我有几个孩子；

（3）经济危机时人们去住旅店，都先要回答是住宿还是要跳楼。

这样的教学内容确实容易引起学生的兴趣，但如果仅停留在这个层面上，学生便只能看到经济危机后果很严重的史实，而根本无法理解"经济危机"这一历史概念的本质。

某年高考题中有这样一问：

《全国工业复兴法》旨在复兴美国工业，但为什么会涉及社会保障问题？

学生一见"社会保障"便兴冲冲地答上：保障工人的生活条件，有利于缓和社会矛盾，有利于提高劳动者的生产积极性……其实，此题要考察的历史概念是"复兴工业"背后的"经济危机"，这一历史概念的实质是资本主义制度下生产与需求之间的矛盾，是生产相对过剩的危机。因此，根本不需要生产者再有什么积极性了。

以下我就通过自己的一个教学片段，和大家一起走进"经济危机"这一历史概念。

片段观察

走进"经济危机"的历史概念

在讲授"罗斯福新政"的时候，我设计了以下几个问题。

问题一：《全国工业复兴法》规定，各工业部门要制订公平经营章程，规定生产规模、价格水平、工人工资标准等。如果违规，总统有权吊销其执照。基于此法规请大家思考，总统吊销企业执照的因素有哪些？

经过思考后大家发现：政府不允许企业规模过大，因为这将进一步造成生产过剩；政府不允许产品价格过低，因为这将进一步导致恶性竞争，减少企业收入，导致企业破产；政府不允许工人工资过低，因为这将激化社会矛盾，更重要的是工人购买力下降，对商品的需求也会随之下降。

问题二：有人指责资本家宁可把牛奶倒掉，也不舍得给穷困的工人喝。大家想一想，牛奶白送给穷人喝会怎么样？倒掉会怎么样？

学生说，如果把牛奶白送给穷人喝，那么穷人就不用再买牛奶，这会导致牛奶厂倒闭，牛奶厂工人失业，并且，失业的工人也买不起其他的商

从关键追问：真的理解了吗？

133

品，导致相关企业倒闭，从而引起连锁反应——穷人越来越多，商品需求越来越少，危机越来越严重。如果牛奶倒掉了，数量就会少，价格就会有保障，牛奶厂就能生存下去，工人就会有工资去买其他商品，间接拉动商品需求。

问题三：在"以工代赈"期间，美国建设了田纳西水库。为什么在经济这么困难的时候还要进行这么大规模的工程建设？跟普通的社会救济相比，它有什么优势？

学生发现，建水库需要大量钢筋、水泥等建筑材料，钢筋水泥厂积压的过剩产品就能卖出去了，他们的工人就可以去买面包、买牛奶、买球鞋；建水库还需要大量劳动力，失业者就业了就可以去买面包、买牛奶；水库建好后，还可以发挥基础性设施的重大威力。跟普通的社会救济相比，它不是输血式的，而是造血式的，可以达到解决企业困境、缓解就业压力、拉动商品需求等多重效果，从而缓和供给与需求的矛盾。

这几个问题都紧紧围绕着"资本主义经济危机是供给与需求的矛盾"这一核心概念，让学生在生产规模、工资水平、产品处置和基础设施建设等方面深入体验，想办法把过剩商品卖出去，想办法把社会需求拉动起来，从而体会到"罗斯福新政"如何用政府这只"看得见的手"去干预经济，缓解供给与需求之间的矛盾。

误区2：最熟悉的概念恰恰是理解最不到位的概念。

民主应该是高中历史中出现频率最高的一个历史概念。如，雅典民主政治的民主、西方代议制的民主、近代中国人民探索的民主、新中国成立以后的民主。对于一个如此重要的历史概念，我们可曾想过"民主"这一概念的核心是什么？能否用一句话概括出什么是民主？

古往今来，对民主的定义众说纷纭，但有一点是不变的："民主"一词指的是由人民选出政府——无论是直接民主制还是代议民主制。

请注意"选出"一词，无论哪一国的民主，都必须体现在选举上，选举是民主的底线，也是民主的重要特征。再看一道高考试题：

1871年《德意志帝国宪法》第二十条规定："帝国议会由秘密投票的普遍和直接选举产生。"此规定表明帝国议会（   ）。

A. 代表人民监督政府　　　　B. 是帝国的最高权力机构

C. 依照直接民主原则产生　　D. 其产生方式具有民主特征

在学生心里，德意志帝国和《德意志帝国宪法》是带有专制主义残余、披着专制外衣的虚假民主。在这样的思维定式下，就会无视材料中已经体现出的民主特质——选举产生。

再来探讨一个大家熟悉的概念"共和"。共和制是指国家的权力机关和国家元首由选举产生并有一定任期的政权组织形式，其超越一般民主概念之处在于国家元首也由选举产生。这样看来，君主立宪制虽民主但不共和，因为它的最高元首是世袭的。

在进行历史教学之前，我们不妨认真梳理一下，到底有哪些耳熟能详又不知其详的历史概念被我们错过了？如果我们错过了，学生也就错过了。

误区3：把历史概念教成了概念化的历史概念。

长期以来，教师对历史概念常常采用一种贴标签式的解读。例如，一提起"清末新政"就马上贴上地主阶级落后性的标签，而事实上清末新政也在一定程度上顺应了历史的潮流；一说到"北洋军阀"则立即贴上反动的标签，而事实上当时中国政府的代表也在"巴黎和会"上据理力争。

再如，过去的中学历史教科书上对"一战"性质的评价一直是"这是一场帝国主义之间的战争，交战的双方都是非正义的"。其实，即使这是场帝国主义之间的战争，但就某一国家而言，也应从侵略与被侵略的角度来分析。

这些情况告诉我们，不同的史学家从不同的角度对同一历史概念会有不同的解读，所以，我们不能把所有的概念解读都当成终极性的真理。同时，我们还要提醒学生，任何一种解读都有局限性，对历史概念的解读应是多元的而不是单一的，应是发展的而不是僵化的。

（二）讲解严谨：历史概念教学中的语言规范要求

众所周知，讲解是历史教学的重要策略之一，对于比较抽象、学生理解起来比较吃力的历史概念来说，教师的讲解显得尤为重要。

在历史概念教学中，教师对历史概念的准确把握和简要复述，会成为学生表达历史概念时的规范语言。

例如，专制主义中央集权包括专制主义（皇权至高无上）和中央集权（地方服从中央）两个概念；包括皇帝、中央、地方三级组织；包含皇权与相权、中央与地方两种矛盾；影响分为消极和积极两个方面。这样的表述在学生第一次接触这一历史概念时就要到位，并在之后的教学中不断重复

从关键追问：真的理解了吗？

和巩固。

学生面对历史概念常有畏难情绪，只知道大概意思，这样就大大降低了学生对历史概念理解的准确性。例如，学生经常把"斯大林模式"的四个特点——高度集中的管理体制、计划经济、单一的公有制经济、用行政手段管理经济，以及四个弊端——不利于调动生产者的生产积极性、不利于"农、轻、重"平衡发展、不利于调动企业和地方的积极性、不利于人民生活水平的提高的概念混为一谈。

片段观察

让概念表述走向严谨

在"斯大林模式"的教学中，我引入了下面几段材料，并要求学生一一对应相关的历史概念。

材料一：多发了一个月的工资，电影院的两个永久专座——这是斯达汉诺夫获得的全部物质奖励。但其他热情的劳动者并没有得到太多的回报，尤其是农民，他们每天都得面对着严重的物质匮乏。（不利于调动生产者的积极性）

材料二：右图是斯大林时期的一幅宣传画（图略）。"能到国营商店买东西，就不要到私人商店买东西。"（单一的公有制经济）

材料三：在列宁格勒生产的一粒纽扣售价1卢布，它在700公里外的莫斯科的价格也是1卢布，在万里之外的符拉迪沃斯托克（海参崴）仍然是1卢布。（高度集中的管理体制、计划经济，用行政手段管理经济，不利于提高企业和地方的积极性）

材料四：到斯大林逝世的时候，人均的粮食产量、肉类产量，还没有达到沙皇时代的水平。（不利于"农、轻、重"平衡发展，不利于人民生活水平的改善）

当学生的表达和概念理解出现偏差时，教师要及时纠正，并且在以后的学习中反复提到上述情境：给斯大汉诺夫的奖励说明了什么？只许买国营商店的东西的宣传画说明了什么？一颗纽扣1卢布说明了什么？粮肉产量赶不上沙皇时期说明了什么？这样就能让学生把"斯大林模式"的四个特点和四个弊端牢牢掌握。

在日常教学中，我引导学生发言时都要经历这几个步骤：随想性发言（开拓学生的思路）—规范性发言（落实到科学、精练的历史语言中）—诗意性发言（使学生在真正理解概念的基础上进行个性化创造，从而使学生真正成为知识和概念的主人）—回归规范性的历史语言。

（三）情境体验：历史概念教学的有效艺术

面对历史概念这一难题，我一直倡导从生活走进历史、以浅显透视深刻、用感官破解概念、让学生参与其中的教学理念。概言之，就是把生涩的历史概念置于学生最亲近的情境中。

情境体验可将复杂的讲述变得简明直观，使历史概念的解读能够举重若轻；情境教学可以创设师生共同体验的平台，使学生始终参与到教学过程之中；情境板块的设置还可以让学生形成对所学知识的关联性记忆，进行思考方式的转换，锻炼不同的思维技能。

片段观察

在体验中理解：战后资本主义经济的调整

"战后资本主义经济的调整"是实行新课程标准后出现的新内容，是让教师们非常为难的一节课。一是教师对此课的教学内容不熟悉，二是原有的知识积累不足，三是此课中出现了诸如"政府财政调节""人民资本主义""福利政策"等一系列新的历史概念。

如何解决这些问题呢？那就让情境体验在概念理解中起举重若轻的作用吧。

（一）关于经济计划

"计划能补偿自由的缺点，而同时不使它失去优点""计划是杠杆，能把我们的企业界推动……国家干预是市场机制的必要补充，它既弥补了市场机制的不足，同时又会使市场机制更有效地发挥作用"。

——法国前总统戴高乐

戴高乐所说的"计划"有哪些优点和特点？计划与市场之间是什么关系？

（二）关于财政政策调节

试着干预一下

1. 如果空调行业出现生产过热，对该行业的税收应如何调整？

2. 要扩大内需，银行利率应该如何调整？

3. 如果学校上报教室安装多媒体的预算，那么在汶川地震后和金融危机后被批准的可能性哪个更大？

从关键追问：真的理解了吗？

（三）关于人民资本主义

股民心态

1. 手里的闲钱用来买股票和存银行有什么不同？

2. 普通股民买入和卖出股票的基本根据是什么？

3. 为什么说股市有风险？

4. 对于重大的时事新闻，股民喜欢听到正面的还是负面的？

（四）关于"福利国家"

孕妇：住院、生育，国家埋单。检查身体，国家进行交通补贴。

出生：生孩子以后孕妇有一年半的带薪假期。

上学：公立学校免交学杂费、书本费，距离学校较远的学生还可享受交通费补贴，并且学校免费供应午餐。

就医：定期缴纳健康保险费，可享受免费医疗服务，住院费和治疗费都可以免交，并有病假津贴。病一个月，雇主出80％的工资，病一年，国家出75％的工资。

失业：可享受失业津贴，金额有时可达本人工资的92％。

养老：满65岁的国民都可以领取全额的基本养老金。

死亡：政府出骨灰盒。

（1）你对中国的社会福利事业有什么希望？

（2）中国现阶段能否照搬这种高福利模式？

（3）羡慕之余你发现这种高福利模式有什么问题？

（四）探寻规律：历史概念教学的自然延伸

历史概念的理解终究只是中学历史知识结构的中间层次，而历史规律则是展现历史事物发展过程中的本质联系和必然趋势。如何引导学生从知识和概念概括历史发展的阶段特征，总结出历史发展的规律性认识，是教师在历史教学中更高层次的追求。历史规律有哪些，怎样与学生一起探寻和发现这些规律，最终怎么样让学生接受这些历史规律，是进行历史概念教学自然而又必需的延伸。

山东省实验中学的胡峰老师在"两极格局"一课的教学中，采用了层层递进的方法，一步步走进历史，探源历史为什么会这样，这样的历史背后隐藏着什么更深层的东西，从这些深层次的东西可以得出什么规律性的认识，从而完成从历史知识到历史概念，再到历史规律的层层推进。

片段观察

在递进中把握历史规律："两极格局"

（一）透过现象看本质

1. 线索：冷战的形成

结合阅读教材，完成下面的表格。

	美国	苏联
政治	杜鲁门主义（ 年）	共产党情报局（ 年）
经济	马歇尔计划（ 年）	经互会（ 年）
军事	北约（ 年）	华约（ 年）
缩影	柏林危机（ 年）	

【观课思考】当胡峰老师完成这一部分内容的时候，我看了一下时间，一共才十分钟，而这些内容差不多是一节课中一半多的知识点。处理得这么简单，我真的有些担心。

2. 探源：冷战的原因

材料一：战时，要保持团结并不太难，因为有一个打败共同敌人的共同目标，这一点谁都清楚。艰难的工作在战后，那时，各种不同的利害关系往往会使同盟国分裂。

——斯大林

请思考：斯大林的话反映出美国和苏联反目成仇的原因是什么？

材料二：美国在世界上处于领导地位……恺撒、成吉思汗、拿破仑或其他任何一个伟大的领袖所担负的责任，都不能同美国总统今天所担负的责任相比拟。

——杜鲁门

请思考：杜鲁门的话反映了美国战后的什么意愿？

材料三：这次战争和过去不同了：无论谁占领了土地，都会在那里强加它自己的社会制度。不可能有别的情况。

——斯大林

请思考：由此可见，冷战形成的根本原因是什么？

3. 揭秘：冷战的实质

请思考：导致"杜鲁门主义"出台的希腊和土耳其，处于什么位置？

从关键追问：真的理解了吗？

它们所处的战略位置体现出美国的什么战略意图？

请思考：这幅漫画反映了什么现象？美国意图何在？

通过"马歇尔计划"，美国向欧洲提供了130多亿美元的援助，90％是赠与，被人称为"人类历史上最慷慨的举动"。

请思考：你如何理解美国的"慷慨"？

4. 延伸：亚洲的热战

1950～1953年，美国发动侵朝战争。

结局：1953年，美国被迫签署《朝鲜停战协定》，这是美国历史上第一次在没有战胜的停战协议上签字。

1961～1975年，美国发动侵越战争。

结局：今天的美国仍说："提起越南战争，我们至今仍心有余悸。"

请思考：亚洲的"热战"与"冷战"的关系是什么？对"冷战"的突破是什么？其结果说明了什么？

【观课思考】到这里，我心里有点儿底了，胡老师把精力从知识点中解脱出来，投入到了探究原因、揭秘实质、思考延伸的领域中。这样的教学就不再是"趴"在课本上，而是深入下去了。

（二）倾听心声谈认识

心声一：战后初期，面对自身的衰弱及对手的威胁，我们不得不依赖于美国或苏联。但随着历史的发展，我们认识到单靠一国的力量根本无法与美苏相抗衡，只有加强各国之间的联合，促进自身发展，才能在两极对峙中维护住我们在欧洲乃至世界上的地位。

认识：冷战给国际关系带来了什么影响？各国表现出何种愿望？

心声二：一道在柏林市区耸立的水泥墙，一条冰冷的"三八线"，不知阻隔了多少家庭，制造了多少悲欢离合。

认识：冷战给这些国家带来了什么影响？

心声三：美苏两国的核武器足以把整个地球毁灭七次！如果我们发动核战争，18小时里将有一亿五千万人死于非命，这相当于美国在不到一天的时间里经历了五百场第二次世界大战！

认识：冷战带来的最大威胁是什么？为什么在这种威胁下世界大战并未爆发？你如何看待这种在冷战下的和平？

（三）针对现实悟道理

冷战结束后，冷战思维还有哪些表现？（科索沃危机、朝鲜核危机、北约东扩、日美准军事同盟、美国出兵伊拉克等）

这些已不单纯是社会制度的分歧，冷战思维已延伸到经济利益的争夺和宗教文化的碰撞中。

冷战的昨天和今天，给我们带来了哪些启示？（不能以意识形态的差别设置壁垒；承认世界的多样性；对抗不是解决问题的出路；冷战和对抗危及世界和平）

小结：回顾两极格局和冷战的历史，那种不是结盟就是对抗，将本国的安全建立在别国不安全之上的冷战思维，是危害世界和平、导致国际争端连续不断的"毒瘤"。我们若以更广阔的视角审视当今世界就会发现，如果放弃了偏见，曾经的敌人也可以握紧双手，不同制度的国家也可以和平相处，理性、宽容和智慧将让世界变得更加美好。不论我们从现实踏入历史，还是从历史回到现实，都得到同一个结论：遏制和对抗没有出路，和平与合作才能共赢。

【观课思考】以往的课堂教学往往采用按教材顺序——破解的切块式处理法，这样做的好处是条理明晰，便于学生记忆，但一些深层次的理论和规律性的认识难以一步到位。胡老师在这节课上尝试把切块式变成剥笋式，采用重新整合教材资源和教学内容的方法，成功地引导学生由浅入深、由表及里地完成了对历史知识、历史概念、历史规律的探究，创造性地为学生搭建了层层递进的思维平台，把学生引进了深层的思维空间。

（五）史观引领：历史概念教学的理论指导

当我们在教学设计中联结历史知识、历史概念、历史规律，就会发现现实教学的考验和挑战远远大于我们的想象。随着历史教学改革的深化，历史概念教学的内涵和外延不断丰富，不仅上承历史知识，下启历史规律，

141

还向着史观的纵深方向延伸。因此，教师要关注当今中学历史教学中几种常用的史观：唯物史观、文明史观、现代化史观、全球化史观和社会化史观。

在"从视角追问：可以从哪些角度观察历史（史观教学篇）"中，我们将围绕史观教学，展开集中讨论。

片段观察

从多种史观评价辛亥革命

这是在网络上非常流行的一道史观教学题，可举一反三，但不要生搬硬套。

从革命史观看，辛亥革命是中国历史上第一次完整意义上的资产阶级民主革命，孙中山是中国民主革命的伟大的先行者。

从现代化史观看，辛亥革命是一次深刻的现代化运动，它促进了中国政治、经济和思想文化的现代化，孙中山是中国现代化的先驱。

从整体史观看，辛亥革命是世界资产阶级革命的组成部分，推动了世界（首先是亚洲）资产阶级革命的发展，中国与世界已紧密地相连，孙中山是中国近代放眼看世界的伟大智者。

从文明史观看，辛亥革命促进了中国传统文明向现代文明的转变。它结束了帝制，建立了共和国，是具有重要意义的制度创新，是政治文明的重大成果；民主共和的观念深入人心，社会风俗习惯发生巨大变化，在精神文明建设方面取得巨大成果；它促进了民族资本主义进一步发展，物质文明也取得了重大成果。总之，辛亥革命是中华文明发展史上的一个重要里程碑，孙中山在中华文明发展史上占有重要地位。

从社会史观看，剪发辫，废除跪拜礼和"大人""老爷"等称号的移风易俗举措，使得国民面貌为之一新。

以基本知识为起点，以历史概念为纽带，以把握规律为目标，以科学史观作指导，这样的历史教学思路是不是越来越清晰了？

理解比记忆更重要，历史学科绝不是个死记硬背的学科。

案例展示

选票的前生与后世

——英国的制度创新

【设计背景】

"英国的制度创新"这一课在日常教学中谁都会重视，在各类教学优质课、展示课中频频出现。在网络上，"英国的制度创新"是各类教学设计、教学课件最丰富的教学课题之一。

但这节课真的被讲透了吗？面对花样翻新的各种课件，面对教师们漫无目的的"布莱尔的一天""梅杰的一天"，以至最时髦的"首相的一天"，面对与教学主旨无关的所谓贴近现实的"伦敦奥运会"的导入，我们是否思考过这样的问题：这一切走近历史本身了吗？走近历史概念了吗？课标最基本的要求我们落实了吗？

依托我校的青年教师拜师活动，我与结对的青年教师任杰老师将破解"历史概念教学"当作一个重要课题进行研究，并共同设计完善了"英国的制度创新"的教学设计。

【教学过程】

导入：上一单元我们学习了古代西方的民主政治，今天我们将要开启西方近代民主政治的历程。这两个单元都有一个共同的概念：民主。民主这个词大家已经很熟悉了，可你有没有想过，民主最基本的特征和体现是什么？（这一提问是要使学生发现，原来对这一自认为熟悉的概念如此陌生）

或许大家没有想到，民主最基本的体现就是一张选票，大家所说的一系列民主的表现都要通过选举来体现。美国政治学家帕特南在其《使民主运转起来》一书中为"民主"下了这样的结论：无论哪一国的民主，最终都体现在选举上；没有选举，民主只能是空的。

（一）选票第一季——陶片放逐法（直接民主）

提问：我们所知的最早的选票是什么？（陶片放逐法）

陶片放逐法体现了人们通过选举行使主权的方式，陶片可以说是西方民主的源头。

提问：那么，谁有权利投出这一票呢？（全体成年男性公民）

从关键追问：真的理解了吗？

这种全体公民都能参与的民主叫作直接民主。能够实行这种直接民主的前提条件是什么呢？（小国寡民）

随着统治地域的扩大、人口的增多、阶级的分化，直接民主既是不必要的，也是不可能的。

（二）选票第二季——选人替我说话（代议制）

选人替我说话，即通过选举代表行使权力，是一种间接民主的形式，叫代议制。

从直接民主过渡到间接民主，是人类民主发展的规律性走向。

1. 出现说话的人：《大宪章》（限制王权、议会传统、法律手段）

在13世纪的英国，首先站出了一批敢说话的人。当时的英王约翰为了维持战事，不断对市民和贵族征税。愤怒的贵族们集合起来，迫使英王约翰签署了《大宪章》。它上面到底写了什么呢？请大家阅读教材，回答下列问题：

谁在说话？（贵族，后来由贵族组成的议会成为与国王对话的组织）

对谁说话？（国王）

说的什么？（对国王说"不"）

实质何在？（限制王权、议会传统、法律手段）

《大宪章》开创了英国限制王权的传统，还引发了通过议会同国王作斗争的传统。在这场斗争中议会成为面对王权说话的"人"，法律则成为限制王权的手段。

大宪章时期的议会是由贵族自然组成的，但是到了1295年的模范议会上，却发生了一个悄然而深刻的变化。

2. 选出说话的人：模范议会（代议实质）

模范议会：每个郡都有2名代表出席议会，每个大城市也有2名代表出席，此后的议会便仿此例召开。

概念对照：代议制是指公民通过选举代表，组成代议机关行使国家权力的制度。

请大家观察本次议会"模范"在何处？也就是说，它又开创了一个什么先例？（选举代表）代议制最基本的特点是什么？（选举代表）在各类教材中，都没有提到这次模范议会，但是模范议会绝对不能忽略，因为正是模范议会确定了选举代表组成议会的模式，从而具备了代议制的特征。

17世纪，议会和王权的斗争不断激化，引发了1640～1688年的英国资产阶级革命。这一部分内容大家在初中都学过，我们简单回顾一下初中学过的英国资产阶级革命的背景、过程和结果。

知识梳理：英国资产阶级革命

背景：斯图亚特王朝的专制统治阻碍了英国资本主义经济的发展。

过程：1640年革命爆发—查理一世上断头台—查理二世复辟—1688年光荣革命。

成果：1689年《权利法案》。

英国资产阶级革命是以向王权宣战的暴力革命作为开始，最后以保留了国王的妥协方式宣告胜利，并取得了重要成果，就此我们能得到什么样的启示？（除了你死我活的暴力斗争，适时的妥协、理性的让步也是一种政治智慧）

初中的知识侧重于事件的过程，高中的知识则应该侧重于对概念的理解。

3. 说出强有力的话：《权利法案》

第一条：凡未经议会同意，以国王权威停止法律或停止法律实施之僭越权力，为非法权力。

第四条：凡未经议会准许，借口国王特权，为国王而征收，或供国王使用而征收金钱，超出议会准许之时限或方式者，皆为非法。

第六条：除经议会同意之外，平时在本王国内征募或维持常备军，皆属违法。

第八条：议会之选举应是自由的。

第九条：议会之演说自由、辩论或议事之自由，不应在议会之外的任何法院或任何地方受到弹劾或讯问。

第十三条：为申雪一切诉冤，并为修正、加强与维护法律起见，议会应经常集会。

《权利法案》明确限制了国王的哪些权利？规定了议会的哪些权利？继承了《大宪章》的哪些精神？

《权利法案》明确限制了国王的立法权、税收权、军权，保障了议会的选举权、言论权、集会权，继承了《大宪章》的限制王权、议会传统、法律手段的精神。

从关键追问：真的理解了吗？

《权利法案》又有什么实质性的发展？以前也有议会，但它与国王的位置谁高谁低？（王权高于议会）现在呢？（议会和王权的位置发生了逆转，议会的主权得以确立）以前也有法律，它与国王的位置谁高谁低？（国王高于法律）现在呢？（法律与国王的位置也发生了逆转，王在法下）通过确立议会主权，将国王置于法律之下，保障资产阶级的利益，这就是英国君主立宪制的概念定位，它是一种全新的资产阶级代议制形式。

从《大宪章》到《权利法案》的变化，我们可以概括出两个关键词：继承和发展。可见，传承与创新是一种政治智慧。

接下来我们再认真观察一下英国的政府机制。

4. 在选举中说话：责任内阁

在君主立宪制建立之初，国王依然保有很大权力，经常召集大臣在密室中开会，这间密室就被称为"内阁"。18世纪初，英国的国王乔治一世不懂英语，所以，组织召开内阁会议的责任就由大臣沃尔波尔担任，沃尔波尔的职务就变成首相，他领导的密室会议就叫责任内阁。

下面，我们通过维多利亚女王时期，英国政府就是否发动第二次鸦片战争问题讨论场景的真实历史再现，去体验责任内阁制是如何运作的。

首相：巴麦尊（辉格党领袖）提议发动对华战争

⬇

内阁：内阁全体成员支持首相的决议

⬇

议会：对巴麦尊提案予以否决

⬇

女王：对否决议案非常痛心，却无力改变结果

⬇

议会解散：重新选举，辉格党和巴麦尊再次获胜

⬇

结果：第二次鸦片战争爆发

在这一事件中，请大家重点观察四组关系。

首相与内阁的关系：首相由什么人担任？多数党的领袖，内阁是议会选举的多数党组阁，承担政府的职责。在是否发动第二次鸦片战争的问题上，首相和内阁的态度是什么？首相主张发动，内阁支持，他们态度一致，共进共退。

内阁与议会的关系：是谁决定了提案的命运？是谁决定了内阁和首相的命运？内阁上下台全在于议会的选举，这说明内阁向议会负责。

首相与国王的关系：国王对辉格党的失利只能哀叹，无法改变局面。国王已处于统而不治的地位，首相只需要国王形式上的任命而已。

发生矛盾后的关系：这一事件中，采取的解决方法是解散议会，重新选举。其实这是第一次使用这种方法，此前采用的是另一种方法——首相和内阁一起下台。

四种关系已经理清，试着画一张责任内阁制的结构图。

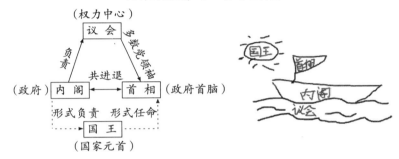

同样的概念，不一样的结构图

责任内阁框架版结构图　　　　责任内阁漫画版示意图

在充分理解责任内阁概念的基础上，学生绘制的责任内阁结构图异彩纷呈。

由此可见，在责任内阁运行过程中，是通过选举形成下院、多数党，产生领袖，形成政府的主张。责任内阁制形成了一种在选举中说话的有效运行的民主政府，这是英国贡献给世界的又一种政治智慧。

民主政治的运转离不开选票和选举，但在君主立宪制建立之初，只有极少数人拥有选举权。

（三）选票第三季：何时能有我的选票（民主的完善）

请大家观察一组数据，伴随君主立宪制的建立和发展，英国经济出现了怎样的变化？（经济迅速发展）

到 19 世纪上半期，工业革命如火如荼，工业资产阶级蓬勃发展，但在选票的分配上出现了一种怪现象。

老萨勒姆镇没有一座房子，也没有一个居民。但这个"镇"也有 7 张选票，可以推选 2 名议员。而在一些人口急剧增加的新兴工业城市，却得不到几张选票和议员的席位。

在工业革命的大背景下，这种选举制度存在怎样的不公性？

通过不断的斗争，最终在1832年的议会改革中，工业资产阶级的席位迅速上升，他们获得了更多说话的权利。拥有选举权的人数急剧增加；广大妇女通过不断的斗争，在1918年也获得了选举权；通过斗争，1928年所有21岁以上的公民均获得了选举权。以上历史进程体现了什么发展趋势？（民主权利不断扩大）

这一趋势告诉我们，民主权利的扩大和经济的发展相辅相成，同时，也离不开人民的斗争。

（四）选票第四季——评价君主立宪制

英国确立的君主立宪制在时间上穿越了几百年；在空间上蔓延到了全世界；在经济上促进了生产力的发展；在政治上开启了近代资产阶级代议制的大门；在国际地位上，使英国长期处于世界霸主地位；在世界影响上，为世界贡献了一种新的政治制度。

同时，我们也要看到，君主立宪制的发展，在某些国家成为专制残留的遗迹，在现代民主潮流中受到挑战。这说明，任何政治制度都要与时俱进，及时调整。

结束语：英国君主立宪制的确立是一个宏大的历史命题，它上承西方古代的民主传统，下启资产阶级代议制的大门，这一切都与一张小小的选票紧密相连。

让我们重温帕特南的观点：选票是民主最基本的底线，投票权是公民行使民主权利最基本的体现。

【案例说明】

对于"英国的制度创新"一课，我们有必要重新看一看课标的要求。

本课课标：了解《权利法案》制定和责任制内阁形成的史实，理解英国资产阶级君主立宪制的特点。

单元课标：欧美资产阶级代议制的确立与发展。

模块课标：政治活动是人类社会生活的重要组成部分。它与社会经济、文化活动密切相关，相互作用。了解中外历史上的重要政治制度、重大政治事件及重要人物，探讨其在人类历史进程中的作用及其影响，汲取必要的历史经验和教训，是高中历史学习的基本内容之一。

历史教学总体课标：通过普通高中历史课程学习，扩大掌握历史知识的范围，深入地了解历史发展的基本线索；对历史唯物主义的基本理论和方法有所了解，初步认识人类社会发展的基本规律，学会运用科学的理论和方法认识历史和现实问题，逐步形成科学的世界观和历史观。

什么是民主？民主应该是高中历史教学中出现频率最高的一个概念。但从学生的回答和教师日常的教学设计中我们发现，最熟悉的概念往往是最容易被忽视的。此课用美国著名政治家帕特南的观点阐述了民主的本质，即无论哪一国的民主，最终都体现在选举上；没有选举，民主只能是空的。本课通过人类第一张选票——陶片放逐法，向学生展示民主的理念，让学生感悟到民主的实质。

什么是代议制？资产阶级代议制是本单元的核心词。严格按照课标要求来落实课堂的教师，将代议制的概念这样呈现给学生："议会制是指公民通过选举代表，组成代议机关行使国家权力的制度，是间接民主的形式。现代国家普遍实行代议制。资本主义国家的代议机关是议会，所以资本主义代议制又称议会制。中国的人民代表大会制度是新型的代议制，人民选举代表组成人民代表大会统一行使国家权力。"这种看似严谨却深奥难懂的理念能被学生接受吗？这种教学现象告诉我们，很多像"代议制"这样非常重要的概念被忽略了。这节课的教学设计，突破了教材的束缚，大胆地给学生进行了知识"加餐"，也就是本课的"知识补充"：模范议会。这是任何一个版本的教材中都没有提及的内容，通过向学生提问本次议会模范在哪里——选举代表，让学生与代议制的概念对照得出结论。选举是民主概念的核心，而选举代表是代议制暨间接民主的核心。

接下来就是君主立宪与责任内阁的概念。君主立宪是一蹴而就的政体吗？不！它是一个从《大宪章》开始就积聚的理念，传统的教学会提问：《权利法案》限制了国王的哪些权利？保障了议会的哪些权利？而本课出于良苦用心的"加问"会将学生的思考引向深入：《权利法案》继承了《大宪章》的什么精神？继承了《大宪章》限制王权、议会传统和法律手段的精神。

《权利法案》相对于《大宪章》又有了什么发展呢？原来也限制王权，也有议会，也有法律。但到《权利法案》阶段，国王与议会、国王与法律的地位发生了根本性的逆转——议会主权、王在法下，再加上已有的成果"限制王权"，这才是君主立宪制的概念定位。

从关键追问：真的理解了吗？

对于责任内阁这一概念，可以说是用尽了课堂教学中的一切"优势兵力"，先是请学生阅读教材，继之结合"是否发动第二次鸦片战争"的史实对照，然后形成"首相与内阁""内阁与议会""首相与国王""出现矛盾后的关系处理"来明晰"责任内阁"的概念。在概念解读之后，要求学生画出自己对责任内阁理解的框架图。在教学过程中我们可以真切地看到学生对概念深刻理解后的创造。同样的责任内阁，大家的体验是不同的，共通之处在于对概念的理解。当看到不一样的结构图时，我们能真切地感受到未知和生成是课堂教学最大的魅力，学生亲身体验过的概念才是真正被理解的概念。

我曾多次发出这样的感叹：每当听到大家在课程结束时，用一段配乐朗诵来体现情感态度与价值观，都有一种负罪感。或许我设计的"国共合作抗日"一课的教学方法给大家留下了太深的印象，需要提醒大家的是，情感态度与价值观不应是全课最后的"穿靴戴帽"，而应是贯穿全课的教学灵魂。

本课用一张选票的情境贯穿全课的灵魂。

英国君主立宪制的确立是一个宏大的历史命题，它上承西方古代的民主传统，下启资产阶级代议制的大门，这一切都与一张小小的选票紧密相连。

让我们重温帕特南的观点：选票是民主最基本的底线，投票权是公民行使民主权利最基本的体现。

我们不妨画一张本课教学设计的"路线图"。

本课隶属

第三单元近代西方资本主义政体的建立。

承担使命

诠释民主理念，破解代议制的内涵，洞察君主立宪政体，了解责任内阁的运作，提升公民的民主意识。

教材地位

上承西方古代民主传统，下启世界近代民主先河，折射本单元资产阶级代议制教学主题，对世界政治产生了深远的影响。

学情分析

1. 学生需要实现从初中历史学习特点到高中历史学习特点的转变：由

重过程描述到重制度解读；由重知识记忆到重概念理解、规律把握；由重历史脉络的梳理到重人文素养的提升。

2. 学生需要突破对关键概念理解的误区，例如，民主是最熟悉的政治概念，恰恰是最容易被忽略的概念；代议制是最重要的概念，恰恰是最容易被混淆的概念。

设计思路

1. 以"选票的前生与后世"为全课统一情境，帮助学生把握民主的实质。

2. 以知识为起点，梳理英国近代制度创新的历史脉络。

3. 以概念解读为纽带，深入解读民主、代议制、君主立宪制、责任内阁制等历史概念。

4. 以规律把握为目标，使学生认识到，适时的妥协是一种政治智慧；继承与创新是一种政治智慧；连续、渐进是一种政治智慧；民主完善与经济发展相辅相成。

5. 以提升公民的民主意识为追求，引导学生在人类民主发展的历史进程中洞察公民参与政治、认真行使每个公民民主权利的重要性。

6. 以学生自主探究为主要教学方法，通过设疑诱思、参与互动、体验感受，凸显学生的主体性、课堂教学的未知性和生成性。

从关键追问：真的理解了吗？

151

从视角追问：
可以从哪些角度观察历史？

　　史观是史学研究的范式，是研究历史的一种理论模式。新课程下的历史教学更加关注对学生历史意识的培养。历史意识即人类在史实的基础上总结经验、吸取智慧，进而把它用于现实生活的一种观念和要求，是学生历史思维的重要组成部分。历史教学的任务不仅是让学生知道史实，更关键的是让学生能够用不同的史观去认识和分析历史现象。历史教师要力求做到用最精要的语言表述史观，用最自然的方式传授史观，让史观伴随历史教学全程，让史观意识陪伴学生终生。

问题缘起

史观是史学研究的范式，是研究历史的一种理论模式。近几年来，在新课程改革和高考指挥棒的双重推动下，与传统的革命史观不同的文明史观、全球史观、近代化史观和年鉴派史观等新史观逐渐进入历史教师的视野，走进历史课堂。

在这种背景下，"史观"一时间成为一个非常热门的术语。认真观察历史课堂我们会发现，史观教学存在着种种不尽如人意的地方，主要表现在以下几个方面。

（1）史观教学狭窄化。虽然教师对基本史观略知一二，但在教学中仍固守传统的一元史观，面对历史知识、现象、概念、规律仍保持传统史观的思维习惯，难以真正用多元角度观察历史，造成教学视野狭窄。

（2）史观教学复杂化。史观具有较强的理论性，教师在面对浩如烟海的理论书籍和生涩的学术语言时，往往有消化不良的感觉。如果不能真正消化史观的基本要义，那么势必会在课堂上把繁难复杂的史观抛向学生，让学生感到不知所以。

（3）史观教学简单化。教师的史观教学在哪些环节最常使用呢？毫无疑问是在解析高考命题趋势环节或在高三复习环节，这就导致史观在历史教学中似乎只发挥了解题的作用。我们可以理解教师在高考重压下的苦恼，正如华南师范大学历史系黄牧航教授所说："高考命题的主体人员由高校教师组成却是一个基本的游戏规则。……高校教师必定会把他们平时的研究思路和研究成果直接或间接地体现出来。因此，关注史学研究的新观察、新成果、新思路也就成为了新课程背景下中学教师的必修课。"[1] 我们还要从另一个角度思考问题，难道不参加文科高考的学生就没有资格、没有机

---

[1] 黄牧航. 史学观念的转变与高考历史试题的命制 [J]. 中学历史教学参考，2008（3）：5.

会接触史观吗？那些在解题中接受机械训练的史观教育又会对学生的人生产生多大的影响呢？

（4）史观教学生硬化。即使史观在某些课堂教学中受到青睐，其命运也只类似于一度热门的"情感态度与价值观"，被以贴标签和"穿靴戴帽"的方式呈现在教学中。

要走出上述误区，我们必须思考：为什么要学习和掌握史观？

韩震在《历史观念大学读本》一书中这样表述了史观的价值："了解历史上出现的各种历史观念，领悟这些观念所凝结的历史智慧，对于人们的历史性成长和社会文化的提升都是非常有意义的。"

著名史学理论专家何兆武对历史学曾有过精确的阐释："历史学本身就包含有两个层次，第一个层次（历史学Ⅰ）是对史实或史料的知识或认定，第二个层次（历史学Ⅱ）是对第一个层次（历史学Ⅰ）的理解或诠释。历史学Ⅰ在如下的意义上可以认为是客观的和不变的，即大家可以对它有一致的认识。但历史学Ⅱ也是客观的和不变的吗？我们对史实的理解和诠释，乃是我们的思想对历史学Ⅰ所给定的数据加工炮制出来的成品，它是随着我们的思想的改变而改变的。……在这种意义上，它是思想的产物，而并没有客观的现实性。然而历史学之成其为历史学，却全有待于历史学Ⅱ给它以生命。"[1] 史观则是历史学Ⅱ范畴中对历史理解和诠释最高端的指针。

新课程下的历史教学更加关注对学生历史意识的培养。历史意识即人类在史实的基础上总结经验、吸取智慧，进而把它用于现实生活的一种观念和要求，是学生历史思维的重要组成部分。因此，历史教学的任务不仅是让学生知道史实，更关键的是让学生能够用不同的史观去认识和分析历史现象。

面对史观理论和课堂教学割裂的现象，黄牧航教授提出了这样的忠告："如果不转变史学观念，所谓转变课程观充其量是使教师成为一个更优秀的资料收集者，而所谓转变教学观也很可能就是运用更有效的方式方法把原有的一些陈旧错误的观念加以强化。"[2]

既然如此，那就让我们面对史观教学的挑战，用我们的思考和智慧去破解史观教学的"瓶颈"，力求做到以下几个方面。

（1）用最精要的语言表述史观。

① 何兆武．对历史学的若干反思［J］．史学理论研究，1996（2）：39.
② 黄牧航．史学观念的转变与高考历史试题的命制［J］．中学历史教学参考，2008（3）：4.

从视角追问：可以从哪些角度观察历史？

（2）用最自然的方式传授史观。

（3）让史观伴随历史教学全程。

（4）让史观意识陪伴学生终生。

教学思考

在中学历史教学中向学生传授哪些史观，教师需要心中有数；应该用什么样的方式传授史观，教师必须进行精妙的教学设计；如何在纷繁复杂的史观中不迷失方向，教师需要理清基本的理念、方法以及存在的缺陷。

鉴于史观教学在历史课堂教学中还是一个新生事物，因此，本专题中某些"片段观察"已不是片段，而是承担了"案例展示"的职能。

（一）从客观的角度观察历史：唯物史观

马克思主义史学出现于19世纪中期，它对19世纪20年代出现的科学主义流派，如客观主义史学和实证主义史学的缺点有所克服，使科学史学更具实践性。20世纪80年代至今，西方当代史学的思想方法逐渐流行，但马克思主义史学仍然是我们史学思想的主流。现在的中学历史教科书尽管体现了全球史观、文明史观、历史人类学等历史观念方法，但这些史观都是在不违反马克思主义史学思想的前提下应用的。

那么，唯物史观到底告诉了我们什么？

1. 历史存在着不以人的意志为转移的客观规律

唯物史观一方面把人类历史看作一个由低级到高级自然发展的过程，另一方面分析了生产力和生产关系的发展以及阶级划分和阶级斗争的演变、发展对社会历史的影响。这就需要人们把握好遵循客观规律与发挥人的主体性之间的关系，以科学的态度进行创造性实践。

2. 人类社会是一个整体

马克思主义史学认为，人类社会是一个整体，生产力与生产关系、经济基础与上层建筑之间的矛盾运动支配着整个社会的发展进程。历史由很多方面共同构成，历史事物之间都是相互联系的。

3. 要求人们用辩证的观点看待历史的发展

唯物史观肯定经济领域是推动人类社会发展的根本原因，同时它承认政治制度、思想文化、道德风范对经济社会发展的重大作用。

4. 社会发展最终是以人的发展为目标

社会发展最终是以人的发展为目标，而人的发展又要依赖于社会发展。张庆海在其著作《中学历史教学中的史学理论问题》中指出："马克思主义史学将建立人的发展作为科学史学论证的终极目标……马克思主义史学是近代科学史学中唯一系统而完整的具有科学性与人文性的史学流派。"

5. 唯物史观鲜明地提出人民群众对推动历史发展的巨大作用

提到人民群众在历史中的作用，王加丰在其《史学理论与中学历史教学》中写道："通过贬低和丑化英雄的作用来拔高人民群众的作用的方法固然不妥，但近年来……关于人民群众在历史上和现实生活中的作用都被严重低估。2009 年，美国《时代周刊》评出的年度人物，中国农民工位列第二，排在美联储主席本·伯南克之后，这一事实值得国人深刻反思。"张庆海则从另一个角度指出："我们必须承认，人民群众的确是历史的创造者，但人民群众对历史的创造是具体的，不是抽象的创造，即历史的积极因素是人民创造的，而消极因素也是人民创造的。"

（二）从宏观的角度观察历史：文明史观

文明是指人类社会的进步过程和发展趋向，是一个与野蛮相对的概念，包括两个层次，即整个人类的文明和不同类型的文明。文明史观通过不同类型文明的演进过程探讨人类社会的进步。文明史观认为，一部人类社会发展史从本质上说，就是人类文明的演进史。

文明史观有多样的分类方法。例如，纵向可以划分为采集文明、狩猎文明、农业文明、工业文明、后工业文明等；横向可以划分为政治文明、经济文明和文化文明；根据地域特色，可以划分为古代埃及文明、印度文明、中国文明等；根据宗教特色，可以划分为中世纪的西方基督教文明、阿拉伯伊斯兰文明、中国儒家文明等。

文明史观的基本内容包括以下几个方面。

1. 从现实人类文明所达到的高度去追溯历史

比如，对于中国古代史研究来说，农民战争是一个重要内容。从今天的认识来看，农民起义值得同情，可以理解，但绝对不能够提倡。学生掌握大量农民起义的内容无助于他们理解现代社会。高中新课程在内容设置上已经做了很大的变革。

又如，古希腊史和古罗马史并不需要学生掌握全部内容，只强调当中

从视角追问：可以从哪些角度观察历史？

的民主精神和法律精神即可，因为这是古代文明留给我们的精神遗产，且还在不断影响着现代社会。

2. 长时段考察历史

比如，我们讲述"古代中国经济的基本结构与特点"的时候，就应该跨越两千年的时空来探索古代中国经济发展的特点，而不是满足于让学生熟记每一朝代发生了什么重大的经济事件。

3. 以生产力作为划分文明史发展阶段的标准

文明史观把人类文明的发展历程划分为农业文明和工业文明两个阶段，而从农业社会向工业社会的转变就是我们经常说的现代化。

4. 把人类社会作为一个整体进行观察

文明史观重在勾勒出人类文明总体演进的脉络，总结人类文明的成果，在充分肯定人类社会取得的进步的同时，揭示存在的问题。文明史观承认文明的多元性，认为各种文明虽有强弱之分和大小之别，但绝无优劣高下之别。同时，关注不同类型文明之间的相互关系。

5. 把中华文明纳入世界文明当中进行综合研究

一是从人类文明发展的大背景下考察中国文明的演进，确定中华文明在世界文明中的地位，在和其他文明的比较中探讨中华文明的特点；二是在把握历史线索和阶段划分时，不是按社会形态"由低向高"的传统做法，而是以中国文明的发展演变为主导线索；三是从中国文明的角度看待世界其他文明的发展。

文明史观在很大程度上涵盖了现代化史观和全球化史观，是一种更为宏观的历史观。从农业文明向工业文明的转变就是现代化，工业文明从欧美到全球的扩展就是全球化。

高中历史课程标准以政治文明、经济文明和文化文明来构建必修模块的体系，这已不是简单的政治史、经济史和文化史，而是人类文明发展演进的历史。课标的总体要求中所提到的"认识人类社会发展的统一性和多样性，理解和尊重世界各地区、各国、各民族的文化传统，汲取人类创造的优秀文明成果，进一步形成开放的世界意识"，同样是文明史观的体现。

片段观察

世界科技进步的历程

"世界科技进步的历程"是我设计的一个专题复习课，此课的立意不仅是让学生串联起中外科技发展的历史线索，还要让学生更加真切、自然地走进文明史观。

一、中国科学技术的发展历程

（一）繁荣昌盛的中国古代科技

场景一：在生活中感知——寻找民族文化的基因

师：《南方周末》曾经报道，有专家认为农历的日期不好推算，经常变动，主张废除农历。请你结合学习的内容和日常的生活经验，谈谈你对这种观点的看法。

生：农历在现代生活中，会给我们带来不少的麻烦。每年寒假，大家总是到处打听：哪天开学啊？又忘了。就是因为寒假要围绕农历春节和元宵节，这会使有的学期时间特别长，有的学期就特别短。为什么老师这几天老抢自习——就是"农历"惹的祸。

生：没有了农历，压岁钱不要了？新衣服不穿了？好东西不吃了？焰火不放了？没有农历就没有春节，这一年还有什么意思啊？不过春节还是中国人吗？如今国家在法定假日里增加了端午、清明、中秋等传统节日，都是按农历设置的假日，就是要让我们过好中国人的节日。

生：我的爷爷奶奶都在农村，哪一天浸种，哪一天播种，什么时候给棉花打尖，什么时候收割，他们都具体到农历的某一天。天文历法是依托农业生产而存在的，计算之精确，让人叹服。中国现在仍是个农业大国，所以必须保留农历。

生：农历早已不是单纯的计时工具，它还寄托着人们的感情，有多少美好的诗词都是依托农历创作的。比如，"画檐簪柳碧如城，一帘风雨里，近清明"。再如，中秋赏月"但愿人长久，千里共婵娟"的美好祝愿；除夕"爆竹声中一岁除，春风送暖入屠苏"的希望；中国的情人节——七夕"盈盈一水间，脉脉不得语"的悱恻缠绵。农历已经超越了原有的含义，成为中国人和全世界华人的感情纽带。

生：我们知道中国古代的历史都是按农历计算的，如果把农历废除了，怎么描述过去发生的事情？怎么解释"廿二日天稍和"？没有了农历，就割断了我们与历史的联系。

师：现在，农历在日历表中已隐藏在公历的后面，字号也越来越小了。我们手中的日历简直就是一个现代文明与传统文化碰撞的小小缩影，那日

从视角追问：可以从哪些角度观察历史？

159

益突出的公历记录着我们与现代生活和世界的融合，而那小小字体的农历则记载着中华民族的辉煌和记忆，我们需要它来固守民族文化的基因。

师：中国古代的农历为什么如此重要？

生：它是依托中国古代农业发展起来的。

师：除天文历法外，还有同样依托农业发展起来的中国古代农学、数学和服务于人民生活的古代医学，以及推进人类文明进程的四大发明。直到16世纪，中国古代科技还处于世界领先地位。

师：刚才，对于农历的存废问题大家进行了畅想式回答。那么，关于中国古代科技发展的动力有哪些？请大家用严谨的历史语言进行总结。（启发学生从历史发展的整体因素来考虑）

生：国家统一、封建经济的持续发展、民族的融合、对外的交流、人民的智慧、古代科学家的贡献……

【设计思路】通过讨论，我和学生一起概括出农历与农业大国的关系、农历与民族传统的关系、农历与文学的关系、农历与现实生活的关系、农历与民族记忆的关系、农历与多元文化的关系、农历与现代文明的关系。在这个教学环节，我们发现文化是政治、经济的被动反映，同时，文化基因的作用也不容忽视，这个教学环节就是让学生从农历体会出中国传统文化的魅力。引导大家做文化上的中国人，被视为中国传统文化核心的孔子可以起到这样的教育作用，一份小小的农历同样可以起到这样作用。

（二）传统科技的低迷

场景二：在体验中学习——揭开算筹运用的奥秘

师：当大家轻松地按着计算器，把个、十、百、千位的加减乘除轻松地玩弄在手掌间的时候，可曾想过古人是怎样进行计算的？这些奇怪的小棍棍就是元代以前的祖先使用的计算器——算筹。

纵式：	|	||	|||	||||	|||||	T	TT	TTT	TTTT
横式：	一	二	三	亖	亖	⊥	⊥	⊥	⊥
	1	2	3	4	5	6	7	8	9

师：先看一看，算筹的摆放有什么规律？接下来，摆一摆，用算筹该怎么表示数字？再算一算，怎样用算筹进行简单运算？

（当学生看到古人用算筹计算的乘法甚至三次方程时，引起了一片惊叹。）

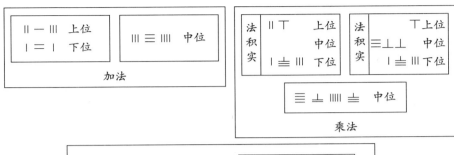

加法

乘法

$$\begin{cases} 3x+2y+z=39 & ① \\ 2x+3y+z=34 & ② \\ x+2y+3z=26 & ③ \end{cases}$$

方程

师：结合刚才大家使用算筹的体验，参照我们正在使用的数学练习本和计算器，来比一比古今的计算方法。大家有什么感想？

生：祖先们太厉害了，想到我国古代那么多世界领先的数学成果就是靠着这一根根小棍摆出来的，我对他们充满了敬意。

生：古人经常使用算筹一定不会像我们这样笨手笨脚的，我都想设计这样一个镜头：一根根算筹摆出，运算者飞快地报出一个个数字；失败，重来，再失败，再重来，加上特技效果，展示出计算工程的庞大和艰苦，最后画面定格在一个数字上：3.1415926。（我在课前恰好找到了电视剧《暗算》中用算盘进行大规模运算破译敌人密码的镜头，大家都为这位同学的精彩创意热烈鼓掌）

生：我觉得运算的艰苦恰恰说明了这种运算方法存在问题，我们现在做题时思路就在纸与笔之间穿行，而用算筹和算盘计算还要多一步工作才能通过笔转到纸上，非常耗时。

生：说到纸笔运算的优点我有不同的看法。我参加过计算机学科竞赛，据我所知，计算机的设计方法恰恰就是采取珠算式的操作，而不是纸笔式的操作，这其中就受了中国古代计算模式的启发。

生：用算筹算过以后，计算结果一把抹去，找不到原来计算的踪影，思路

从视角追问：可以从哪些角度观察历史？

也就打断了。我是数学课代表，我会考虑这样一个问题，如果用这种计算方法，那么今天怎么交作业呢？估计数学老师上课摆小棍也会把大家摆晕了吧。

师：这位同学的想法很有见地，三次方程的成就没能传承下去，就是因为算筹的计算方法难以记录结果，难以不断深入。

生：我们的祖先用算筹计算了上千年，他们能算出结果，却很少算出公式，他们能最早发现"勾三股四弦五"，却在长达几千年的时间没能概括出"$a^2+b^2=c^2$"。

师：算筹是一种工具，是一种计算方法，还是一种思维的方式。它带来了古代辉煌的数学成果的同时，也制约了中国数学家思考的角度和视野，制约了数学成果的有效传承。

师：算筹的命运可以算作中国古代科技的一个缩影，在真切的体验之后，请大家用科学规范的历史语言来概括中国古代传统科技具有哪些缺陷。

生：重应用，轻规律；少实验，缺理论，主要应用于农业，缺少将科技转化为生产力的意识。

生：中国古代科技重经验，少实验；重计算，少公式。

师：在世界科技史上有一个著名的"李约瑟难题"。16世纪前，中国古代科学技术远远超过西方，而近代科技文明只在欧洲文明中发展，没有在中国文明中成长，到底是哪些因素导致了中国传统科技走向衰落呢？

生：小农经济制约了中国科技发展的规模，重农抑商制约了中国科技发展的实力，文化专制制约了人们的创新思想，闭关锁国限制了科技成果的交流……

【设计思路】教师在讲述科技史的时候，总要围绕着"李约瑟难题"，即要让学生思考为什么中国古代的科技在取得辉煌后在近代走向了衰落。但在解读这一命题的过程中，教师往往只重宏观主题，少生活体验；重严肃史观，少生动活泼的教学现象，使得"李约瑟难题"在学生心里只能成为一个模模糊糊的影子。

而在"揭开算筹运用的奥秘"这一教学环节中，体验式教学在情境上具有仿真性，在内容上具有开放性，在原则上具有民主性，在能力培养上具有综合性。

这一体验的过程尊重学生认知、感悟的个体差异。同时体验突出的不是对知识体系的储存，而是强调自我对知识的感悟与发现。在本节课中，学生走进了古代数学家科学研究，感知其探索历程的艰辛，体会传统科学思维方式的不足，这一切经历都不是简单的标准答案所能替代的。

本课的每个教学环节，我都先让学生进行个性化畅想，然后再用严谨规范的历史语言进行总结。随着教学的推进，规范的历史语言慢慢转化成了学生的集体意识。

（三）现代中国的科技成就

场景三：在创作中感悟——撰写"感动中国的科学家"颁奖词

师：现在，我们进入中国现代的科技发展历程，请同学们结合新中国科技发展的背景、成就，为邓稼先和袁隆平两位科学家撰写颁奖词。（下面是学生创作的颁奖词）

> 颁奖词一：邓稼先
>
> 让我感动的是你归国的行囊，除了送给父亲的几双尼龙袜子，其余的都是知识，因为召唤你的是一个新兴的国家。让我心动的是你在漫长岁月中不为人知的寂寞，"两弹"成为你人生最耀眼的勋章。让我心痛的是你62岁就逝去的生命，特殊的工作环境摧毁了你的健康，但你为共和国打造了能迎接任何挑战的躯体。
>
> 颁奖词二：袁隆平
>
> 有人说，中国农民吃饭一靠邓小平，二靠袁隆平。他培育的杂交新产品，每年生产的稻谷可以多养活6000多万人。6000多万人饭碗中饱满的米粒，给"科学技术是第一生产力"以最形象的诠释。

师：请同学们再用规范的语言概括新中国科技发展取得成就的原因。

生：社会制度的优越性，党和政府的重视，"向科学技术进军"的号召，"科学技术是第一生产力"的论断，第三次科技革命的影响，科学家的奉献……

师：由此可见，科学技术的发展需要适宜的社会条件。

二、西方科学技术的发展历程

场景一：在自主中构建——学生设计的学习提纲

师：进入西方近现代科技进步的历程，我想请同学们用诗意化的语言概括每位科学巨人的突出贡献。

生：站在巨人的肩膀上，从而成为更高大的巨人——牛顿；当科学与宗教告别，人类就找到了来时的路——达尔文；给机器安上有力的心脏——瓦特；不能没有你，因为谁也不愿重回黑暗——爱迪生；换一个角度看世界，原来那么奇妙——爱因斯坦；你手中的玩具魔力那么大，能把

从视角追问：可以从哪些角度观察历史？

163

地球变得那么小——比尔·盖茨。

【设计思路】在西方近现代科技进步的历程中，我让学生进行了诗意的创造，从而把他们从生硬的概念里解放出来，让他们通过个性化的创造成为知识和概念的主人。

场景二：在娱乐中了解——这是一种奇特的视角

师：相对论的两个基本原理是相对性原理和光速不变原理。对于这场二十世纪物理学领域最伟大的革命，我们很难走进其理论深处，但这并不妨碍我们了解它、感知它、亲近它。

> **时间机器的狂想**
>
> 1971年，物理学家理查德·基廷和乔伊·哈夫勒将4个极为精确的原子钟放在一架航行的飞机上。飞行之后，这些原子钟与地面的原子钟相比，慢了59纳秒。请思考：这个实验说明了什么？

生：这个实验证明了爱因斯坦相对论中提出的时间、空间、运动、质量不是绝对不变的，而是相对的论断。

师：这个实验的结果不能不让人想象，如果有这样一台时光机器，能制造出极大的运动速度，那么，时光是否能倒流？下面我们就通过一个非常熟悉的美国大片穿越时光隧道。

> **《未来战士》的震撼**
>
> 1984年，一个未来世界（2029年）的机器人战士来到洛杉矶，疯狂追杀青年女子莎拉·康纳。因为在1997年8月29日，地球将经历一场核灾难，30亿人死亡，而莎拉·康纳的儿子约翰将成为未来人类的救星。与此同时，约翰也派出一个战士回到过去，保护莎拉·康纳。这个战士不得不以血肉之躯与杀手殊死搏斗。更奇妙的是，他和莎拉·康纳之间产生了爱情，他成了约翰的父亲！

师：这个大胆构思的故事给我们展示了人类穿越时空隧道的奇怪情境，你认为这其中最匪夷所思的情节是什么？

生：最奇特的就是约翰派出的战士不仅回到历史中，改变了历史，还成了他的父亲。约翰派出他的时候，他并不是约翰的父亲啊，可他改变了历史以后他与约翰之间的关系也发生了变化。

师：其实大家的疑惑涉及相对论发展过程中一个重要的挑战。

> **"祖孙悖论"的挑战**
>
> 时间旅行一直存在"祖孙悖论"，如果回到过去的子孙杀死了尚未成年的祖先，时间隧道只会成为一个有去无回的黑洞。

生：是啊，这样相对论的理论就走不下去了。

师：为此新一代的物理大师霍金等人又给出了全新的解释，尽管科学界对此仍然争论不休，但科学的发展正是在不断质疑中超越的，这一切都印证了爱因斯坦的那句名言。

> **爱因斯坦的名言**
>
> 谁企图在真理和认识的领域内要人们认为他是不可动摇的权威，那他就要在上帝的哈哈大笑中垮台。

【设计思路】凭借历史教师的人文学科背景去讲解爱因斯坦的相对论，难度确实很大。每当面临这种难以穿越的问题时，我都在心里提醒自己，不断的学习和积累会帮助我们渡过"山重水复"的困境，走向"柳暗花明"的新天地。面对相对论的新难题，我采用的还是自己的老办法：从生活走进历史，以浅显透视深刻，用感观破解概念，这一切的前提是让学生参与其中。

师：我们再用规范严谨的语言来概括一下西方科学技术发展的原因。

生：西方科学技术发展的原因包括：政治保障——资产阶级革命的推动；经济基础——资本主义经济的发展；思想武器——文艺复兴（人文主义）和启蒙运动（理性精神）；发展契机——三次科技革命。

场景三：在提炼中升华——站在人类文明发展的高度再看世界科技进步的历程

师：我们即将结束世界科技进步的历程的学习，古人说："会当凌绝顶，一览众山小。"当我们站在人类文明发展历程的巅峰再次审视这一部分内容时，它将带给我们更深层次的思考。

——这里回荡着中华民族五千年文明发展史的三部曲：古代文明的繁荣昌盛；近代文明的衰落与民族危亡；现代文明的复兴与民族腾飞。

——这里记录着人类在文明发展进程中的坚实足迹：以科学技术为镐，在前行的道路上牢牢地刻下三个路标——认识自我、认识世界、改造世界！

——这里交织着不同文明的碰撞：有时这碰撞惨烈得让人心痛，我们是否会在这心痛中失掉自信？有时这碰撞复杂得让人迷茫，我们还需在这迷茫中校正方向。

——这里闪烁着一个耀眼的名词：科学。它是让人亲近的知识，隐藏在我们身边的每一个角落；它是充满理性的思维，所有权威、教条、迷信都要给一个独立思考的头脑让位；它是值得崇敬的精神，能将人们从混沌中唤醒，能引导民族走出愚昧的黑暗，能推动人类走向更高层次的文明。

从视角追问：可以从哪些角度观察历史？

生命在这其中是那么渺小，但这渺小绝不影响应有的博大视角：体会中外差异，感受历史步伐，把握时代潮流，分享文明财富，创造美好未来。或许就是这一部分学习给我们带来的启迪和思考。

（三）从横向联系的角度观察历史：全球史观

全球史观认为，历史不等于地区史和国别史的简单组合，而是重在阐述不同地区和国家之间历史的联系与影响。全球史观最基本的意义就是从全世界的角度来看问题。

全球史观主要体现为以下四个要点。

1. 将人类社会作为一个整体来看待

斯塔夫里阿诺斯在《全球通史：1500 年以前的世界》中指出，全球史观"研究的是全球而不是某一国家或地区的历史；关注的是整个人类，而不是局限于西方人或非西方人"。[①] 巴勒克拉夫提出："认识到需要建立全球的历史观——即超越民族和地区的界限，理解整个世界的历史观——是当前的主要特征之一。"[②]

2. 强调国家和地区之间的联系

我国著名史学家吴于廑构建起"从分散到整体"的世界史体系。他强调，世界历史是历史学的一门重要分支学科，内容为对人类历史自原始、孤立、分散的人群发展为密切联系整体的过程进行系统探讨和阐述。

3. 重视整体与局部、中心与边缘的关系

沃勒斯坦的"世界体系说"旨在说明，文明不可能单独存在，只能生存于由多种文明组成的"体系"当中，一种文明的兴衰依赖于体系发生变化，而不仅仅是文明自身的原因。

4. 以社会空间作为审视历史的基本单位

如果说唯物史观以社会形态作为审视历史的基本单位，文明史观以文明作为审视历史的基本单位，那么全球史观就是以社会空间作为审视历史的基本单位。所谓社会空间，指的是与人们的日常生活密切相关的生活圈。这种生活圈可大可小，其中的内容直接影响到人类的每一个个体。我们在日常教学中所说的"世界由大体处于隔绝封闭的状态走向密切联系的整

---

① ［美］斯塔夫里阿诺斯. 全球通史：1500 年以前的世界［M］. 吴象婴，梁赤民译. 上海：上海社会科学院出版社，1988：54.

② ［英］杰弗里·巴勒克拉夫. 当代史学主要趋势［M］. 杨豫译. 上海：上海译文出版社，1987：242.

体”，就是一种社会空间的变化。

片段观察

关于全球史观——听听高考题以外的声音

全球史观是历史课程改革以来出现的亮点，无论哪个版本的历史教材，都以极大的努力来体现历史课程的全球视野。但华南师范大学的张庆海教授在其著作《中学历史教学中的史学理论问题》中写道："很多中学练习题中经常以斯塔夫里阿诺斯所著的《全球通史：1500年以前的世界》对某些历史事件的相关叙述为依据，测试学生对所谓全球史观的理解程度。笔者认为，该著作根本没有全球视野，它所具有的是西方中心观。""该书在写作宗旨中强调，自己奉行的是从全人类的角度看待人类的所有文明发展史，任何人类种族、文明都是平等的。该原则是对的，但是，该书在写作之时并未遵循这一原则，因为它的全文都是以西方当代文明的原则看待人类发展史上的每一个历史事件、整个历史发展进程的。"

相信读过《全球通史：1500年以前的世界》的教师，也能感受到张庆海先生所指出的"全球史观"的问题所在。

2012年全国新课标卷中下面这个题目的用意毫无疑问是要考查学生对全球史观的理解。

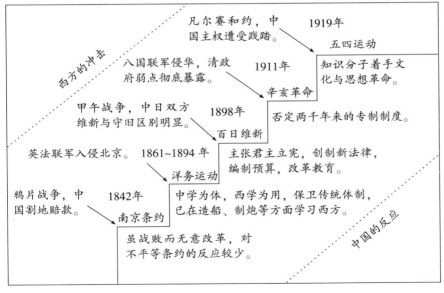

从视角追问：可以从哪些角度观察历史？

167

当我们视高考题为真理和圭臬时，早有学者对全球史观中的"西方冲击—中国应对"的模式提出质疑。

关于斯塔夫里阿诺斯的《全球通史：1500 年以前的世界》，曾有多名美国史学家说，该书并未跳出以欧洲为中心的"挑战—应战"模式。而中国学者同样尖锐地指出："斯塔夫里阿诺斯自己的结构就是一个欧洲中心主义的结构"，事实上仍把"现代化看作一种单向的欧化或西化的过程"。

巴勒克拉夫指出，那些力求立场"客观"的人，终于不能突破"西方中心"，是因为"他们身边使用的那一整箱工具全是由欧洲制造的，恐怕一时还不可能将它完全更换"。中国学者指出，这"一箱工具"就是西方"历史学研究的诸多核心概念，如工业革命、现代性、资本主义以及个人自由"，西方史学家正是凭借这些基于欧洲特定经验所产生的概念来阐释欧洲对现代世界的支配以及世界历史的发展进程。这种方法论的局限，不仅西方学者"挥之不去"，非西方学者也难以超越。

从某种意义上说，这道高考题也是"挥之不去"的体现。

（四）从纵向发展的角度观察历史：现代化史观

现代化理论，现在通常叫发展理论。其产生可以追溯到 18 世纪后期，亚当·斯密的《国民财富的性质和原因的研究》就是当时发展理论的代表作。在这部书中，他探讨了诸如中国、印度等国为什么不发展资本主义的问题。

北京大学历史系罗荣渠教授在其著作《现代化新论——世界与中国的现代化进程》中把现代化的概念分为广义和狭义两种："从历史的角度来透视，广义而言，现代化作为一个世界性的历史过程，是指人类社会从工业革命以来所经历的一场急剧变革，这一变革以工业化为推动力，导致传统的农业社会向现代工业社会的全球性的大转变过程，它使工业主义渗透到经济、政治、文化、思想各个领域，引起深刻的相应变化；狭义而言，现代化又不是一个自然的社会演变过程，它是落后国家采取高效率的途径（其中包括可利用的传统因素），通过有计划的经济技术改造和学习世界先进，带动广泛的社会改革，以迅速赶上先进工业国和适应现代世界环境的发展过程。"

现代化的核心内容是经济的工业化和政治的民主化，同时还伴随着社会的城市化，个人的开放、独立化，教育的世俗化等附属内容。

全球现代化的进程有两种类型，一种是原发型，指的是西欧和北美，主要是内部因素积累，自发转变；另一种是传导型，大多数国家包括中国在内都属这种类型，主要是外部刺激，是回应和学习。

研究中国近代史的学者写文章时，大都习惯使用"近代化"一词，其实这只是一个约定俗成的用语，实际上它指的就是"现代化"。在历史教学中，教师大可不必把"现代化"和"近代化"当作两个概念来解读。

片段观察

角度不同，热点不同

当教师在不断追踪、揣测高考的热点时，可曾想到是现代化史观的引入使诸多历史事件出现了"冷热倒置"的局面。

（1）与近代工业和近代资本主义产生相关的事件受到空前重视，如洋务运动、辛亥革命、戊戌变法等。

（2）对过去备受赞扬的革命运动用新的目光进行审视，如太平天国运动、义和团运动。

（3）重新认识中国近现代史的主线。长期以来，中国近代史一直被解释成中国逐渐转变为半殖民地半封建社会和中国人民反帝反封建的历史，有"两个过程""三个高潮""八大事件"。如今，更多的学者认为，中国近代史的关键问题就是能不能实现近代化。

（五）从俯视的角度观察历史：社会史观

第二次世界大战使史学家深深感到，让历史学游离于社会发展潮流之外，那是历史学家的耻辱。在"学科素养"专题中，我曾介绍了年鉴学派的主张。

（1）倡导"总体史"，强调历史包罗人类活动的各个领域，认为历史就是整个社会的历史。

（2）研究"心态史"。所指的心态不局限于名人的心理发展过程及心理动机，更强调群众性心理。

（3）定量研究。在历史研究中使用大量的数字和曲线来说明数量的变化，并据此来说明质的变化。

"总体史"的特点，要求历史教学不能只关注经济史、政治史，还要涉及家庭史、人口史、教育史、生态史、妇女史等新领域。

"心态史"强调群众心理动机的特点。历史教学不能只是英雄人物的舞

从视角追问：可以从哪些角度观察历史？

台，小人物同样可以成为其中的主角。

定量研究的特点提醒教师在历史教学的过程中，从国家实力到经济结构，甚至百姓的身上衣、桌上餐都能用表格、数据、柱状图等方式表现出来。

所有这些研究都体现了一种主张：历史发展的决定力量不是那些从事政治活动的大人物，而是那些默默无闻的普通民众，正是他们的生活和劳动决定着历史的发展。

片段观察

一个人就是中国近代史

中国近代史伴随着阶级间的生死搏杀，伴随着历史变革的风云激荡，伴随着东西方文明的激烈碰撞。在这个面临几千年未有之大变局的历史舞台上，人们的目光长时间地聚焦在林则徐、洪秀全、曾国藩、康有为、慈禧、袁世凯、孙中山等人的身上。但认真观察，他们都只是某一特定历史阶段、某一特定历史事件的主角。然而，在中国近代史上有一个远非风云人物，却参与近代史全程的时代弄潮儿，他就是容闳。

在带领学生学习中国近代史的内容后，我根据雷颐所著的《历史：何以至此》中的《历史的见证者：容闳的特殊意义》一文整理出以下教学资源。

启蒙先驱——容闳出生于广东香山，幼时就读教会学校，在勃朗校长的资助下进入美国马萨诸塞州孟松学校就读。容闳在此阅读了大量西方著作，尤爱读有"苏格兰启蒙派阵地"之称的《爱丁堡评论》。容闳无疑是最早接触、接受近代启蒙思想的中国人。

游说洪仁玕——容闳回国后，把改造中国的希望寄托在太平天国身上。他在拜会洪仁玕时提出要按照科学原则组建军队，创办新式学校，创立现代银行、金融制度，组织良善文官政府，聘用有才干的人等建国之策。

献计曾国藩——太平天国没有实现容闳的理想。不久之后，容闳接到曾国藩的邀请，帮助建立制造来复枪的工厂。容闳认为，中国最需要的不是制造枪炮的工厂，而是制造机器的工厂。曾国藩对这一建造"机器母厂"的建议大为欣赏，并付诸实施，因此中国近代工业化有了一个较高的起点。

推动留学——在美国留学毕业前夕，容闳就认定以派遣留学生为先导建立新式教育体制，是救国强国的重要途径。在他的推动下，首批30名官派幼童留学生赴美。人数不多的留美幼童在中国困难重重的转型中起到了重要作用，著名的铁路设计师詹天佑便在其中。

参与维新——有两件事对容闳打击甚大，一是顽固派官员诬告留学生"毫无管束，遂致抛荒本业，纷纷入教"，导致首批留学生被强令回国；二是他通过各种渠道向清政府提出的种种兴国方案均不被清廷理睬。所以，容闳参加了康有为在北京发起的保国会的成立大会。在谭嗣同劝说袁世凯支持维新、武装保护光绪皇帝这千钧一发之际，维新派就是在容闳的寓所会面，等候谭嗣同的消息。后来，以慈禧为首的顽固派发动政变，容闳又设法帮康有为、梁启超出逃。

走向革命——容闳起初并未从内心反对清王朝。而当洋务运动、维新运动都失败后，尤其是他心目中的开明官员张之洞也血腥镇压维新派时，他认识到难以在体制内改革清政府，于是走向了暴力革命。他开始谴责康有为的保守立场，积极筹款支持革命派。辛亥革命后，他提醒革命党要警惕袁世凯，尤其要警惕国外势力的干涉以保持国家的独立性。孙中山就任临时大总统时给他写亲笔信，诚邀他担任要职。

这段教学资源承担了以下的教学任务。

（1）梳理史实。通过容闳的一生串联起中国近代太平天国运动、洋务运动、新式教育、维新变法、辛亥革命的史实。

（2）洞察思想。学生能感受到容闳的建议对中国近代第一个发展资本主义的方案——《资政新篇》的影响；通过回顾工业革命中机器制造业的地位，体会其建造"机器母厂"的真知灼见；通过首批留学幼童体会近代教育的历史影响；通过容闳的人生转变体会其从改良走向革命的必然。

（3）品味其人。如何看待容闳从一个派别走向另一个派别的选择？有的学生说："我怎么觉得容闳这个人没有什么立场呢？他选择的政治力量换了一家又一家。"有的学生则反对说："被容闳放弃的政治力量都有这样或那样的局限性，无法完成他的政治理想。"还有的学生说："容闳选择的不是政治派别，而是他的政治梦想，他最坚定的立场就是他的政治梦想。"

（4）多元观察。接下来，我让学生分组讨论，从文明史观、全球史观、现代化史观、社会史观的角度来观察容闳。

文明史观组：容闳是促使中国从传统的农耕文明向工业文明过渡的见证者，他的人生经历折射出古老的中华文明遭遇西方文明的挑战和双方的碰撞。

从视角追问：可以从哪些角度观察历史？

全球史观组：容闳是中国参与全球化的见证，正是在全球化的背景下，容闳走出国门，接受了西方的文化和思想，并将之引入中国，而他的努力也促使中国渐渐从封闭转向与世界融合。

现代史观组：容闳的政治梦想和实践涉及引入大机器生产，促进中国经济近代化；主张建立西方政治制度，促进中国政治近代化；倡导留学，促进教育近代化。容闳在中国近代化的历史进程中功不可没。

社会史观组：容闳忠于自己的理想和原则，依靠政治力量和团体是他实现自己理想的手段。容闳一直保持着作为知识分子的可贵的独立性，他称得上是中国现代知识分子的榜样。

容闳的爱国精神也别有特色，我们可以回到不同的史观来分析他的爱国思想。

从文明史观的角度看，他乐于接受西方文明的熏陶并保持着中华民族传统文化中的气节。

从全球化史观的角度看，他心胸开放，不盲目排外。

从现代化史观的角度看，他能把握历史发展的大势，陪伴中国全方位追踪世界现代化的脚步。

容闳的爱国思想充满热情，坚定执着且富于理性。如何爱国，容闳给我们树立了一个非常难得的榜样。

案例展示

世界工业革命

【设计背景】

我的第一本教学专著《新课程在新课堂——钟红军高中历史教学实录》，共引用了十六个教学案例，本书也引用了十余个教学案例。其实，每个教学案例的背后都承担着一个历史教学的研究课题。

"北美大陆的新体制"——互动式教学。三条主缆就是三看美国：一看美国，谈感性认识；二看美国，比较、概括其体制新在何处；三看美国，讨论其对政治文明建设的启迪。另有几条副缆帮助学生进行知识定位，即通过史料解析、现实例证、资料搜集、比较概括等方法解决联邦宪法的背景、三权分立、两党政治的特点等教学内容。这一切都使师生互动过程有了清晰的脉络，使教学过程成为学生自行解决问题的过程，使学生真正成为学习的主人。

"鸦片战争"——教学资源整合。对于两次鸦片战争这一学生初中时已学习过的内容，本课进行了教学目标的优化和整合，帮助学生了解基本国情，培养世界意识，激发爱国情怀。一方面，进行教科书内部资源的整合，根据学生已有的知识储备，在进行了记忆热身的基础上，将两次鸦片战争作为一个被考察的整体，从中形成规律性的认识。另一方面，实现教科书以外课程资源的整合，解读图片信息，分析鸦片战争的背景；解读清朝皇帝，认清战败原因；解读林则徐，体会民族精神；解读叶名琛，感知清政府的腐败；解读汉族官员，了解清政府结构的变化；解读圆明园，为培养正确的历史观提供生活化的平台。

"辛亥革命"——建构主义教学理念。通过情境，感知辛亥革命的背景；通过对话，分析南京临时政府的性质；通过合作，分享搜集的材料"民国初年"。意义构建——以孙中山的理想"让共和不仅是一个名词，一句空话，或一个形式，要让它成为我们实实在在的生活方式，让它成为我们牢不可破的信念"作为学生终身受用的精神旗帜。

"近代工业的起步"——历史细节和历史规律的关系。全课通过三组八个生动的史实，让课堂成为宏大的历史观与丰富生动的历史细节相会的十字路口，由历史细节陪伴历史观走过枯燥的旅程，让正确的历史观引领历史细节归于正确的方向。

"欧洲经济区域一体化"——体验式教学。全课分为史料分析：我为欧洲选择未来——了解欧洲经济区域一体化的背景；问题探究：我来打破"一体化"的坚冰——体会经济活动中的政治智慧；实战演练：我替各国进行谈判——感受一体化过程中的权利让渡；情境体验：我看欧盟新变化——把握欧盟的历史影响。

此外，还有"俄国十月革命"——历史思辨能力的培养；"王安石变法"——历史研究方法的普及；"日本明治维新"——教学资源的挖掘和运用……

如果问教师一个问题："我们准备的一节课，应该让它承担什么职能？"或许大部分人会这样回答："落实课标要求，讲通讲透这节课。"其实，从专业成长和教学研究的角度来看，每节课都可以承担一种课题职能的角色。

从视角追问：可以从哪些角度观察历史？

173

如果教师能有意识地将每一个教学课题转化成研究课题，那么每堂课的教学心得和学生的学习收获，就绝不会仅仅停留在落实课标的层面上了。

"世界工业革命"也可以称得上是一节教师非常熟悉的课，同样也是各类优质课、展示课中出现频率很高的教学课题。但我们查询一下就会发现，很多教师的教学设计还停留在十几年前讲述的"瓦特发明蒸汽机""爱迪生发明电灯"的故事和"两次工业革命特点的比较"上。"世界工业革命"一课是否还应该承担更重要的教学职能呢？认真观察一下我们不难发现，它是进行史观教学最理想的载体。

【教学过程】

那时我国决议在上海开设大博览会……竟把一个偌大的上海，连江北，连吴淞口，连崇明县，都变作博览会场了。

——梁启超《新中国未来记》1902 年

师：1902 年，梁启超撰写了《新中国未来记》。在这本书中，他畅想未来的中国会举办一场世界博览会，因为在他看来，世界博览会代表着国家的繁荣，民族的昌盛。在这本书成书前 50 年，英国伦敦就在蒸汽机的轰鸣声中成功举办了第一次世界博览会。世界博览会是工业的盛会，为什么历史如此青睐英国？英国具有哪些得天独厚的条件？

（一）蒸汽机的轰鸣——文明的转型

师：请大家分析英国爆发工业革命的原因。

生：从政治条件看，英国最早确立了君主立宪制政体，为工业革命提供了政治保障；殖民地为工业革命提供了广阔的海外市场和原料产地；圈地运动让农民失去了土地，但为工业发展提供了丰富的自由劳动力；工匠的丰富经验为工业革命提供了技术的积累。各种合力的共同作用，让英国处于了工业革命的起跑线上。

师：请大家阅读课本，为伦敦世界博览会上四个最耀眼的明星发明——珍妮纺纱机、瓦特的改良蒸汽机、火车、机床，撰写解说词。要求语言简洁，抓住关键，引人入胜，并且要有机器的特性和历史地位，文笔优美。大家可以尽情地发挥自己的聪明才智，语言可以幽默，可以有哲理，可以标新立异，但必须体现这一发明在历史中的地位。

（下面是学生设计的部分解说词）

珍妮纺纱机：亲，你知道是谁开启了机器生产的大门吗？就是我们家珍妮啊。
（祁玉潇）

改良蒸汽机：它撕开裹在机器心脏上的绷带，从此机器随处可见，工厂遍地，城市处处开花。势拔绝顶我为峰，这个时代以我命名。
（李雅琦　荣非凡）

火车机车：车轮在飞速转动，纵横在渺远的时间和辽阔的空间。它见证了无数原料和产品的吞吐，又见证了无数游子从工厂返乡勠劳的身影。
（周天悦　曲丰林）

机床：有了它，所有机器如七十二般变化涌来，正如"授人以鱼，不如授人以渔"。
（李明明）

师：接下来，让我们暂时收回开放性的思维，把解说词纳入历史概念的轨道，请同学们概括一下，每种发明在工业中的地位。

生：珍妮纺纱机——人类历史上的第一台机器。

生：瓦特蒸汽机——给机器安上了心脏。

生：蒸汽火车头——让机器跑起来。

生：机床——用机器制造机器。

师：由此可见，工业革命的关键词是"机器"！当我们置身于蒸汽机轰鸣的厂房，再回想日出而作、日落而息的田园生活，就会发现工业革命已使人类文明发生了本质的变化。

师：珍妮纺纱机是人类第一台机器，实现了生产工具的转型：手工—机器。

师：蒸汽机的出现让机器和工厂摆脱了自然条件的限制，大家要集中在一个地方，围绕着机器生产，于是就产生了一种新的生产组织——工厂，蒸汽机的出现带来了生产组织的转型：工场—工厂。

师：大家在购买火车票前都要查阅列车时刻表，于是人们就有了什么观念？

生：时间观念。

师：刚才有同学说火车把子女带离父母身边，前往工厂做工，这又改变了什么观念？

生：家庭观念。

师：从前贵族依靠马车出行，平民步行出门，而现在大家都要一起赶

从视角追问：可以从哪些角度观察历史？

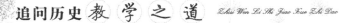

火车，挤在同一节车厢中，这样就冲击了什么观念？

生：封建等级观念。

师：由此可见，工业革命还促进了思想观念的转型：封建意识—现代观念。

师：在工业革命前，人们要获取财富只能从什么地方获取？

生：土地。

师：伴随着机床的出现，出现了制造机器的机器，人们从此可以直接从机器来获取财富，这就实现了人类文明的转型：农业文明—工业文明。

（二）电的魅力——现代化的脚步

师：1904年美国圣路易斯世界博览会，是第二次工业革命成果的大展示，工业化和现代化又向前大大地迈进了一步。爱迪生发明的几十万盏电灯把整个展馆照得通明；在电气馆里，参观者可用无线电与芝加哥通话；几位美国工程师当场拆装了三辆凯迪拉克汽车，引起现场轰动。此外，这届博览会还专门设立了冶金主题馆，因为冶炼钢铁从来没有像当时那样重要过。请大家从这届世界博览会的展品中概括第二次工业革命的主要成果。

领域	成就	特点
能源	电、石油	
交通	汽车、飞机	
动力	内燃机	1. 科学技术占重要地位。
重要部门	钢铁冶炼	2. 重工业成主导部门。
通讯	电报、电话	

师：这其中最重要的发明是什么？电。人类从此进入了电气时代。不论是电的发明，还是内燃机的使用、石油的炼制等，背后都离不开重要的支撑——科学。

师：与第一次工业革命相比，第二次工业革命的成果都是"大家伙"，这说明重工业已成为社会经济的主导部门。

师：在这一片繁华中，有一个人的心情非常低落，他就是英国钢铁业顾问斯蒂芬·金斯。面对冷清的英国展台，他感受到一种前所未有的危机。基于这种感受，他为英国政府写了一份专门的调查报告，用大量数字描述了自己的担忧。让我们认真研究一下金斯的报告，大家会发现，数字是会说话的。

美国每年的钢产量是英国的 2 倍，工业产量比英国多 1/4。	美国制造业的生产率是英国的 2 倍，美国产业工人使用的能源是英国工人的 2 倍，创造的增加值高达 5 倍。

现象—本质—关系—结论—启迪

美国 1899 年马口铁业合并了大约 40 个独立公司，整合了全国产能的 90%。	美国巨大的蚌壳式抓斗能一次抓起 1000 吨货物，港口上看不到一个工人。

师：请大家从这四组数字折射的现象，说明其背后的本质，然后再分析这些本质问题之间的关系。

生：美国的钢产量和工业产量均高于英国，说明其工业生产领先于英国；美国的工人使用能源与创造增加值的比率高于英国，说明其生产率高于英国；美国使用巨型机械从而减少了工人，说明其科学技术先进；美国马口铁行业的合并，说明其生产和资本集中，垄断程度高。

生：美国工业生产领先是由其较高的工业生产率带来的，较高的工业生产率则是由其先进的科学技术带来的，生产和资本的集中可以促进科学技术的更新和推广，同时先进科学技术的大规模使用又可以进一步促进生产和资本的集中。

师：在金斯费力记录下美国工厂现代化的种种表现后，哀叹道："英美两国之间的竞争，已经结束了。"这可以说是给英美两国的竞争下了一个结论。

师：其实英国也有自己的苦衷，作为老牌资本主义国家，蒸汽时代的家业不方便扔，也不舍得扔。而美国则抓住现代化发展的契机，实现了飞跃。

师：在第一次工业革命中有"世界工厂"之称的英国，为什么会落到这种地步？在金斯的哀叹中，我们可以得到什么启示？

生：这充分说明，在走向现代化的道路上，科学是第一生产力，是决定国家命运的关键，还有就是，大国崛起应抓住历史的机遇。

从视角追问：可以从哪些角度观察历史？

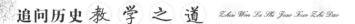

（三）世界市场的最终形成——全球化的里程碑

师：在两次工业革命完成之后，1915年，巴拿马世界博览会召开，这是一次不同寻常的世界博览会。下面是这次盛会的简介，如果认真观察，大家就会发现简介不简，请你通过这些简单的信息，去发掘丰富和深邃的历史。

"简介不简"——巴拿马世界博览会

（图略）

时间：1915年　　　　　　地点：旧金山

展品：美国福特流水线、中国丝、印度茶。

中国记忆："萃宇宙之精英，冶古今之文化，合黄白棕黑之人类，集哲人名儒之心血。"

生：我首先关注到的是这次博览会的地点，前几次在美国召开的博览会举办地点都是在美国的东海岸，这次却在美国的西海岸。这是不是说明以往召开博览会更注重面向大西洋、面向欧洲，而此次却面向太平洋、面向亚洲？不过关于此次博览会的命名我有些不理解，它召开的地点在旧金山，为什么叫巴拿马世界博览会呢？

师：这次世界博览会是为了纪念巴拿马运河开通而命名的。

生：这样我们又可以挖掘一个信息，巴拿马运河的开通，将大西洋和太平洋连在了一起，从而加强了世界的联系。

师：这位同学提供的历史信息非常关键，请大家欣赏一下巴拿马世界博览会的奖牌（图略）。奖牌正面展现了一对青年男女，分别代表太平洋和大西洋，他们注视着对方，在光芒四射的旭日下，透过薄薄的云雾正在走到一起；左右两侧的海洋中间是一小块陆地，象征着由于巴拿马运河的通航而带来的大西洋和太平洋地区的繁荣；底下的拉丁文，意思是"人类从不同的地区相聚在一起"。

生：这说明巴拿马世界博览会是一个加强太平洋和大西洋之间联系，加强世界各地之间联系的大聚会。

生：我关注到的是这次博览会上的展品，美国提供的是产于现代化流水线上的产品，而中国和印度提供的仍是初级产品。这说明，世界市场由发达国家主导，落后地区仍处于原料产地和商品市场的地位。

生：不过中国人的记忆却给人以不同的感觉，这段记忆流露出的不是沮丧，而是与世界交融的欣喜。而且从这段记忆中我们可以知道，巴拿马世界博览会不仅是工业展示的舞台，还是各个国家、种族思想文化交流的盛会。

师：让我们再欣赏另一块巴拿马世界博览会的奖牌。大家看，这块奖牌是颁发给谁的？（见右图）

生：张裕公司。

师：在这次世界博览会上，中国展品获奖1211项，其中，获得大奖牌57块，荣誉奖牌74块，金牌258块，银牌337块，铜牌258块，获得鼓励奖227项，在31个参展国中独占鳌头。这届博览会也成为对中国影响极大的一届博览会。

张裕公司所获奖牌

生：这次世界博览会召开的时间也耐人寻味。1915年，正是第一次世界大战激烈进行的时候，一方面，世界博览会上展示着世界各国联系的加强，展示着世界市场的成果；另一方面，世界各国在战场上划分为两大集团，忙着重新瓜分世界。

师：这实际上就是世界市场最终形成的过程，这是继新航路开辟以来全球化的又一个里程碑。那么，全球化里程碑的支撑是什么？

生：两次工业革命。

师：全球化的实质是什么？

生：世界日益紧密地联成整体的过程。

师：这个过程的形成伴随着哪些方式？请大家结合刚才的讨论将史实和方式一一对应。

生：世界博览会本来就是一个商品展示会——国际贸易；美国修建巴拿马运河——既加强了世界联系，又是一种资本输出的方式；第一次世界大战——战争掠夺。

师：在这个过程中，各种不同类型的国家分别承担什么角色？

生：欧美发达国家占据主导地位，而落后地区则是殖民地和半殖民地，是原料产地、商品倾销市场和投资场所。

师：巴拿马世界博览会上的中国记忆和张裕公司获得的奖牌又给我们带来了哪些与教材评论不同的感受？

生：教材中对世界市场最终形成的评价多是负面的。实际上，在全球化过程中，落后地区虽然被动地卷入世界市场，但是在这股全球化的潮流

从视角追问：可以从哪些角度观察历史？

179

中也被裹挟着进步。同时，全球化并非局限于经济的交流，还有各国、各地区文化的交融。

师：同学们思路的进一步延伸恰恰是史学界对世界市场发展进程研究的新成果。看来教材讲述的史实并非历史真相的唯一，并非历史结论的唯一。

师：本节课我们学习了两次工业革命的概况，探讨了世界市场形成的影响，在这个过程中，我们也接触到了三种观察历史的新视角。文明的转型，让我们从宏观的角度感受到了农业文明向工业文明的过渡；现代化的脚步，让我们从纵向角度把握机器生产的步伐，明白科技是第一生产力，是决定国运兴衰的关键；全球化的里程碑，则让我们从横向角度把原来孤立的世界看作一个普遍联系的整体，并将中国置于全球背景中去观察。多一个角度看历史，我们就会多一些心得，增一分收获，高一层境界。

师：最后让我们重新回到梁启超的梦想。2010年，上海世界博览会成功举办，中国加快了从农业文明向工业文明的转型，终于跟上了现代化的步伐，在世界中做出了自己独特的贡献。文明之梦，现代化之梦，不仅是梁启超的梦想，中国人的梦想，也是全人类的梦想。

【案例说明】

在与同行分享自己的教学案例时，我常常会遇到备课过度的质疑，但由于多年来养成的习惯，我还是希望自己的每节课都能备得讲究一些。"世界工业革命"一课算是备得比较讲究的，下面是我在备课过程中的一些思考。

1. 确定教学框架，占领理论高地

正如我在"设计背景"中所说的，"世界工业革命"是进行史观教学最理想的载体，这可以说是我在此课教学设计中最初的感觉。但第一次工业革命、第二次工业革命和世界市场的最终形成分别应该承担哪一种史观的教学使命，却需要一个分析的过程。

工业革命的关键是机器生产代替手工劳动，而机器生产的出现恰恰是工业文明的标志。因此，工业革命部分的教学应该承担向学生介绍文明史观的任务，所以标题确定为：蒸汽机的轰鸣——文明的转型。

关于第二次工业革命，传统的教学设计往往将重点放在两次工业革命的比较上，但这样会严重干扰本课承担史观教学任务这一主线。如何界定第二次工业革命的地位呢？它应该是工业文明的延续，是工业化即现代化的核心内容从蒸汽时代到电气时代的新发展，因此，标题确定为：电的魅力——现代化的脚步。

世界市场的最终形成毫无疑问应该承担起全球化史观的教学使命，因此，标题确定为：世界市场的最终形成——全球化的里程碑。

其实，除了三个显性的史观之外，火车带来的观念变化，钢铁顾问金斯的心态，巴拿马世界博览会上的"中国记忆"，都以隐性的方式向学生展示了社会史观存在的价值。正是由于确定了以史观贯穿全课教学的设计框架，才能在全课的最后用精要的语言来表述史观。

2. 创设教学情境，力求一以贯之

以梁启超想在中国召开博览会的梦想作为开篇，并指出世界博览会是工业的盛会，说明从开篇设计上，我就决定在工业革命与中国的关系，和世界博览会与工业革命的关系上做文章。很多教师在导入部分也能找到很好的情境，但往往眼前一亮后就没有下文了，好像这样的导入就是为了找个好情境而已。因此，我决定把梁启超的梦想和世界博览会的情境贯穿全课，让学生了解梁启超的这个梦想最终怎样了，世界博览会是怎样折射工业革命进程的。

毫无疑问，第一届世界博览会在英国召开可以作为第一次工业革命成果的大展台。但面对一届又一届世界博览会眼花缭乱的口号和主题，第二次工业革命和世界市场的最终形成，到底应该选择哪一届世界博览会作为缩影呢？还是那句话，要相信历史本身的魅力。

3. 挖掘教学资源，彰显历史魅力

在本课教学资源的选择过程中，我最费心力的是第二次工业革命。我翻阅了四百多页的研究综述，针对性不强的资源不要，理论过于生涩的资源不要，无法打动学生的资源不要。这时，那个可爱的金斯出现在了我的眼前，那个被爱迪生发明的电灯照亮了我的思路，那个现场拆卸了三辆凯迪拉克的圣路易斯世界博览会出现在我的眼前。

当确定以巴拿马世界博览会作为世界市场形成的缩影时，我又遇到了一个意外：为什么教材中将世界市场的形成评价成落后国家的噩梦，但历史记载中的国人记忆却是那么其乐融融？需要抹去这种记忆以适应教材，还是将它展示在学生的面前？原来这些记忆恰恰反映出史学研究的另一种

从视角追问：可以从哪些角度观察历史？

成果：在全球化过程中，世界各国不仅有经济的交流，更多的还有各国、各地区文化的碰撞和交融。

巴拿马世界博览会的奖牌上那一男一女的姿态成为大西洋地区和太平洋地区携手的写照；张裕公司获得的殊荣让学生看到"落后地区虽然被动地卷入世界市场，但是在这股全球化的潮流中也被裹挟着进步"。

4. 优化教学方法，凸显主体作用

在本课的三个教学板块中，每一个板块都有学生参与的身影。

为第一次工业革命的四个明星发明撰写解说词，让学生体会每项发明的历史作用。这个教学环节我在不同的学校、不同的班级都曾尝试过，真是班班有惊喜，课课都不同。

解读金斯的报告，引导学生从观察现象到发现本质，再到解析本质，继而得出结论，获得启迪，有助于学生最终形成完整的历史思维能力链条。

在巴拿马世界博览会的情境下，学生在字数很少的简介中发现了信息丰富的历史内涵。正是通过这种认真而深层次的解读，学生了解了世界市场最终形成的支撑、全球化的实质、世界市场形成的方式，以及落后国家在世界市场中的地位等。

但是我们也应该注意这种现象：当课堂教学中所谓的自主、创新型的活动开展起来时，往往会有放无收，学生的思维往往会开起了"碰碰车"，此时教师应灵活调控。以工业革命这一环节为例，我力求在教学中做到：灵活——体现学生的主体作用；有序——从对发明的了解延伸到把握工业革命的实质，再延伸到对史观的理解；大气——站在多维史观的角度上来审视历史。

面对每一课的教学设计时，我心里都会出现"选材、镂刻、打磨、雕饰"的场景。每当上课铃声响起，我都像捧着一件精心雕琢的艺术品一样走上讲台。

面对自己的一个个"备课过度"的教学案例，我仍然没有自信：史料是否真实？观点是否得当？方法是否科学？理念是否落伍？历史教学，真是件一辈子也琢磨不透的事情。面对我的历史课堂，我还是想讲究一点，讲究不是一个自娱自乐的游戏，讲究多一点，学生在45分钟的时间里的收获就能多一些。

从职能追问：
是该记得牢一些，还是该知道得多一些？

选修课内容是必修课内容的拓展与延伸，选修课方法是必修课方法的深化与提高。选修课不是必修课的陪衬，多样化、选择性的高中历史选修课程的开设，不仅为高中学生的成长和个性发展提供了广阔的空间和良好的机会，对于教师的专业发展来讲，也是挑战与机遇并存。教师要充分发挥自身潜能，增强创新性，积极开展个性化、多样化的教学实践，积极整合教育资源，进行开放式备课模式的探索，把选修课上出其应有的味道。

问题缘起

在美国参观学习的时候，最让我吃惊的是美国历史教材的分量，不论是美国历史、欧洲历史，还是世界历史，每本历史教材都有一千多页。在栏目上有开篇的学习指导、每个章节的背景知识介绍、相关地图、知识卡片、历史聚焦、地理聚焦、现实参照等。

看了这样的教材，我多年来形成的要让学生把课本知识背下来的念头一下子就烟消云散了。因为这种书只能读，没法背，美国的教材有"读本"的功效。在我们的日常教学中，不少教师常常抱怨："每节课的知识点那么多，到底该怎么落实？"再看看这么厚的教材，我真切感受到了两国在教学思维习惯上的差异。

当我们总把教学容量、教学进度、知识难度当成无法在课堂上施展新理念的障碍时，或许看看这些厚达一千多页的教材就会有新的感受。面对这样的教材，我在想：学生从那每册120页的课本中能够得到多少知识？仅仅趴在120页的课本上进行所谓的备课，是否能够满足学生对知识的需求？还有，不论课标怎样提示要知道、了解、概括、分析，但在我们的课堂上似乎只有"背下来"才是最妥当的方式。当我们的教学都立足于背得熟、算得精、考得好的时候，教学进度、教学容量、学科视野势必会受到极大的限制，到头来薄薄的120页教材仍然讲不完。看了美国的教材后我知道，人家背得确实不如我们扎实，但人家知道的肯定比我们多。

这让我想到了在大家心里味如鸡肋的选修课。我揣测，或许国家设置选修课的目的就是为了寻找一个突破口：不求记得牢一点，但求知道得多一点，掌握得深一点。

教学思考

很多教师认为选修课是为了提高学生的学习兴趣。如果选修课真有这样的职能的话，那也只能算是它的辅助职能。首都师范大学的赵亚夫教授对选修课的职能进行了这样的诠释：选修课内容是必修课内容（特别是知识）的拓展与延伸，选修课方法是必修课方法（特别是与学科认识有关的方法）的深化与提高。

多样化、选择性的高中历史选修课程的开设，不仅为高中学生的成长和个性发展提供了广阔的空间和良好的机会，对于教师的专业发展来讲，也是挑战与机遇并存。挑战在于，教师原来所熟悉的统一性、确定性的课程内容，被个性化、多样化的课程内容所取代，教师的知识结构、专业发展受到前所未有的冲击；机遇在于，选修课程的开设，为教师的专业发展提供了广阔的空间。在教学过程中，教师要充分发挥自身潜能，增强创新性，积极开展个性化、多样化的教学实践，积极整合教育资源，进行开放式备课模式的探索，只有这样，才能把选修课上出其应有的味道。

进行选修课教学确实面临着一些现实的难题，有些内容在必修课中有所涉及，但涉及不深；有些内容在必修课中没有涉及，即使受过大学历史专业学科训练的教师也频频出现知识盲点。还有，选修课与必修课的职能不同，其模块立意和知识间的逻辑关系体系也不同。面对这些挑战，我们到底该怎样应对？到底应该从哪些方面入手开始教学呢？

（一）为何选修这个模块：体会模块价值

要教好选修课首先要思考，为什么要确定这一选修模块？这一部分的历史教学到底有何价值？我以"近代社会的民主思想与实践"选修模块为例，分享一些从课标组专家的解读中得到的启发。

（1）自从进入阶级社会以来，政治就一直是人类历史中的一个极为重要的领域。但由于政治历史的时间漫长、内容丰富而复杂，所以高中历史的专题式学习就不能不截取其中一个最能反映核心和本质问题的时段和内容作为学习模块。于是，模块的确定者就在纵向上选择了"近代社会"这一最重要的历史转型期作为学习内容的时间范围，而在横向上，则选择了"民主与专制的较量"这一重要的政治内容作为学习专题。

为什么要在纵向和横向上做这样一种截取呢？人类有史以来，在政治领域内经历了两次最为重要的变革，一次是从原始社会的民主制度向奴隶主阶级的专制制度的演变，另一次就是从封建专制制度向资产阶级民主制度的演变。前者发生在人类文明还处于分散、隔绝和孤立的状态的古代社

从职能追问：是该记得牢一些，还是该知道得多一些？

185

会，其差异性和特殊性远远超过其共同性和普遍性。而后者则发生在形成真正世界历史的近代社会，人类文明开始从分散、隔绝和孤立的状态走向相互联系、相互制约的整体历史的形成期，其共同性和普遍性开始超过其差异性和特殊性，因而更具有历史学习的价值。

而在内容上，尽管近代社会的政治史包含的内容纷繁复杂，但还是可以概括为三个基本领域，即政治思想理论、政治制度建设和政治实践。第一个领域属于政治理念层面，后两个领域属于政治操作层面。近代社会的所有政治活动都可以概括为这三个领域、两个层面的活动。如果对中外近代社会的政治活动作一个总结的话，我们就会发现这三个领域和两个层面的全部活动几乎都是围绕着一个问题而展开的，即民主还是专制？因此，我们可以说，从中世纪向近代社会的政治转型的核心内容，就是围绕着民主与专制而展开的，它要完成的任务则是从专制社会向民主社会的过渡，其表现形式则为革命与改革。但无论是革命还是改革，其本质都是民主与专制的斗争。因此，选择这样一个题目作为高中历史学习的内容，就是从本质上抓住了近代社会政治史的核心问题。

（2）近代社会是人类从传统社会向现代社会的过渡，现代社会是近代社会的延续，现代社会所出现的社会主义民主是近代资产阶级民主的发展与升华，是对资产阶级民主的扬弃，是人类民主化进程的一个新阶段。因此，近代社会中的某些资产阶级民主理念、民主制度、政治实践，仍然可以为现代社会中的社会主义民主化建设所继承和借鉴。正是从这个意义上我们说，让高中学生了解近代社会民主与专制的斗争历史和某些民主理论、民主制度和民主实践的内容、形式与特点，就不仅具有历史学习的价值，而且具有重要的现实意义。

（3）民主究竟是手段还是目的？从近代社会的政治实践和马克思主义经典作家的论述中我们知道，人类社会发展的终极目的是为了让每一个人都得到全面、彻底的自由与解放。人类在追求这一终极目标的过程中，需要在三个基本领域摆脱阻碍人类获得自由与解放的桎梏：一是在经济领域摆脱贫困与剥削，让每一个人获得生命与生存的需要与尊严，从而为每一个人的自由与解放奠定雄厚的物质基础；二是在政治领域，使每一个人都摆脱依附、奴役与压迫，真正成为社会和自己命运的主人；三是在精神领域摆脱愚昧、迷信、庸俗的折磨与束缚，充分享有接受各种教育的权利，拥有健全的人格和高尚的精神境界。就第二个领域的目标而言，至少在相当长的一个历史时期内，民主就不仅仅是人类摆脱政治上的不自由、使每一个人都成为社会和个人命运的主人的一种手段，而且是人类为之不懈奋斗的一个目标或目的。学习近代社会民主思想和实践的历史，可以加深对民主与专制问题的认识，纠正那种只把民主看作手段，否认它是人类追求彻底解放的一个目标的错误认识，从而加速我国政治文明建设的历史进程。

片段观察

"选票的前生与后世"选修版（2课时）

教师在进行选修课教学的过程中，最大的苦恼就是学生有意无意地割裂必修与选修教学内容，对历史事件的发展脉络模糊不清，无法把握历史的发展规律。

在必修1模块的"英国的制度创新"一课中，我曾用"选票的前生与后世"作为贯穿全课的情境。在学习了"近代社会的民主思想与实践"后，我又将这一设计进行了延伸，使其不只立足于一课内容，而是贯穿整个模块，让学生再次通过"选票的前生与后世"的教学情境，对人类民主的思想与实践有一个整体的认识。

导入：新闻观察

> 据新华社北京2011年5月7日电：根据宪法关于地方各级人民代表大会每届任期5年的规定，自2011年起，全国县乡两级人大将进行新一轮换届选举工作。这次县乡两级人大换届选举，是2010年3月选举法修改后首次实行城乡按相同人口比例选举人大代表，更好地体现人人平等、地区平等、民族平等。这是我国政治生活中的一件大事。

师：选举中的人口比例为什么能体现平等的理念？人人平等、地区平等、民族平等到底体现了不同利益群体怎样的民主需求？为什么县乡级这种最基层的选举，却被称为"我国政治生活中的一件大事"？这节课我们再次通过"选票的前生与后世"，揭开这其中的谜底。

【设计思路】我选择这则新闻作为导入有以下几个方面的考虑。无论从哪个角度说，教会学生从历史中汲取智慧来思考和审视现实问题都是历史教育不可缺少的职能。从现实生活中感受历史学科的价值，是激发学生学习兴趣非常重要的途径。更重要的是，这则新闻中所蕴含的"人口比例""不同人群的利益诉求""选举与民主的关系"等都紧紧围绕这节课要向学

从职能追问：是该记得牢一些，还是该知道得多一些？

生传递的教学主旨。

师：接下来，我们再来看看这一张选票到底有怎样的"前生"和"后世"吧。请同学们回顾一下，人类历史上的第一张选票是什么？

生：应该是雅典民主政治中的"陶片放逐法"。

环节一：穿越历史——第一张选票之"陶片放逐法"

师：人类的第一张选票起到了什么作用呢？

生：选票从它诞生的那一天起，就站在了专制和暴政的对立面，为民主做出了巨大的贡献。

师：但在使用陶片放逐法的时候，有一张选票却是这样投出的。

> 公元前483年的一天，雅典政治家、军事家阿里斯泰德来到雅典的城邦公民大会投票现场。恰巧有一位参会的文盲农民把投票用的陶片递给坐在他旁边的阿里斯泰德，请他刻上"阿里斯泰德"的名字。阿里斯泰德大惊："您都不认识他，为何要放逐？他做错什么了吗？"农民答："他没什么错，就是经常听人歌颂他为'公正的人'，很烦人，干脆放逐算了。"

师：我们从这张选票中能发现什么问题呢？

生：其实这张不公正的选票中隐藏着很多历史信息，比如，选民的身份、文化程度和选民的情绪、思维方式等都决定了选举可能会出现不公正的结果。

师：如果说这张选票可能让阿里斯泰德面临被放逐的命运，那么历史上最遗憾的一张选票则夺去了西方哲学的奠基者苏格拉底的生命。这样看来，选票在作为民主载体的同时，从诞生的那天起也存在着不公正的风险。如何最大限度地发挥选票的民主作用，规避其不公正的风险，是人们需要不断思考的问题。尽管如此，我们在西方民主的源头——雅典仍然可以看到热情的选民。

> **开会去**
>
> 为了参加雅典公民大会，远郊的居民需提前六七个小时步行进城，行使当家做主的权利。为鼓励公民参政，大会向与会者发放补贴，起初为半天饭钱，后增加到一天半饭钱。

【设计思路】对于这个在必修模块中学生已经熟悉的情境，我又在选修课教学中再一次使用。因为这个情境是直接民主的典型缩影，体现了西方民主的特点，并带有民主建设过程中普遍性的思考。

师：公民的热情来自哪里？

生：民主与个人利益息息相关。

师：城邦为何提供补助？

生：行使民主权利也需要有经济的保障。

师：这种政治制度得以实施的前提是什么？

生：雅典小国寡民的社会状况。

师：但是随着历史的发展，尤其是进入资本主义时期，政治民主化程度提高，在一些大国中很难再实现雅典式的直接民主。公民通过选举代表组成议会，形成一种间接的民主形式，资产阶级代议制便应运而生。这其中最典型的两种政体就是君主立宪制和民主共和制。

"你来替我说话——资产阶级代议制的产生"（内容略）

环节二：材料解析——经济的蛋糕已经做大，政治的蛋糕该怎样分配

材料一：

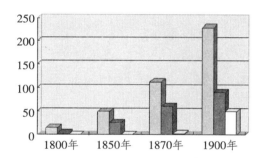

材料二：老萨勒姆镇没有一座房子，也没有一个居民。在一片田地中竖立一块石头，算是选区所在地。这个"镇"也有7张选票，可以推选2名议员。

材料三：其净年产值除缴纳一切租税及费用外，不少于十镑者，即有权参加选举其本区代表，代表该项土地或租地所在的州郡，或该州郡之某一区某一部分，或某一范围，参加下届国会。

材料四：假如他在当年七月底之前十二个月中曾接受教区赈款或其他救济金，依照目前议会法之规定，他就丧失了选举国会代表的资格。

——《英国1832年议会改革法案》

材料五："支援我们来实现修正法案吧，我们一旦有了选举权，就会利用我们的权力来协助你们取得你们的权利。"

——英国工业资产阶级对工人的宣传语

（1）根据材料一概括英国经济状况发生了怎样的变化？（伴随英国资产阶级革命及工业革命的发展，英国的经济获得迅速的发展）

（2）从材料二中看到了选举存在着什么弊端？（废旧乡村的特权折射出对新兴工业城市的不公）

（3）从材料三和材料四观察，哪些人的政治利益得到了提升？哪些人的政治权利受到了限制？（随着工业革命的发展，有钱人，尤其是工业资产阶级在1832年的议会改革中政治利益得到保障，政治地位得以提升，而贫穷的人，尤其是无产阶级仍没有选举的资格）

（4）工业资产阶级给无产阶级的承诺是否兑现了？（没有兑现）

【设计思路】在这个教学环节中，我出示了五段材料四个问题，让学生了解工业革命给社会带来的变化，体会宪章运动的背景，从而也为教授宪章运动的主要内容做好了铺垫。

解读这些材料，对学生来说任务是比较重的，但培养学生解读材料的能力是培养其历史学科学习能力的基本要求之一。

环节三：情境体验——给我投票的权利

师：请大家分别站在工业资产阶级、工人、穷人的地位上，洞察其缺失的权利，准确表达该利益集团的诉求，寻找实现目标的途径和方法。

（教学过程略。）

【设计思路】这一教学环节虽然说起来简单，但驾驭起来却是最为困难的，在教学中也是最费时间的。依托上述教学环节提供的材料，学生应该能回答出的是取消选举中的财产限制，按照各地区选民的平均人数平均分配名额，所有的人都能获得选举的权利。在取得民主的方式方面，应该会有和平方式、暴力方式的分歧。

师：除了工人阶级的利益外，妇女、儿童以及更多阶层和利益群体的政治诉求也仍未得到满足。历史让人们在时间中等待——"啥时候才有我的选票"。

议会改革	变化
1832年改革	工业资产阶级席位增加，16%的成年男子得到选举权
1867年改革	选民总数由135万增加到225万
1918年改革	年满30岁的妇女获得选举权
1928年改革	实现21岁以上成年公民普选权

师：选举权的不断扩大，给我们带来了什么启迪？

生：民主权利是随着经济发展而不断扩大的，民主不是靠恩赐，而是靠不断的斗争取得的。

生：宪章运动在民主进程中具有重要意义，无产阶级在推动民主进步的过程中发挥着巨大作用。

师：即使在结束了"宪章运动"的学习以后，我们仍可以把"选票的前生与后世"加以延伸。

环节四：图说历史——选票在中国

（1）1914年《大总统选举法》规定：总统任期10年，可连选连任；选举之前，大总统有权推荐具有资格者3人为候选人。

上述选举规定的用意何在？

（2）1946年6月，内战全面爆发，国民党在未经政协讨论、没有共产党和民主党派参加的情况下，单方召开国民大会，强行通过宪法修正案。

民主人士萨孟武毫不讳言地指出：该宪法第一条开宗明义规定"中华民国"国体为"三民主义共和国"，即凡不信仰三民主义的政党都不能允许其存在。

该宪法在出台程序上有何问题？其实质是什么？

（3）在抗日根据地的民主选举中，采用"豆选"的方式。当时流传有一首《选举歌》："金豆豆，银豆豆，豆豆投在碗里头。一颗豆豆一颗心，好人里边选好人。"

抗日根据地的民主选举有何特色？

（4）1954年第一届全国人民代表大会选举中，在浅红色的"通过中华人民共和国宪法表决票"上面，印有汉文、蒙古文、藏文、维吾尔文四种文字。不通晓这四种文字的代表，在填写选票时，有翻译人员替其说明。

这种设计用意何在？

从职能追问：是该记得牢一些，还是该知道得多一些？

"我反对"　　　　　　　电子投票

191

左图：站在话筒前，大声说"我反对"的黄顺兴代表，被定格在历史画面中。1988年七届全国人大一次会议上，这位人大代表投出了全国人民代表大会史上第一张反对票。

右图：2009年，杭州居民委员会选举采用电子投票的方式，为中国首例。

这节课再次通过"选票的前生与后世"的情境，架起了必修与选修教学内容之间的桥梁，梳理了人类民主政治思考与实践的历史发展线索，重新回顾并明确了直接民主、间接民主、选举权与民主的关系等基本概念，引发了学生对民主政治思想与实践的规律性思考。

（二）怎样切入选修模块：掌握概念与规律

仍以"近代社会的民主政治思想与实践"为例，模块的主要内容为中外近代史中民主与专制力量激烈斗争的历史，其斗争的焦点集中在国家权力的本源（主权在民还是君权神授）、人权的本质（自然享有还是统治者恩赐）、统治国家的基本体制（法治还是人治）、国家政治制度的基本模式（代议制还是君主专制）、统治者产生的基本原则（选举还是世袭）、权力结构框架（三权分立还是金字塔式）等。掌握了这些基本概念，也就抓住了这一模块教学的关键。

选修课最大的特点是模块化和专题化，这就决定了每个模块除了有核心的概念外，还应有共性的历史规律，我们不妨再以"历史上重大改革回眸"为例进行分析。

从背景上看，中国历史中的改革都是由于社会矛盾积累导致社会危机出现时发生的，而改革又成为克服社会发展障碍的有效途径。

从过程上看，改革会付出沉重的代价，但只有坚持改革才会取得成功，任何一次真正的社会改革，不遇到阻力是不可能的。

古往今来，无数的历史事实证明，改革、发展与稳定三者之间互为条件、相辅相成。只有找到三者之间关系的结合点，稳妥处理好三者之间的辩证关系，才能取得事半功倍的效果，促进社会的健康发展。

历史上关于改革的经验和教训有很多。概而言之，最高权力、改革内容、政策策略、方法步骤、时代背景、社会环境及改革家的个人素质等方面均是影响改革成败的因素。改革要想获得成功，必须代表生产力发展的要求，反映大多数人的愿望和利益，得到广泛的拥护和有力的支持；必须把握好时机，讲究改革的策略和步骤。

同时，我们还应联系中国古代历史上的很多次重大改革，引领学生站在更高的理论基础上对这些改革的原因、过程、历史影响形成深层次的规律性认识，并能做到各有侧重，举一反三。"商鞅变法"是封建制度确立时改革的代表，是生产力的迅速发展而引发的巨大社会变革，是以生产关系的根本性变革促进生产力发展和社会进步的典型，教师在教学中应着力借此次改革让学生体会改革对历史发展所起的巨大作用；"北魏孝文帝改革"是少数民族封建化改革的典型，改革过程中的斗争之激烈和矛盾之尖锐很具代表性，教师在教学中应侧重于让学生体会改革的艰巨性，并坚定顺应历史趋势的改革必将取得胜利的信心；"王安石变法"是地主阶级面对社会危机而实行的富国强兵的改革，出发点是好的，却没有取得令人满意的效果，教师在教学中应侧重于让学生借此次改革总结经验和教训。

片段观察

关于改革回眸的十二个关键词

选修模块"历史上重大改革回眸"与必修模块的专题史内容相比，线索复杂，类型多样，理论要求高。山东省特级教师刘庆亮从模块着眼进行整体设计，归纳了关于改革回眸的十二个关键词。

普遍性——改革是一种普遍的历史现象。从某种程度上说，数千年的世界文明史，就是自上而下的改革和自下而上的革命交互更替、互相作用的运动过程。

多样性——改革是具体国情和历史条件使然，历史上没有两次完全相同的改革。

必要性——改革是革除弊政、促使国家富强的重要手段，是历史发展的要求和产物。

变化性——改革是革除已经过时的旧制度、旧文化和旧思想，创造富有旺盛生机的新制度、新文化和新思想。

艰巨性——改革由于涉及利益的重新分配，所以从来就不会一帆风顺，需要改革家具有无私无畏的精神。

温和性——改革采用的是平缓的、主动的方式，比暴力革命要温和。

针对性——一场改革是否成功，很大程度上取决于改革的措施有没有抓住问题的关键，是否行之有效。

从职能追问：是该记得牢一些，还是该知道得多一些？

193

互动性——真正取得成就的改革需要全社会的互动，需要全社会自下而上的呼应与支持。

思想性——改革既是一场伟大的社会实践活动，也是一场深刻的思想解放运动。

策略性——改革者需要具有成熟的政治智慧和经验，要灵活地处理复杂的社会关系。

进步性——衡量改革成败的一个标准在于它能给社会带来多大程度、多长时间的发展和稳定。

局限性——任何改革都不会是包治百病的"万能良药"，一次改革解决了一种问题，但随着社会的发展，另一种问题会随之出现，这就需要用新的改革去解决新的问题。

（三）怎样拓展选修模块：追踪史学研究

选修课教学，要求教师具备丰厚的学科积淀。就"王安石变法"一课来说，除了我们所熟知的"三冗两积"的背景、王安石"三不足"的精神、常规性的失败原因及传统性的评价外，还要了解史学界对王安石变法的不同观点，这样选修课教学才能变得内涵丰富、视野开阔。

对王安石变法的研究评议一直都是史学研究领域的一大热点问题。九百多年来，有关评议和研究王安石及其变法的论著可谓汗牛充栋。各种观点频繁交锋，许多学者激烈论争，至今莫衷一是。我们以首都师范大学李华瑞教授的《王安石变法研究史》为依托，来大致了解一下。

1. 被基本否定的王安石

南宋初至晚清近800年中，不少相关学者基本持这一态度，他们的观点主要包括以下几个方面。

（1）认为王安石变乱祖宗法度，祸国殃民，最终导致北宋亡国。

（2）把王安石的诸项新法称作"聚敛之术"，认为其"聚敛害民"；把王安石的理财思想视作"兴利之道"，认为其"剥民兴利"。

（3）在诸多新法措施中，以科举改革、免役法、保甲法、保马法得到较多的肯定。

（4）虽然"荆公受谤七百有余年"，但对王安石的个人品质都给予了高度的评价。

2. 逐渐被肯定的王安石

20世纪初对王安石及其新法的评议一改数百年的否定态度而为肯定，实际上在相当大的程度上也反映着20世纪前50年的"社会气候"。

（1）梁启超等人对王安石及其变法的肯定，是处于半殖民地半封建社会时期的中国学者要求改变屈辱现状的一种共识。

（2）孙中山的"三民主义"思想，特别是民生主义思想与王安石的变法思想多有吻合之处。

（3）蒋介石当政时期的国民党政府为其训政寻找历史经验和教训而倡导研究王安石变法。

3. 被重新认识的王安石

新中国成立后，以唯物史观为指导的史学工作者对王安石及其变法进行了重新评价。

（1）根据社会形态理论的基本观点，中国历史上的封建社会虽然漫长，但在它的后期也产生了瓦解封建社会的新因素——资本主义萌芽，而产生资本主义萌芽的前提是商品经济的发展。20世纪后半叶特别是80年代以后，王安石新法是否促进了商品经济的发展成为研究者论争的主要焦点之一。

（2）阶级与阶级斗争学说的消长也直接影响着王安石变法研究评价标准的变动。20世纪50～70年代，王安石在变法中代表哪一个阶级的利益成为讨论的中心话题。随着阶级斗争学说退出历史评价的主导价值体系，王安石与司马光之争、变法派与反变法派之争不再是阶级路线之争，而是政策性的分歧。

（3）王安石变法失败的原因始终是20世纪的中国学者在研究王安石变法时最关注的问题。前期的学者多把变法失败的主要原因归结为阶级利益的冲突和缺乏广泛的阶级基础。五六十年代的不少学者则从阶级斗争的角度把王安石变法失败的主要原因归结为变法派缺乏广大人民群众的支持和大地主集团等反动势力的强大。进入80年代以后，讨论变法失败的原因大都从变法措施自身存在的弊端、变法过程中出现的蜕变以及王安石的个人品质中寻找。

说到这里，教师们或许又有新的疑惑，我们到底应该采取哪种观点？殊不知，历史的魅力恰恰不是结论，而在于通过不断的研究、学习和发现

从职能追问：是该记得牢一些，还是该知道得多一些？

去接近真实的历史，趋向真理。

（四）破解选修模块的"一点心事"：文本解读

我相信，不论如何解释选修课的价值和意义，教师的心里还是有放不下的那"一点心事"——高考。既然在现实的重压下，只有突破了高考的"瓶颈"，教师才能放手演绎选修课的精彩，那我们就不妨想办法来放下这"一点心事"。

在高考试题中，选修课内容大部分是采用材料解析题的方式进行考查的。因此，教师和学生的文本解读能力就显得非常重要。

下面就以"20世纪的战争与和平"为例，进行一次文本解读的演练。

片段观察

（2010 全国高考文综卷）20 世纪的战争与和平

材料：

远东国际军事法庭法官既为由日本投降书上签字受降各国所派遣，法官们的席次当然应该以受降签字国的先后为序①，即以美、中、英、苏、澳、加、法、荷为序。但庭长不喜欢这个安排。由于他想使与他亲近的英、美法官坐在他的两侧②，便提议应按联合国安全理事会的五强为中心安排③，即以美、英、苏、中、法为序。但是有人指出：按照联合国宪章，安全理事会五个常任理事国是以中、法、苏、英、美（按照国名英文字母先后）为序的。这样，中国和法国法官将坐在他的两旁。于是庭长又提议：可以用一般按国名英文字母先后为序的办法④。但他马上发现，居中的将是中、加等国的法官，英、美法官离庭长更远了。

1946 年 5 月 2 日正式开庭的前一天，庭长宣布，经过盟军最高统帅同意⑤，坐席安排是，庭长右侧为美、中、法等国法官，左侧为英、苏等国法官。这样，英、美两国法官居中。中国法官表示："这个安排是荒谬的，它既非按照受降签字的次序，又非按照联合国安理会五强排列的次序，亦非按照一般国际会议以国名字母先后排列的次序⑥，用意何在，殊属费解。"说毕便愤然离开。

第二天，远东国际军事法庭正式开庭。开庭前庭长宣布，最高统帅已经同意，法官行列和坐席的顺序以受降签字国的顺序为准。⑦

——摘编自梅汝璈《远东国际军事法庭》

（1）根据材料并结合所学知识，概括指出远东国际军事法庭建立的背景；说明远东国际军事法庭庭长先后提出的法官座次安排的理由。

在指导学生做材料解析题时，我一直建议大家先读问题再读材料。例如，读过此题第一问就能明确两个求答项，即背景和理由。这样就使读材料时的任务以文字的方式固化在学生的眼前。第一句话"远东国际军事法庭法官既为由日本投降书上签字受降各国所派遣"便可列为背景答案。通读材料后，发现再也找不出与背景有关的信息，只能结合所学知识组织答案。

背景：日本法西斯侵略战争失败，美国等盟国对日本实行占领与管制，开始非军事化、民主化改革。<u>为惩治日本战犯，远东最高盟国统帅部受签字受降国授权建立远东国际军事法庭。</u>（画线部分是我的解读与高考标准答案不同的地方，下同。）

这其中，日本在反法西斯战争中战败，是所有学生都能回答出来的，而美国等国对日本进行占领和民主改革往往是学生们忽略的答案。在日常教学中，教师应有意识地对学生进行"结合所学知识"的专项训练，如果平时经常进行这样的训练，学生就会将此问中"远东国际军事法庭建立的背景"，代换为"二战后日本的社会状况"。我认为除标准答案外，根据材料中的信息，还应加上画线部分的句子。

在以后的专题"习题背后的秘密"（见本书第233至244页）中，我将提到，材料解析题的答案大部分存在于"句与句之间的意思转折""段与段之间的段落大意""整段材料的中心思想"中。如果用这种眼光去解读材料，就很容易发现"说明远东国际军事法庭庭长先后提出的法官座次安排的理由"其答案的藏身之处。

① 座次本应排列的顺序——受降签字国顺序。

② 庭长不喜欢——因为其想亲近大国。

③ 庭长第一次提议按联合国安理会五强为中心排列，未能如愿。

④ 庭长第二次提议，按国名英文字母排列。

⑤ 经盟军最高统帅同意，让英、美法官居中。

⑥ 中国代表反对，理由是庭长的排座标准既不按受降签字国顺序，也不按国名英文字母顺序，也不按联合国安理会五强顺序。

⑦ 中国斗争胜利，排座回到应有顺序。

从职能追问：是该记得牢一些，还是该知道得多一些？

如果学生能看出这七句话之间意思的转折，便已成功在望，其中③④⑤，恰恰是庭长确定座次的理由。但学生在组织答案时还有一个难以跨越的障碍：不能照抄原文，必须概括出按联合国安理会五强顺序排列是什么标准，按国名英文字母排列是什么标准，经盟军最高统帅同意是什么标准。

我建议学生先把能说明答案的原文照抄下来，然后写一个破折号，要求自己必须在破折号后概括出另一种表述。

按联合国安理会五强为中心排列——联合国安理会是战后国际体系的最重要组织或战后国际关系的核心组织。

按国名英文字母排列——可概括为国际惯例。

盟军最高统帅同意——可概括为受降国最高军事首脑批准。

这样把一步概括的任务分解为两步，学生解题的难度就降低了很多。

我们来对照一下此问的高考标准答案。

理由：最重要国际组织的既成事实；国际惯例；法庭所在国最高军事当局首领同意。

读通上述七句话，便可顺利进入第二问的解答。

（2）说明中国法官抗争的原因，并加以简要评价。

原因：庭长以亲近大国为出发点，按个人意愿排座位（此答案出自②，这是庭长改变座次的根本出发点，应在答案中有所体现），是对中国地位的蔑视和伤害；中国在世界反法西斯战争中做出了巨大贡献，理应得到尊重。

评价：中国法官代表了中华民族的利益，捍卫了民族尊严；中国法官从尊重法庭、尊重国际惯例、尊重权威国际组织的角度进行斗争（出自⑥），并最终取得胜利。（出自⑦，但⑥和⑦所提供的历史信息在高考标准答案中均没有体现）

按这个思路回答之后，我们再来对照一下第二问的标准答案。

原因：中国为战胜国，在国际反法西斯战争中贡献巨大；中国未受到应有的尊重；中国法官代表民族利益。

评价：抗争关系到中国的地位、荣誉和尊严。中国法官代表了中华民族的利益，捍卫了民族尊严。

在这里，我展示了一个"晒答案"的过程，我一直在用自己所总结的"句与句之间的意思转折、段与段之间的段落大意、整段材料的中心思想"

的解题思路在验证着每一道题。

材料解析题最大的特点是主观性强，任何人想要做到与标准答案一样都是不可能的。当我们用心解读材料，并概括出能够应用的历史信息时，我们就可以最大限度地接近标准答案、包含标准答案，甚至优于标准答案了。

（五）站在选修的路上回望必修

如果真正地投入选修课的教学中，我们就会发现选修课并不是必修课的陪衬。虽然选修课与必修课的某些内容是重复的，但考查的角度变了，探究方法也跟着变了，它更富有历史研究的专业性。

选修的内容让我们能站在更宽广的理论视野上审视人类文明的发展历程。以"近代社会的民主思想与实践"为例，我们可以有更充裕的时间和空间来了解"英国民主制度的主要特点和文化成因"，品味出英国政治制度建设中的"包容、创新、前瞻和中庸"；分享美国民主政治的"鸡尾酒"精神，解析美国的"独立、平等、自由梦""联邦、民主、共和梦""解放、拯救、统一梦"。选修课让我们有机会接触到关于法国大革命的另一种解读，理性地审视人类政治文明史上"血腥中的浪漫"；选修课让我们在中国近代民主政治建设中更深入地考量"过渡时代之希望"，分析"过渡时代之危险"，总结"过渡时代之经验"，一起为"过渡时代之中国"寻找方向。

同时，我们需要更多的专业阅读作为引领，挖掘更多的教学资源作为教学积蓄。《带一本书去巴黎》《近距离看美国》系列，《走出中世纪》《九三年》等，都可以列入我们提高专业素养的选读书单。

选修课，让我们更加懂得怎样用一种文人的悲悯情怀观察历史、讲述历史。"20世纪战争与和平"模块中"几家伤亡几家休，几家欢乐几家愁，几家早莺争暖树，几家霸业付东流"给我们带来深刻的历史思索，让我们深刻地感受到战争的残酷、和平的可贵、人性的多样、生命个体的沉浮。再次审视人类文明史上的数次战争浩劫，我们会发现战争与和平的交替中还承载着更丰富的历史信息和更深层次的启迪：比和平更加宝贵的是誓死保卫和平的决心；我们爱好和平，但我们不惧怕战争；和平是独立自主的和平，是尊重的和平，是发展的和平，而不是被征服的和平，更不是强权压迫下的和平；战争需要勇气，和平同样需要勇气。

无论是"历史上重大改革回眸""世界战争与和平"，还是"近代社会的民主思想与实践"都在提醒我们，应该放慢步子来看历史，这样做之后

从职能追问：是该记得牢一些，还是该知道得多一些？

我们会发现，妥协是一种智慧，退让是一种理性，中庸也是一种不错的选择。这一切都不意味着简单地放弃原则，而是通过放弃部分眼前利益换取长远目标的达成。

梭伦改革中的妥协体现着梭伦的智慧，这一方面使改革不会受到贵族的打击，另一方面又提高了平民的积极性，保障了社会的稳定与和谐，从而真正促进了雅典的民主化。

英国的"光荣革命"中蕴含着妥协，它通过一场不流血的宫廷政变结束了几十年的血雨腥风，从此确立了资产阶级的统治地位。与法国风云激荡、不断向前的革命相比，英国资产阶级革命似乎在场面上不是那么壮观，改革后的英国获得了"日不落帝国""世界工厂""世界霸主"三个无人可及的头衔，妥协的必要、妥协的价值也就不言自明了。

人类由战争走向和平需要妥协，当韩国、朝鲜运动员携手走进赛场，当阿拉法特和拉宾实现历史性的握手，人们想到的不是低头，不是屈辱，而是光明和希望。妥协和让步或许比战争更需要勇气，拉宾因此而死在了极端主义者的枪下，但他的心声令世人动容："相信我，两万或四万名示威者的呐喊，远不如一个失去儿子的母亲流下的眼泪更令我震撼……我是一个经历过'一将功成万骨枯'的人，所以我要寻找和平的出路。"

案例展示

王安石变法

【设计背景】

在各种类型的观摩课、讲座和交流中，教师们最感兴趣的是教学案例。但对于选修课的课堂教学就未必如此了，教师们往往存在着两种心态：一种是选修课中找不出精品课，因为各种公开课和展示课教学的内容大部分都集中于必修的内容，所以，教师在日常教学中难以找到学习和借鉴的模板；另一种心态是选修课不必上成精品课，因为选修内容的一个模块在高考中也就十来分，所以通过记笔记、做习题，到时候把高考的选修分数拿下就大功告成了。

看来考试真的可以扼杀一切，让教师们无计可施。很多学校不严格执行国家的课程标准，只是依照"高考指南"确定一个选修模块就开始复习了，不论选修哪个模块都能无形中变成"必修四"。这样看来，选修课原本是体现新课程改革理念的一个空间，而在教学实践中却成为传统教学模式中的"顽固地带"。

选修课与必修课在本质上都是历史课，只是在学习内容和学习要求上有所不同。因此，凡是历史必修课常用的教学方法、学习方法都适用于选修课。然而，必修课、选修课的内容侧重点和培养目标毕竟不同，不能把选修课上成必修课那样，选修课也绝非像有些教师理解的随意的讲座或活动课。因此，教师在处理选修课时要有一些新的认识。

下面，我就以"王安石变法"为例进行说明。

【教学过程】

师：上节课我们初步学习了有关王安石变法的基本知识点。但作为高二选修课，还需要我们具有更广阔的学科视野，形成初步的研究历史问题的能力。那么，我们这一课时的任务就是由一名"王安石变法"的学习者，尝试着转型为一名初级的研究者。

（展示一组折射我国当今社会状况的数字图表。）

各种数据常常能折射出一个时期的社会状况。上节课我们给第一小组布置的预习任务是，以政府工作报告为模板查找北宋时期的相关数据资料，为我们构建一个数字化的北宋。下面有请第一组同学发言，让我们一同分享他们所查找的数据。

（一）数字北宋：王安石变法的背景

1. 数据展示——用数字描绘北宋社会

数字1：宋代的 GDP 占全球的 50%，今天根据世界银行的统计，美国的 GDP 也只占世界的 30%，可见"大宋"是个货真价实的超级大国。

数字2：

北宋收支比例

年代	收入	支出	收支比例
仁宗皇佑年间	3900 万	1300 万	3:1
英宗治平年间	4400 万	880 万	5:1
神宗熙宁年间	5060 万	5060 万	1:1

从职能追问：是该记得牢一些，还是该知道得多一些？

数字 3：北宋飞速增长的军人数量

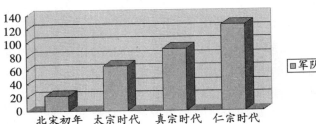

数字 4：北宋自建立到灭亡期间，先后与辽、夏、金进行了 216 场战争，除熙河之战等少数战争取得胜利外，其余均以失败告终。

数字 5：宋代官民比例为 1：100。其他朝代，如西汉为 1：7945，唐朝为 1：2927，明朝为 1：2299，清朝为 1：911。

2. 数据分析——用数字揭示社会问题

生：王安石变法前夕的北宋确实存在"冗兵""冗官""冗费"和"积贫""积弱"的社会现实。

3. 数据疑惑——用数字激发我们思考

师：感谢这组同学让我们分享他们小组探究的乐趣。在这些数据当中，哪一个数字给你的印象最深？

生：GDP。

师：同学们肯定会对这些数据的真实性提出疑问，所以，希望课后你们还要留心，得出 GDP 的方法和依据是什么？是只此一说还是别有旁证？要知道史学研究中有一个原则就是"孤证不立"。

师：面对这些数字，你还有什么疑惑？

生：GDP 这么高，为什么北宋依然是一种"积贫""积弱"的状态？GDP 如此之高，"贫"从何来？军队人数如此庞大，"弱"从何来？

生："数字 2"说明北宋虽收入多，但支出也多。

师：为什么支出会这么多呢？

生：因为"数字 3"和"数字 5"说明北宋军队人数激增，官员多。

师：为什么会出现这种局面呢？（提醒学生回顾政治文明历程的内容）

生：北宋为加强中央集权，收精兵、削实权、制钱谷；将统兵权和发兵权分离，要求兵不识将，将不识兵，加上频繁的战争，造成军队人数激增；从政府机构组成上看，三省长官不再参与政事，另设"中书门下"，作为办公机构，相权被分割后官僚机构非常庞大。

师：为什么表格中的有些数据和课本提供的数据不一致呢？希望同学们下课后能找出谜底。其实，在刚才构建数字化北宋的过程中，我们采用了当今史学研究中的一种重要方法，那就是"计量史学"：用数字展示历史。那些让我们一看就头痛的数字在历史研究中是最直观、最严谨的，有的时候还会很生动。

师：正是同学们提供的数字帮我们印证了北宋"三冗两积"的社会状况。并且让我们有了新的发现：北宋之"贫"，在于不善理财；北宋之"弱"，在于需要正确的治国之道。这恰恰是王安石要着手解决的问题。

（二）社会观察：王安石变法的推行

师：任何变法和改革都是社会化的行为。因此，我们需要对王安石变法进行社会化的考察，以重温王安石变法的设想。

> 经济方面
>
> （1）青苗法：为解决高利贷盘剥问题，在夏秋两季低息贷款给农民。
>
> （2）募役法：由州县政府雇人服役，根据每户富裕程度摊派免役钱。
>
> （3）农田水利、均输、方田均税、市易法：抵制兼并，增加收入。
>
> 军事方面
>
> （1）省兵：精减军队，裁汰老弱，归并军营，减少军队数量及开支。
>
> （2）强兵：保甲法、保马法、将兵法，节省军费开支，提高军队战斗力。
>
> 育才方面
>
> （1）改革科举内容，要求联系实际，重视经义策论。
>
> （2）坚持择优录用原则，克服恩荫泛滥弊病。

1. 美妙的构想——变法的措施

师：从王安石变法的内容和方案设计来看，应该说是考虑周全、无可挑剔的，而且改革也是符合社会发展需要的，应该是一场能取得成功的改革。王安石沉醉于这些美妙设想的时候一定是忽略了某些东西，才导致变法失败。我们给第二小组布置了预习任务：挑战极限——结合教材，从社会角度考察王安石变法中可能遇到的陷阱。

2. 残酷的现实——变法的陷阱

师：首先，大家要考虑王安石变法会与哪些社会群体密切相关？

从职能追问：是该记得牢一些，还是该知道得多一些？

生：他的变法与地主、农民、军队、读书人、官员甚至皇帝都有关系。

师：那我们就从与王安石变法密切相关的这些社会力量和社会因素中去查找陷阱吧。

生：陷阱一，官僚、地主的反对。

师：官僚、地主为什么要反对变法？

生：青苗法剥夺了他们的高利贷收益；募役法增加了他们的负担；市易法、均输法影响了他们谋取暴利；改革科举，使他们失去了"恩荫"的特权。

师：这再一次说明任何改革都会触及某些既得利益者的利益，会遭到反对，不会是一帆风顺的。

生：陷阱二，民怨沸腾，利民之法变成了害民之法。

师：为何利民之法会变成害民之法？人民为何要反对变法？

生：用人不当，损害了人民的利益。

师：改革虽然是自上而下发动的，但也需要自下而上的支持，需要良好的社会互动。而王安石恰恰没有做到这一点。

生：陷阱三，皇帝动摇，失去了最高统治者的支持。王安石变法离不开宋神宗的支持，就像管仲变法离不开齐桓公的支持、商鞅变法离不开秦孝公的支持一样。改革派和反对派力量的对比，往往决定了天平向哪方倾斜，而最高统治者则是天平上最重要的砝码。

师：大家总结得很好，但这三种阻力都是教材上已有的内容，你们还有没有其他的发现呢？

生：陷阱四，制度因素。我们组在讨论的时候认为，除了人的因素外，还与当时的制度因素有关。中国古代核心的经济制度是土地私有制，因私有而买卖，因买卖而兼并。换句话说，只要存在土地私有制，就会存在土地兼并。我们在学习经济成长历程的时候学到一句话：宋代"田制不立，不抑兼并"，也就是说，统治者对土地兼并的现象并不抑制和反对。王安石明知不可为而为之，难度太大。另外，宋代政治最大的特色就是分权，分权不止，冗官不止。还有，恩荫制度自古就有，从察举制、征辟制到九品中正制都是如此，科举制对此虽有很大冲击，但恩荫制度肯定一时难以清除。

师：还有一个陷阱也许是大家难以想到的，那就是王安石的变法太先进了。在当代，孟加拉国有位叫尤努斯的经济学家，他通过推行对农民的小额信贷来发展农业生产，这一点和王安石推行的"青苗法"十分相似，此人荣获2006年诺贝尔和平奖。很多历史学家惊叹于王安石的金融信贷理念是如此的超前，可惜的是，他的理念是现代的，但是他所在的社会却是古代社会，他所依靠的是贪官横行的封建政府，而非体系完善、制度健全的银行机构。所以，历史学家黄仁宇感叹，王安石离我们近，而离那个社会远。这说明，再好的改革也要符合社会发展的实际。

师：其实，刚才同学们就是在利用社会史学的方法考察王安石变法的，基于上述的观察，你们得出了哪些结论呢？

生：改革不会一帆风顺，需要良好的互动，需要争取大量的支持，需要符合社会实际……

（三）心理探秘：王安石性格的分析

师：改革的成功还离不开改革者个人的素质。以往所有的改革者，似乎都被我们贴上了这样的标签：具有远见卓识，无私无畏。那么，王安石是否具有这样的特点呢？对于改革者来说，仅有这些是否足够呢？我们来看第三小组同学提供的一份心理调查报告。

一份心理调查报告

研究角度	依 据	结 论
王安石语录	天命不足畏，祖宗不足法，人言不足恤。	有无畏精神，坚持原则。
政敌言论	介甫（王安石字）无他，但执拗耳。	肯定其品质，但认为其性格固执、不灵活。
君臣关系	得君之初，与人主若朋友，一言不合己志，必面折之，反覆诘难，使人主伏弱乃已。	性格强势，不知尊卑进退。

师：这组同学给大家展示了一个新的研究历史的角度——心理史学，它能够让我们触摸到历史中人物的脉搏。接下来，我们请第四小组展示他们搜集的"众人评说王安石"。

（四）史料迷阵：对王安石变法的评价

生：人们常说，一千个人眼里就有一千个哈姆雷特。我们发现，一千个人眼里就有一千个王安石。我们在完成学习任务的时候主要考虑两件事：

从职能追问：是该记得牢一些，还是该知道得多一些？

一是大家对王安石的评价有什么不同，二是为什么会有这样的不同。

司马光认为："介甫文章节义过人处甚多，但性不晓事而喜遂非，致忠直疏远，谗佞辐辏，败坏百度，以至于此。"

司马光对王安石的这个评价与刚才有同学提供的史料有相似之处，那就是肯定王安石的品格和才华。司马光作为王安石的政敌，能有这样的态度是很难得的。同时，王安石变法中用人不当也是客观存在的。但司马光在这里又有进一步的发挥，把支持变法的人都归于谗佞之徒，并彻底否定变法，这就是因其政治立场而影响了评价的客观公正。

梁启超认为："其德量汪然如千顷之陂，其气节岳然若万仞之壁，其学术集九流之粹，其文章起八代之衰。"

与司马光相反，梁启超对王安石予以高度的评价。其中一个很重要的原因就是梁启超也要变法，自然觉得王安石变法在情感上"与我心有戚戚焉"，同时他还可能有借王安石变法为维新变法营造舆论气氛的想法。

师：面对纷繁复杂的评论，只有洞悉评论家所处的社会、阶级、政治立场，我们才能够正确理解各种评论。通过本节课的展示、分析、判断，王安石在同学们心里是什么样子的？大家不妨把自己当成史学家来进行一次"我来评说王安石"的活动。

（学生现场写评价。）

师：王安石最打动人心的就是他的"三不足"精神，我们不妨依据今天的学习来补充一下：天命不足畏，但规律要把握；人言不足恤，但民意要倾听；祖宗之法不足守，但改革要渐进。

【案例说明】

当我们认真体会教学内容的价值、把握认知规律、追踪研究动态、优化教学方法后，就会发现：学一次改革，树立一个人物形象；学一次改革，领悟一遍改革的基本特点；学一次改革，增长一些历史智慧。从这个角度来说，教师上选修课时也必须有真性情和真功夫才行，糊弄不得。

这节课落实了"王安石变法"的知识要求，体现了如何认识、评价历史改革和改革人物的基本原则，并通过有效的教学设计让大家了解了计量史学、社会史学、心理史学、史料学等史学研究方法，学生通过自主学习掌握了丰富的历史资源。由此可见，选修课更应是延伸知识的空间、拓展视野的窗口、学生自主学习的平台。

改变一下视选修课为鸡肋的心态吧，选修课体现的是国家教育意志以及高中课程的特点，任何人无权擅自更改或取消它，学科教师应该维护国家课程的权威性。

正如赵亚夫教授所说："选修课无作为是考试文化在作怪，但这改变不了课程改革的大方向。随着课程改革的不断深入，选修必将有大作为。"

从职能追问：是该记得牢一些，还是该知道得多一些？

从现实追问：
能否以站起来的姿态面对高考？

　　素质教育与应试教育之争一直伴随着整个教育改革的进程。在倡导素质教育的大背景下如何面对高三教学，应以怎样的理念和心态面对高考，是每位高中教师在新形势下必须直面和思考的问题。素质教育的持续深入、新课程改革的全面推进要求教师改变以往匍匐在高考脚下的高三教学状况，以一种"站起来"的姿态，从更高的角度、更宽的视野、更深的层次来谋划高三教学。

问题缘起

　　素质教育与应试教育之争一直伴随着整个教育改革的进程。几乎每一项素质教育改革的举措出台时，都会面临这样的疑问：高考怎么办？其潜台词有两层含义：一是推行素质教育必会影响高考成绩；二是如果高考存在，那么任何素质教育的改革都只能是空中楼阁。由此可见，在倡导素质教育的大背景下如何面对高三教学，应以怎样的理念和心态面对高考，是每位高中教师必须直面和思考的问题。

　　自新课程改革开始以来，我尝试以新课程理念为指导，探索新型的教学模式，力图形成具有自己特色的教学风格。几年来，我承担了全国近二十个省份的高中历史新课程培训工作，在这个过程中，我听到最多的一句话就是："钟老师的课体现了新课程改革的要求，但这样教，高考行不行？"

　　我从一线教师的疑问中体会到这样一些信息：高考命题方式的改革应该顺应并引领新课程改革的方向；对高考成绩的追求、对应试环节的恐惧、准备高考的沉重负担，已成为教师进行新课程改革难以突破的瓶颈。高考应该成为教师在新课程探索中犹豫、观望和停步不前的理由吗？我从自己的教学经历中得出的答案显然不是。但教学的实践同样告诉我们，教师如果不能科学高效地解决高考问题，那么教师进行新课程改革将面临无法承担的压力，其也就难以在新课程改革中走得很远。

　　我曾把十年间的高考题（包括重庆卷、山东卷、全国新课标卷、全国大纲卷）都做了一遍，并要求自己在指定的时间内，以一个高考生的态度来完成试题，然后对照答案，印证自己的解题思路和解题方法。

　　我们应该想一想，当我们不断地把"高考"挂在嘴边时，可曾真正地把握了高考的真谛？

　　我有一个心愿，就是展示一个高考重压下"非奴仆"的教学姿态，能突破高考瓶颈，演绎新课程的精彩，能以"站起来"的姿态面对高考。

教学思考

面对高考的时候，教师们首先想到的是什么？在传统的高考培训和高三备考中，最热门的事情就是猜会出什么高考题。

（一）怎样分析考情

通过网络上的几个案例，可以看出大家高考应考时的心态。

片段观察

非常"主流"的考情分析

案例一：猜模块

"从非选择题来看，出题集中在必修一、必修二，且至2010年必修二已连续三年出大题，按命题常理预想，2011年高考大题仍可能以经济史角度命题，但也可能会从政治史角度切入。"

三本必修教材猜了两本，难道剩下的一本我们敢不复习吗？复习的时候我们敢少下力气吗？为了更保险一些，还有下面的补充：

"2011年高考比重应会相对稳定。以往高考历史命题为避免复习时不均衡、押重点，五本教材'三大领域'分值分布大体平衡，而从课标卷命题看，对经济、政治、文化内容考查的分值比重呈不平衡、不稳定现象。"

这也就是说，三本书还得都复习。

结论：白猜了。

案例二：猜时段

"中国现代史在2009年以大题形式考查分值较重，2010年主要在选择题中考查，分值较少，预测2011年对中国现代史的考查比重会加大。"

我对照当年的考题发现，中国现代史还是在选择题中考了两道，大题一分都没涉及。

结论：猜错了。

案例三：猜考法

"预测2011年高考大题从中国史，尤其是中国近代史和现代史角度命题的可能性较大；或者大题命题角度将从世界古代史、世界现代史与中国近

从现实追问：能否以站起来的姿态面对高考？

现代史内容进行综合命题。"

这次还真猜对了，不过考题却是这样的：

西方的崛起曾被视为世界历史中最引人入胜的历程之一。这一进程起始于民主与哲学在古希腊和古罗马的出现，继之以中世纪欧洲的君主制和骑士制度，经过文艺复兴和大航海时代，结束于西欧和北美对全世界军事、经济和政治的控制。非洲、拉丁美洲和亚洲的人们只有在遭遇欧洲探险或被殖民时才会被提到，他们的历史也就是从欧洲的接触和征服才开始的。

然而在过去的十多年中，一些历史学家对上述概括提出了颠覆性的认识。他们认为在 1500 年前后的经济、科学技术、航海、贸易以及探索开拓方面，亚洲与中东国家都是全世界的引领者，而那时欧洲刚走出中世纪进入文艺复兴时期。这些历史学家认为，当时的欧洲要远远落后于世界其他地方的许多文明，直到 1800 年才赶上并超过那些领先的亚洲国家。因此，西方崛起是比较晚近才突然发生的，这在很大程度上都要归功于其他文明的成就，而不仅仅取决于欧洲本土发生的事情。

——摘编自杰克·戈德斯通《为什么是欧洲？世界史视角下的西方崛起（1500—1850）》

评价材料中关于西方崛起的观点。（12 分）

（要求：围绕材料中的一种或两种观点展开评论；观点明确，史论结合。）

当我们不厌其烦地把考题读完的时候，是不是感觉一头雾水？

结论：猜对了，但不会做。

面对上述案例分析，我们是否有必要进行反思？

如果把考情分析片面地理解为猜模块、猜时段、猜考法，那就有些过于狭隘了。

如果考情分析变得像股市一样难以琢磨，那我们就放弃这种分析吧。

如果猜题押宝变得像买彩票中大奖一样困难，那我们就放弃这种猜想吧。

如果解题方法变得比题目本身还深奥难解，那我们就放弃这种解题方法吧。

我们应该形成怎样的备考思路？不妨概括为：高考复习策略——看趋势、找规律、简操作。

（二）"月亮的脸"已悄悄在改变

认真观察不难发现，在"一标多本"的教学背景下，高考试题与教材的关系正渐行渐远，与现实生活的联系正日益密切；高考试题中单纯记忆性的知识考查所占的比重越来越低，对思维能力、实验能力、创新能力的考查则日益突出；高考的命题方式日益灵活，新情境、新材料取之不尽、用之不竭，靠猜题押宝取胜的可能性已微乎其微……

当人们还沉浸在关于高考的争论中时，高考早已发生了悄然而深刻的变化：高考正在变为素质教育的试金石，新课程理念的演练场，引领师生体会学科价值、提升学科素养的指挥棒。在这种情况下，如果我们没有对新课程理念和课程标准的深层次解读，没有对学科主流和前沿信息的充分掌握，没有丰富的知识储备，没有对学科价值深层次的感悟，那么我们将无法跟上新课程下新高考的步伐。

黄牧航教授在其《知识、能力、价值观：近30年来历史科高考命题改革的进程》一文中，从命题思路的角度进行宏观分析，把近30年来高考命题演变分为三个阶段。

（1）1978－1988年为第一个阶段，该阶段的高考命题以历史知识的考查为主。

例1：（1984年高考题）列举同盟会成立前出现的资产阶级革命团体及其主要领导人。

例2：（1985年高考题）列举辛亥革命前夕，强烈要求推翻清政府，建立民国的资产阶级思想家、革命家及其代表著述。

例3：（1987年高考题）列出1907年中国资产阶级革命党人在各地发动武装起义的四位主要领导人。

（2）1989－2000年为第二个阶段，该阶段的高考命题以历史思维能力的考查为主。

例1：（1991年高考题）比较中国近代史上洋务派、维新派和资产阶级革命派的基本主张与社会实践的异同，指出他们留给后人的历史教训。

例2：（1993年高考题）简要说明民主革命时期魏源、洪秀全、康有为、孙中山、毛泽东的基本思想及其实践效果。

从现实追问：能否以站起来的姿态面对高考？

213

（3）2001 年至今为第三个阶段，该阶段的高考命题以历史学科价值观的考查为主。

例 1：（2003 年高考题）鸦片战争后，中国在沦为半殖民地的同时也开始了近代化的历程。概括指出在 19 世纪中叶至 1919 年的近代化历程中，中国在政治制度、生产方式、社会阶级构成以及教育、科技诸方面发生的重大变化。

例 2：（2007 年广东高考题）

材料一

长期以来，很多学者将中国近代史的基本线索概括为"两个过程"，即帝国主义和封建主义相结合，把中国变为半殖民地和殖民地的过程，同时也是中国人民反抗帝国主义和封建主义的过程，主张以这一基本线索作为指导中国近代史研究的重要准则。

材料二

近二三十年来，有些学者注重从现代化角度研究中国近代史，认为中国的现代化就是从传统农业社会向现代工业社会的转变，涉及政治、经济、文化等方面。1840 年以来中国错综复杂的历史，可以用"从传统到现代"这一思路作解释。

请结合所学知识回答：

（1）按照材料一的研究角度来研究中国近代史，可能会对 1840—1911 年间的哪些重要事件评价较高？

（2）按照材料二的研究角度，评价辛亥革命。

（3）综合材料一和材料二的观点，分析中华人民共和国建立的影响。

如果到今天，我们还在花费很多的精力编写大事年表，设计列举题，那么无疑就把我们的教学和复习拉回了 20 世纪 80 年代的水平。

记得在重视学生能力培养的第二阶段，刘宗绪和黄安年的《世界近代现代历史专题 30 讲》可以说是每位高三教师手中的宝典。下面是十多年前我的高三教案节选。

早期资产阶级革命的特点

1. 革命任务

早期资产阶级革命的背景都是因为资本主义经济发展受到阻碍，革命任务都是为扫除资本主义发展的障碍、解决资产阶级的掌权问题。这一任务主要通过暴力完成，但不可能马上建立起完整的资本主义社会。（英国是资产阶级和新贵族联合专政的君主立宪制；法国是代表大资产阶级利益的热月党人和拿破仑的统治；美国是代表资产阶级与种植园主联合掌权的联邦政府）

2. 革命过程

曲折反复。资本主义发展不充分，资产阶级力量不够强大，斗争中易分化；反动势力不愿退出历史舞台；特殊条件下的激进步骤会退回到成熟的基点。

3. 阶级关系

资产阶级是领导阶级，一定程度上也反映了人民的意愿，但不能因为资产阶级革命不带有解放劳动人民的历史使命而只谈其局限性。在革命过程中起领导作用的通常是经济实力强、政治地位较成熟的大资产阶级，其中资产阶级化的贵族也起到了重要作用。

一直到现在我都认为，这一阶段高考命题的变化改变了人们对历史学科知识只需要死记硬背的认识，转向注重历史规律的探究。在那个时期，材料解析题以全新的面目出现在人们面前，冲击了原有的选择题、问答题的单调形式。作为历史教师，真的要感谢这一阶段的磨砺对我的史学素养的促进，感谢这一阶段高考命题改革的成果有效地提升了学生的历史学科能力。

当我们把历史的学习等同于历史学科能力的培养时，备战高考的训练又容易与高校的历史专业训练相混淆。在挖掘一个个深奥难懂的理论时，当让学生理解这些深奥难懂的理论时，我们也应思考，历史教学的目的是否就是要培养未来大学历史系的学生？

如今的高考试题更重视学科价值的体现，重视对历史概念的理解，贯穿着文明史观、现代化史观、全球化史观，体现了社会史学视野"目光向下"、联系生活的特点，因此，历史学科的教学和高三复习也要随之发生新的变化。

片段观察

我们看到高考的指挥棒了吗？

在大家一味关注高考指挥棒的时候，我在 2010 年山东省高中历史远程研修的在线研讨中发了这样一个帖子："我们看到高考的指挥棒了吗？"

从现实追问：能否以站起来的姿态面对高考？

指挥棒一

（2008年高考江苏历史卷）法国历史学家雅克·勒高夫在《新史学》中称："历史不仅是政治史、军事史和外交史，而且还是经济史、人口史、技术史和习俗史；不仅是君主和大人物的历史，而且还是所有人的历史。"

——指挥棒说，历史要关注社会，关注生活。高考已改变了，但大家的教学改变了吗？

指挥棒二

（2008年高考广东历史卷）通过呈现启蒙运动时期、鸦片战争时期和中华人民共和国成立后等不同历史时期西方人对中国印象的变迁，我们倡导理性的爱国主义，既要反对西方人妖魔化中国，也要冷静地分析西方人对中国的看法。

——指挥棒说，学历史不仅要学知识，更重要的是要用正确的历史价值观念去判断现实问题。

指挥棒三

（2008年全国高考卷Ⅱ第23题）法国历史学家布罗代尔说："一种文明的历史，就是对古代材料中那些对今天仍然行之有效的东西的探索。它有待解决的问题不在于要告诉人们关于希腊文明或中世纪中国我们所知的一切，而是要告诉人们在西欧或现代中国以前的时代与今天仍旧相关的东西。"在这里，布罗代尔强调的是（   ）。

A. 史学是当代人的历史认识　　　B. 以探索的精神研究历史

C. 史学无须穷尽人类文明的历史　　D. 从文明传承的角度阐释历史

——指挥棒说，要从文明传承的角度阐释历史，大家教学时的角度就要站得高一点啊！

指挥棒四

（2007年高考山东历史卷）山东是中华文明的发祥地之一，在中国乃至世界历史上都占有重要地位。请结合史实，从政治、经济、思想三方面说明山东在中国先秦时期的重要地位。

——指挥棒说，学历史不是只学年代久远的事情，还要关心当下事，关心身边事，要结合史实了解自己、国家和家乡的一些情况。

显而易见，这些指挥棒已经在提醒我们平时该怎么改进教学了，但我们的教学随着高考指挥棒发生变化了吗？

当时，齐鲁教育学院的齐健教授跟帖："这个说得好！大家真的该研究一下高考的变革历程了——不比不知道，一比就明了。"

一位教师重新贴出了 20 世纪 80 年代的高考题，质问："老师们，还要让我们的学生停留在这个水平上吗？还要让我们的教学停留在这个水平上吗？"

山东省特级教师刘庆亮跟帖说："送大家两首歌，一首是《月亮的脸已悄悄在改变》，另一首是《月亮走我也走》。"

（三）三轮复习应是递进而不是重建

传统的高三复习教学基本采用第一轮夯实基础知识，第二轮进行专题复习，第三轮追踪热点考点的方式进行。三轮复习简直称得上是颠扑不破的程序性复习真理——不仅历史这样，其他各门学科都这样；不仅教师这样，学校和上级教学主管部门划定的复习时段也是这样。

1. 对传统复习方式的反思

三轮复习的设计从思路上说符合学生接受知识的过程：知识积累—理论升华—能力提升（查漏补缺）；从理论上来说，如果三轮复习都做好了，那么学生的知识与能力结构应该是比较完整的了。

于是，我们经常可以看到下面这样的三轮复习计划。

片段观察

常见的三轮复习计划

第一轮按章节复习，主要目的是夯实学生的基础知识。

第二轮归纳专题，主要目的是帮学生实现综合能力的突破。第二轮专题复习是完全打破教科书原有的知识体系，按通史加专题的方式进行归类复习。把握好专题的跨度与深度，是第二轮复习的关键。

第三轮进行强化，围绕热点、考点，提升题目难度，目的是提高学生的应用能力。

面对这非常亲切的三轮复习计划，我们是不是应该有以下几方面的思考呢？

（1）四问三轮复习

一问：基础知识、基本理论的学习和综合能力的培养应该按时间段割

从现实追问：能否以站起来的姿态面对高考？

裂开来吗？

二问：专题复习是否需要重建通史？是否专题跨度越大、层次越深就越好？

三问：三轮教得都不一样才能显示其不同的价值吗？

四问：完全打破教材原有的体系会给学生的思维带来什么样的影响？

在传统的三轮复习中，相信不少人都有这样的体会。第一轮复习的特点是时间紧张，教师总是在抢时间、赶进度，希望赶快把课本复习一遍。学生在这一阶段最大的困惑是背不过来，当我们像赶火车一样赶到必修三，学生却说必修一又想不起来了。

第二轮复习最大的特点是学生迷茫。我到现在还记得我们班有个成绩很好的学生说过的话："老师，我原本以为自己都学明白了，可一到第二轮复习又全糊涂了。"当我们教师洋洋得意地左串一条线、右串一条线时，学生却说："老师，我都急得想用头去撞墙了。"

第三轮复习最大的特点是手忙脚乱。教师今天给学生一份这里找来的试题，明天给学生一份那里找来的试题，名为强化训练，实则让人眼花缭乱。面对我们列出的一大堆热点、考点预测，学生会想：下周就要上考场了，怎么又蹦出这么多新东西啊？

（2）反思复习心态

多年来，当我们把三轮复习当成必需品的时候，是否有下面这样的心态？

心态一：为了不让学生对复习产生厌倦感，必须在不同的时期干不同的事情。

我们需要知道，让学生对复习保持兴趣的方法有很多，以专题训练提升兴趣的方法绝非最佳。

心态二：不能让学生有自满情绪，要让他们知道自己还有很多没掌握的东西。

在高三阶段，学生最容易犯的一个错误绝不是自满，而是不自信。第一轮复习已让他们在知识面前变得不自信，忽然变换思路的第二轮复习又让他们在理论面前变得不自信，第三轮复习中的各类习题又让他们在解题方法上不自信。学生带着一年来积累的种种不自信走上考场，又怎么能在考场上保持自信呢？

心态三：我对历史知识掌握得很熟练，可以把教材从各种角度串联起来。

我在刚教高三的时候也有这种心态，似乎我能梳理出来的专题越多，心里越踏实；似乎我总结出来的东西跟教材中的越不同，越能体现自己的水平；似乎我串起的线索时间跨度越长、联系越广，就越有概括性。后来我才发现，高考根本不会这样考，我们串联的一条条线索反而成了学生的负担。

心态四：我讲得越多，学生掌握的东西就越多。

在传统的复习方式中，教师讲得太多了，教师到处搜罗可讲的东西，接下来天天讲，不停地讲，天天不重样，讲到学生临上考场的时候还觉得有很多东西都没来得及讲。其实我们在讲之前应该认真思考，最重要的东西是什么？应该需要学生不断强化的东西是什么？留给学生自我消化的东西是什么？我们不停地讲，很可能剥夺了学生自己的"想"。

教师们不妨回顾一下：我们能教高三，是靠别人给我们讲的缘故吗？学生需要教师的"讲"，可他们更需要自己的"想"。

（3）反观复习效果

我认为传统的三轮复习，存在以下几个弊端。

弊端一：将知识学习、理论提升、能力培养这三个应融会贯通的维度生硬地划分到三个时段。没有理论的依托，教师在复习中带给学生的将是干瘪的知识；没有能力的培养，孤立的专题复习会使学生脱离熟悉的知识氛围，陷入所谓的理论泥潭不能自拔；能力的提升绝非突击训练所能实现的，而应是伴随整个高三复习。

弊端二：变幻莫测的复习形式带来的是学生心理转换的不适应，从而增加了复习的难度。传统教材采用以国别划分的通史体例，我们的第二轮复习就按专题梳理；现在教材已经按专题分编了，我们的第二轮复习该干什么呢？很多教师在第二轮复习的时候，又用一个月甚至几个月的时间重新梳理按国别分编的通史体例。

如果教师心里没有高考考查方向的准星，而是立足于我还能找什么东西来复习，那么学生的负担就太重了，他们会在刚跳出"知识的海洋"的同时又陷入"理论的泥坑"。当教师沉浸在变幻莫测的复习方式中时，请听听学生的心声吧："老师，明明三本书，愣让您复习成了九本书。"大家想

从现实追问：能否以站起来的姿态面对高考？

想，光弄通三到四本教材，压力就已经够大了，再把它折腾成九本，这种复习是给学生帮忙，还是添乱呢？

弊端三：最失败的复习是摧毁学生判断体系的复习。如果问高考复习的目的是什么，我认为应该是帮助学生树立正确的历史知识、历史理论、解题方法的判断体系。

当教师幻想学生能掌握所有知识的时候，可能会让他们弄不清什么是知识的主体；当教师幻想让学生掌握世界上所有史学理论的时候，可能他们都理解不透最重要的理论；当教师幻想让学生会做所有试题的时候，他们可能都做不对应该做对的试题。

试问研究高考题很多年的人，能保证做对每道题，在高考中一分不失吗？我想任何一个人都不能打保票。我们能做到的只是对知识基本的理解、对理论基本的领悟、对方法基本的掌握，这一切让我们即使不能得满分，也能得高分。

教师需要教给学生的不就是这些吗？如果学生可以构建起供自己理解和支配的判断体系，那么高素养的学生会有比教师还深刻的领悟，中等水平的学生会在教师的帮助下提升自己的境界，即使是基础很差的学生，也会得到自己应有的分数。

我认为，帮助学生构建这种判断体系，应是教师在高考复习中超越于知识传授、理论提升和能力培养的追求。如果在纷杂的复习中让学生迷失了方向，构建不起牢固的判断体系，甚至令学生走上考场时忽然发现一切都是未知的，这样的复习就是最失败的复习。

2. 对照高考试题体会三轮复习应有的定位

片段观察

同样的试题，不一样的能力要求

1. 秦和西汉前期，丞相为"百官之长"，其主要职责是（　　　）。

A. 辅佐皇帝处理全国政务　　　　B. 对重大军政事务做出决定

C. 处理朝廷各种日常军政事务　　D. 代表皇帝监督百官

（记忆即可）

2. 明代内阁和清代军机处的共同之处是（　　　）。

A. 统领六部，处理各种政务

B. 参与决策，并负责朝廷日常事务

C. 参与机要政务，但没有决策权

D. 负责各地的军政事务

（需要迁移）

3. 黄宗羲在《明夷待访录》中说："使朝廷之上，间阎之细，渐摩濡染，莫不有诗书宽大之气，天子之所是未必是，天子之所非未必非，天子亦遂不敢自为非是，而公其非是于学校。"与这一论述的精神实质最为接近的是（　　）。

A. 天下兴亡，匹夫有责　　　　B. 民为邦本

C. 天下为公　　　　　　　　　D. 民贵君轻

（概念理解与阅读能力培养相结合）

4. 下图是依据《隋书·食货志》等绘制的南北朝时期各地区货币使用情况示意图。该图反映出（　　）。

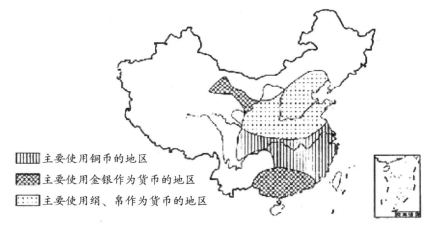

▨ 主要使用铜币的地区

▨ 主要使用金银作为货币的地区

▨ 主要使用绢、帛作为货币的地区

A. 长江流域经济水平总体上高于黄河流域

B. 河西走廊与岭南地区经济发展速度最快

C. 黄河流域的丝织业迅速发展

D. 长江流域经济发展相对稳定

（知识的记忆：南北朝时期的社会特点。

概念的理解：铜币、金银币、实物货币体现了商品经济发展的不同程度。

信息的提取：从对示意图的阅读中界定不同地区经济发展的状况。

综合的判断：从图中得出的信息与教材原有知识和自身对概念的理解相对照，才能最终得出答案。）

从现实追问：能否以站起来的姿态面对高考？

当我们感受到高考试题的难度层次后，是否应该考虑学生接受知识的实际情况？在以往的复习中，三个模块中习题的难度都是一样的。我们假想一下，当学生刚刚进入第一轮复习，非常紧张且不适应高考复习的快节奏时，就将《隋书·食货志》这一难度级别的题摆在他们面前，他们能否接受？如果我们换一个思路：第一轮复习政治文明模块的习题时，让学生立足于基础知识，基本理解概念，学会从简单的材料（包括简单的文言文）中提取信息，学会应用基本的解题方法；复习到第二模块时，提高阅读的难度，锻炼学生知识的迁移能力，让学生多做些有助于理解概念本质的题；复习到第三模块时，题干中增加文言文阅读难度，将知识记忆、概念理解、信息提取和综合判断结合起来。这样做或许教师们会担心学生在政治文明模块中就做不到难题了。我们不妨想象一下，学生如果能读得懂经济学中马克思的理论，难道会读不懂政治学中马克思的理论吗？学生如果能读得懂文化史部分的古文，难道会读不懂政治史部分的古文吗？

这种递进式的习题选择有以下几点好处。

（1）每个阶段学生能力培养的任务明确。

（2）每个阶段的能力提升阶梯符合学生的认知水平。

（3）学生感觉每个阶段的题都会做，有利于他们提升自信心。

（4）在这一系列的"都会做"中，学生的解题能力也在无形中得到了提高，并且是一种稳定的提高、扎实的提高。

3. 对改进三轮复习的建议

那么，是否还需要三轮复习呢？我们应对三轮复习进行怎样的调整呢？我认为，在高三复习中，确实需要分阶段、有重点地复习，但这三个阶段应是递进性的，不应是重建性的。

（1）第一轮复习——最重要的东西一定要早讲

最重要的东西需要反复学习、反复演练、反复运用，才能最终被学生所掌握。那么高考中最重要的是什么呢？

① 史观要优先介入。高三复习的第一节课我会先向学生介绍辩证唯物主义史观、全球化史观、现代化史观、社会史观的基本特征以及各学段的课标。我会告诉他们："这些内容你现在可能会觉得有些难以理解，但你需要把它记下来贴在笔记本的首页，以后复习的时候，你要不断地、有意识地将所学的知识与它联系，与它对照。"

② 记忆方法要尽早完善。夯实基础知识永远是第一轮复习的重中之重，但我发现，很多学生快到复习结束时还苦于课本知识点背不完。依照课标，梳理出最简明的知识要点是教师应该完成的任务。教师概括的知识要点字数越少，学生记忆的压力就越小，掌握的牢固程度就越强。

教师对学生进行的第一项复习方法指导就应该是记忆方法的指导，我把它概括为以下几点内容。

第一，宏观有框架。首先要掌握单元标题，然后弄清每单元有哪几课。这个步骤非常重要，有这一步的保障，学生在以后的学习中才不会混淆知识点。

第二，具体有要点。不论是某事件的背景、内容还是影响，一定要记住有几点。一段文字，按字记忆，有多少字记忆就要转换多少次；按点记忆，有几点记忆只需转换几次就能完成了。

第三，细节部分有关键词。学生记忆的压力在于他们总是想把所有的字都背下来。在简化知识要点的基础上，我要求学生再标出关键词。比如，对于中国加入 WTO 的影响，我将知识要点概括为以下内容：

A. 中国融入世界经济的必然选择；

B. 中国与世界经济全面接轨的契机；

C. 标志着世界大市场对中国的开放；

D. 有利于推动全球经济的繁荣与发展。

在此基础上，我又让学生标出关键词：必然选择、接轨契机、标志开放、推动全球。很多教师在听课时说："钟老师，你带学生背书的时候就像唱歌一样。"我说："我们'唱'的是我们师生之间才懂的'行话'。"这样简短的"行话"反复"唱"上一年，学生巩固知识应该就没有问题了。

③ 概念表述要一步到位。比如，关于什么是专制主义中央集权的表述，它包括专制主义和中央集权两个概念；包括皇帝—中央—地方三级组织；包含皇权与相权、中央与地方两种矛盾；影响分为消极和积极两个方面。在学生首次接触时，这样的表述就要到位，并在之后的复习中不断重复和巩固。

④ 解题方法要尽早指导。在做第一道练习题之前，我就向学生简要介绍了专题"习题背后的秘密"（见本书第 233 至 244 页）中所展示的四种类型选择题和一道小学三年级材料解析题的解题方法，培养学生初步形成捕

捉材料中的"这"，找准题眼，"不选对的，只选最对的"的意识；做材料解析题找准"句与句之间的意思转折，段与段之间的段落大意，整段材料的中心思想"的意识。在三个模块的递进习题演练中，我让学生在解题中从初试牛刀，到灵活掌握，最终形成解题的思维习惯。

⑤ 专题复习如影随形。我认为专题梳理不应该是第二轮复习的专利。在第一轮复习中，关于专制主义中央集权的总结就是一个概念专题，中西方古代政治制度的异同就是一个比较的专题，中国近现代民主政治就是一个历史时段的专题。我们常常感叹学生学完一遍课本就全忘了，如果在学过一单元后用专题回望一下，学过一个线索之后用专题回望一下，就有助于学生对基础知识的二次记忆。一轮复习不是一遍复习，不同的专题回望可以让它变成几遍复习。

（2）第二轮复习——要将教师讲的东西真正变成学生懂的东西

在我理想的第二轮复习中，学生应该成为复习的主角，这一阶段复习的重要任务，是把教师讲授的东西变成学生自己掌握和理解的东西。

① 专题通一通。在教材是按专题编排的前提下，确实需要培养学生具有一定的通史意识。但到底需要学生"通"到什么程度呢？

高三历史第二轮复习

专题一：中国古代史
- （一）中国古代的政治制度
- （二）中国古代的经济
- （三）中国古代的思想与文化

专题二：西方古代史
- （一）西方古代的政治制度
- （二）西方古代的思想与文化

专题三：西方近代史
- （一）近代资产阶级的代议制
- （二）资本主义世界市场的形成
- （三）从人文主义到科学理性时代及文化艺术

专题四：中国近代史
- （一）内忧外患与中华民族奋起抗争
- （二）中国经济近代化的历程
- （三）向西方学习的思潮

专题五：现代史
- （一）马克思主义的诞生、实践及其中国化
- （二）两大经济体制的确立与调整
- （三）科技进步的历程

我给了学生这样的复习提纲（见上页），让他们重新回顾一下所学的内容，写出相关部分的单元课题，然后只要将每一课的主体知识点列出来就可以了。

② 知识不能松。为防止第二轮复习打乱学生原有的记忆体系，我会抽出一到两周时间，用"宏观有框架、具体有要点、细节部分有关键词"的方法再次简要地按教材体系回顾主体知识。

③ 难点攻一攻。我认为，最有复习难度的部分应放在第二轮复习中，如最为生涩难懂的文言文阅读、最为拗口的史学家评述、历史概念理解的史学分歧、形式多变的命题思路等。

④ 主体显一显。在复习中，我让学生梳理简单的通史、重述历史概念、梳理专题脉络，并与学生一起回顾主体知识，让学生成为讲题、评题的主角。在这一阶段，我要让学生感觉到，他们能成为知识的主人、概念的主人、习题甚至是难题的主人。

（3）第三轮复习——调整、巩固、充实、提高

我想用全面建设社会主义时期的八字方针来概括第三轮复习的思路。

调整：调整试题难度，让其回归适中的状态，切不可把偏难或奇怪的题目在这一阶段一股脑地倒给学生，那样会摧毁学生已经形成的判断体系。

巩固：回归教材，让学生对教材的编排顺序做到心中有数。

充实：完善细节，让学生拿出一周的时间把三册必修课本读一遍，不求记住，不求理解，就像看漫画一样把文字、地图、作业题都念一遍。

提高：提升学生的信心。告诉他们，高考在每个人心里都很重要，不要遇到难题就不自信。让他们坚信，经过三轮扎实、递进的复习，大家的知识量和解题能力已有保证，在这种情况下多得一分就是胜利。

（四）画一张高三复习的"路线图"

1. 精编

我有个宝贝，叫"精编"。以"经济成长历程"为例，我将 30 余万字的教材浓缩为 1 万字的核心内容，这样既可减轻学生的学习负担，又可确保他们在学业水平考试中顺利通过，即使面对高考，这些核心知识也是够用的。如今我的学生很少再有知识内容多、背不完的感叹，不论教师提出在何时测验，他们都说"有精编，没问题"。我如果需要外出讲课或开会，学生们则会说："你走没关系，但要把精编留下。"

从现实追问：能否以站起来的姿态面对高考？

我从不给高一和高二年级的学生布置作业，只要求他们课前用 5 分钟时间检查精编，课后用 15 分钟时间复习精编中的相关内容，学完每一单元用 20 分钟回顾精编中的相关内容，期中考试用一节课时间再次梳理精编中的相关内容，期末考试用两节课时间再次复习精编中的相关内容。算一算，我让学生花在记忆上的时间是很少的，但我抓住了他们每个即将忘掉的知识的关键点。

如果只在高三复习的时候才把教材疏通一遍，那么学生到了考场当然会出现知识和概念混淆的情况。我告诉学生："记忆的目的不是为了不忘，而是为了缩短最后一次复习的时间。我们应把记忆的功夫用在平时。如果高三第一轮复习认真背，可能把四册书背完需要好几个月；如果第二轮复习再认真背，一个月就能完成；如果第三轮复习拿出精编来看一遍，一个星期四册书就能重新巩固，还没有来得及忘我们就上考场了。"

2. 重视笔记

当我们看到学生在试卷上用不规范的语言乱答题时是否想过，教师应该怎样把规范的历史语言固化到学生的头脑中去呢？此时，历史笔记的作用就非常明显了。

笔记对于学生来说非常重要。在复习过程中，笔记拴住了学生的手，引领了他们的思维，同时也使上课的效果得到了保障；下课后，学生翻阅笔记，可以充分消化所学的内容；答题时，笔记中的种种记录就会变成他们规范的答题语言。

3. 构建框架

在本专题的"案例展示"中，我将向大家介绍伴随习题精讲形成的模块框架和单元框架。把主体知识和概念放在模块框架里，可以不断提醒学生教材的逻辑线索和最重要的内容，让他们感受到真正要学的东西也不是很多。

4. 技术化破解

在梳理知识时，给学生归纳出最少的字数；在构建知识框架时，给学生提供最少的关键词；对复习程序追求最大限度的简化；解题方法追求最精练的表述，不论什么解题方法，绝不允许啰唆。

这一切都有一个重要的指导思想，那就是要站在学生的立场去想问题。

对于高考中遇到的一切困难，我都抱有一种技术性破解的态度——逢山开路，遇水搭桥。学生不是背不完书吗？我就想办法编精编，列框架。学生不是不会做题吗？我就洞察习题背后的秘密。教材、做题不是"两张皮"吗？我就让书中有题，题中有书。

高效的高三复习，应该是把复杂的复习变成简单的复习，让学生扎实掌握知识，而不是把原本就复杂的高考演变成更复杂的复习。

5. 指导学困生

在与同行们交流的过程中，曾有不少教师用委婉的语气说："钟老师的教学效果与她所教的学生的素养是分不开的，像山东省实验中学那样优秀的学生，不管你怎么教，学生都能学得好。"

听到同行们的这种评论，我知道大家亟须找到一条帮助学困生"脱困"的途径。正因为如此，所以我多年来一直强烈要求承担体育班和美术班的教学工作，从而搭建起了一个我期待已久的平台——一个走近学困生的平台。在这样的班级里，一切难题，在我的眼里都成了让人充满兴趣的课题。

片段观察

学困生转化更需要从"人"出发

片段一："上则所"

学校规定，任何大考期间，学生不得提前交卷。某次考数学的时候，一位体育生在座位上扭来扭去，什么题也不会做，两个小时后只在草稿纸上写了三个大字"上则所"。当时我拍了拍他的脑袋说："孩子，忙了两个小时，盖的还是个露天厕所。"（学生连厕所的"厕"字也不会写，而是写了错别字"则"）此片段可算作对这一群体学生学习基础的注释。

片段二："唯一的区别"

人们常说要因材施教，我发现教体育班与教普通班的唯一区别就是速度要慢一些，到高考时普通班能复习三轮，而体育班只能复习两轮。复习方式主要是每节课先回顾精编中的内容，然后再做五道选择题或一道材料题。在复习中遇到某些重大历史问题时，我仍然是心情激动，仍然是用从生活走进历史的教学方法，仍然是用感观破解概念，仍然是以浅显透视深刻，仍然让学生参与其中。我认为，新课程改革的理念绝不只是某些所谓优等生才配享受的财富，学困生更需要。

从现实追问 能否以站起来的姿态面对高考？

片段三："学生说你还没讲作业呢"

我当过多年文科班的班主任，在学生的心里，有一句话是你已经放弃他的信号："只要你上课不捣乱，干什么都行，哪怕是睡觉。"任何学生听了这句话，都能明白它是什么意思。所以，我从不放弃对这种学生在纪律或作业方面的要求，为的就是让他们在潜意识里知道自己是一个应该学习的人，老师一直把他们当作应该学习的人。时间长了，学生就会追着我问作业题。有次因为工作忙，没有及时讲作业，体育班的班主任提醒我："学生说你还没讲作业呢，我们班那些孩子从小就没有写过作业，人家那作业值钱着呢，不讲可不行。"

片段四："老天，反而是你们全做对了"

某次测验，选择题比较难，普通班学习好的学生八道选择题中基本会错上一两道，没想到体育班的几位学生反而全做对了。后来想想，这其中是有奥秘的，体育班学生基础差是不假，可是他们脑袋里东西少，有时反而能抓住重点，选择题的干扰项对他们压根儿不起作用。换个角度看这件事，我发现，平时给学生补充的那些知识，除了把三本书变成九本书或在大家思考的时候添堵、添乱以外，也没有起多大的作用。

片段五："我一遇到这样的题就激动"

我一直认为，能把学困生教会才是对一个教师教学功力的考验。为了教好体育班的学生，我绞尽脑汁地将千变万化的选择题概括成一般型、材料型、优化型、组合型四种题型。对于学习基础极差的体育生来说，材料解析题应该是他们最难通过的一关，因此，我又编出了四种版本的"龟兔赛跑"，不断地重复"句与句之间的意思转折""段与段之间的段落大意""整段材料的中心思想"，这让学生们一看到"根据材料概括……""请谈谈你对上述材料的认识"就撸着袖子说："我一遇到这样的题就激动。"

片段六："我的历史大王"

某天，我不经意间看到了体育班的一位学生毕业后写的博客：

我很幸运，高考顺利通过，感觉还不错，最后几个月没有白学。还有，我最喜欢上历史课，钟红军……教得真的不错，每次模拟考试我历史考得都特别好，选择题很多次全对，哈哈……我被同学们封为'历史大王'，最后又被加封为'学习大王'，哈哈哈哈……

我的"历史大王"从一个压根儿不爱学习的学生，转变成训练时都带着精编材料，一组冲刺跑结束返回起点后，都要拿出来再看一段的好学生。这说明，世上没有不爱学习的学生，只有在学习上感到绝望的学生。不论他们在学习上有多大的困难，只要有人敢于站在他们面前说"照我说的做，一定没错的"，当他们品尝过成功的喜悦后，一定都会跟你做。

片段七："来自学困生的追问"

登陆那位体育生的博客的时候，我还看到了他与父母闹别扭后写下的一篇博文：

> 十八岁，真的长大了吗？我还是个孩子吗？我不清楚我到底是你俩的玩偶，还是你俩的孩子。
>
> 今天又和你吵架了，每次我都让着你，但你为什么老是触碰我伤口最深的地方？你老是说，别人家的孩子多好多好。我每次都说，他好你就找他当孩子去啊，但其实心里都默默地记住了，我很努力地去做了，但说和做真是两回事，我真的听不懂那些东西。
>
> 你知道当你在同事和朋友面前吹嘘儿子读的是名牌学校时，你的孩子付出了多少吗？你知道我经常失眠吗？我真的有点活够了，如果能选择，我绝不会来到这个世界上。
>
> 今天的错在我，我不应该翻翻（济南话"犟嘴"的意思），我错了……

读着这篇博文，我感觉它不仅是写给家长的，也是写给教师的。

学生在我们眼里是否只是按成绩排列的玩偶？

我们出于某些所谓的"恨铁不成钢"的借口，是否也使用过那些伤害他们的语言？

当学生苦于"说和做是两回事"时，我们是否帮他们找到了"做"的方法？当我们听到学生答出我们想要的答案时，可曾想过还有他们努力了也"听不懂那些东西"吗？

从现实追问：能否以站起来的姿态面对高考？

229

我们是否也像家长那样爱在人前炫耀优秀的学生？我们是否能把学困生同样当成自己的骄傲？因为他们也付出了很多。

当孩子躲在自己的博客里偷偷发几句牢骚，还要习惯性地认错"今天的错在我……"，我们是否该反思以让学生认错为目的的教育，是让人感到欣慰还是辛酸？

当我面向许多教师读到"你知道我经常失眠吗""如果能选择，我绝不会来到这个世界上"时，很多教师都流下了眼泪，体育生在人们的记忆里都是粗粗壮壮、大大咧咧的，但他们同样也是孩子，他们也有一颗脆弱的心。

（五）高三教学的实然状况

以我多年的教学经验来看，高考不是从负面影响教学改革的障碍，而是能从正向引领教学改革的标杆。但令人遗憾的是，在很多同行的眼里，高三教学似乎是一个素质教育的阳光难以照进的特殊区域。

在这里，课程标准似乎只是教学重点、难点、知识点的变相载体，殊不知，课程标准更是在以国家意志的方式诠释着学科的理念、学科的魅力。

在这里，无限制地挖掘教学时间似乎是保证教学进度的唯一法宝，殊不知，我们在这段教学时间中只重复着一件意义有限的事情，那就是机械训练。

在这里，题海战术似乎是最能让师生获得安慰的灵丹妙药，殊不知，如今的高考即使你做过一万道题，还会遇到第一万零一道你没做过的题。

高考题不是深吗？那么我就一轮复习加二轮复习加三轮复习，无形中把三本书复习成九本书，就是要不断地告诉学生"你还有不懂的、不会的"，殊不知失去自信恰恰是学生在高考时最大的障碍。

高考题不是难吗？那么我就从各种参考书上找来偏、难、怪的题，却从不思考：这些题"偏"得有依据吗？"难"得有道理吗？做起来有价值吗？

你想在高考中得高分吗？那么就把教材中的所有内容包括注解和课后习题都烂熟于心吧。殊不知，如何在"一标多本"的前提下形成高考试题的标准答案，是命题专家一直在破解的难题，而以教材中的表述作为标准答案早已是被否定的方案。

更可悲的是，高三教学似乎成为"以人为本"教育理念的盲区。教师习惯按学习成绩把学生分为能考重点的、能上二本的和什么也考不上的。

这种"数人头"的计算方式还伴随着给"有希望"的学生调座位,让"没有希望"的学生坐后排等种种"效果显著"却违背教育公平原则的做法。思想家康德强调"人非工具",在功利化的高三教学理念指导下,当学生成为升学率中的"人头"时,也就成了学校追求升学率的"工具"。

更可怕的是,在这种理念的指导下,高三阶段会成为学生心理健康受损的重要时段。学生只能感受到竞争的残酷,却无法真正理解这种竞争在其人生发展过程中的价值和意义,成功者要"脱层皮",失败者或许会留下终生难以抹去的挫败感。

(六)高三教学的应然理想

我们应该看到,高三阶段是学生高中生活的组成部分之一,这就决定其同样需要体现教育的本质、坚守教育的原则。同时我们还应该看到,高三阶段是学生高中生活的一个特殊阶段,这一特殊性决定了高三教学应具备独有的特点。素质教育的持续深入、新课程改革的全面推进要求我们改变以往匍匐在高考脚下的高三教学状况,以一种"站起来"的姿态,从更高的角度、更宽的视野、更深的层次来谋划高三教学。

1. 高三教学,更应对学科价值深怀敬畏之心

经过高一、高二的积累性学习后,高三阶段的师生需要思考这样的问题:我们真的了解这一学科吗?它的魅力到底在哪儿?它与其他学科相比不可替代的东西是什么?任何一门学科,如果看不到它在学生人文素养、科学精神培养中的作用,那么它就会迷失学科教学之"本",也无法与高考的要求真正接轨。

2. 高三教学,更应对教学规律进行准确的把握

高三教学中向时间要成绩的做法是很不明智的,因为无论你如何挤占,时间终归是有限的;而通过把握高三教学的规律来提高教学质量的方法则是非常可靠的,因为人们对教学规律的探索没有穷尽,随之带来的教学效益没有穷尽。从制度层面上说,高三教学中什么样的师资配备更为合理,什么样的管理机制更为有效,需要我们通过不断的观察和分析得出结论;从复习的节奏上说,高三教学的不同阶段分别应该承担什么样的任务,需要我们通过对经验教训的梳理来明晰思路;从习题选择上说,哪些习题最有价值,怎样的难易程度最有针对性,需要我们从多年积累的题库中去淘选。

从现实追问:能否以站起来的姿态面对高考?

探索规律的价值在于，它意味着在高考中我们并非只能处在"人为刀俎，我为鱼肉"的被动境地，而可以智慧地消除命题者与应考者之间的隔阂。

3. 高三教学，更应唤醒学生的主体意识

我曾经观察到一个非常有趣的现象，很多刚工作便教高三的年轻教师可以通过自己的学习和努力很快地适应教学工作，不论是对知识的梳理、习题的讲解，还是对重点和难点的把握都能做得有模有样。然而，即使一些学习基础和素养都非常好的学生，一进高三往往就会方寸大乱，找不到感觉。他们的年龄只相差几岁，为何会有如此之大的区别呢？年轻教师受过大学的专业训练当然是其中的重要因素，但其中还有一个被人们忽视了的因素：年轻教师面对高考知识和习题所肩负的是讲授者的任务，这就要求他们必须通过书写教案、演练习题、梳理思路来弄清弄懂这些内容，从某种意义上说，他们是知识和习题的主人和驾驭者。而学生的身份是知识的接受者，他们在潜意识中给自己确定的任务是听懂教师讲的知识和习题，所以在无形之中便会成为知识和习题的奴仆。要求学生做到像教师一样去看待学习中的问题是不现实的，但值得我们思考的是，主体意识的觉醒对一位学习者来说是非常重要的。在高三教学中，教师的"讲"应该退一退，而学生的"思"则应该进一进；教师的灌输应该少一些，学生对知识的主动梳理和总结应该多一些。

4. 高三教学，更应承担为素质教育减轻阻力、开拓空间的使命

践行素质教育是教师的教育良知，而在高考中满足社会的期许则是教师必须承担的社会责任。我们关注高三教学的着眼点不应是升学率，而应是通过一个个"素质教育与高考实现双赢"的成功案例打消人们的疑虑，为素质教育赢得更为有利的社会舆论环境和发展空间。突破高考瓶颈，演绎素质教育的精彩，才是我们的目的所在。

高三教学中贯穿着这样几个关键词：课标、教材、高考。华东师范大学的聂幼犁教授对此进行了这样的解读："我们必须严肃地研读课标，因为它体现了国家的期望，但是，只有高于课标，才可能准确地领悟课标；我们必须虔诚地尊重课本，因为它凝聚了前人的心血，但是，我们只有高于课本，才可能真正地读懂课本；我们必须认真地对待高考，因为它代表了社会的公信，但是，只有高于高考，才有可能有效地赢得高考。"

要实现"高于"的理想，我们就必须以新课程的理念重塑高三教学；要达到"高于"的境界，我们就必须以"站起来"的姿态面对高考。

案例展示

习题背后的秘密

【设计背景】

高考的真正参与者是学生，把教师的讲解变成学生的理解，把有效的练习转化为学生的能力，是复习备考中极为关键的环节。但在日常教学中，我们经常遇到这样的情况——如果想听一节高三的课，授课的教师会非常为难地说："这节课我正好要讲习题。"在我们的潜意识里，讲习题的课是最枯燥、最乏味的，因此是无法示人的。其实在高三复习课中，习题的讲解比重绝不轻于知识梳理的比重，如果这样大比重的教学都是枯燥乏味的，那么就难怪高三的学习生活是枯燥乏味的了。

【教学过程】

同学们，作为一名高三的文科生，我想大家的心里现在一定有一个非常强烈的愿望："要是能知道明年考什么题就好了，要是现在就能碰上一道明年的高考题就好了。"在这方面，我曾有十分骄人的战绩。某年高考，考题中最后的三道大题我在考前都曾让我们班的学生做过。事后，我非常骄傲地捧着电脑找到校长说："看，三道大题，我都猜对了。"校长当时问了我一个十分关键的问题："同学们都做出来了吗?"事实上很遗憾，同学们从考场中出来后都说以前对这些题没有印象。

这说明，老师讲过了跟学生弄懂了完全是两回事，老师会做跟学生会做也是两回事。如今的高考更像战争中的巷战，为了取胜，学生必须知道什么时候该打枪，什么时候该扔手榴弹。

我们为什么不改变一下思路?我们的"对手"比我们还难，高考三十年，出题者要避开三十年的成题角度，避开全国成千上万教师的猜题押宝，还要充分体现新课程改革的理念，拿出一份被所有考生认可的标准答案。这意味着什么?这意味着最大的难题在别人身上，我们只不过是破题之人而已。而高考不可能有无解之题，只要它是可解之题，就一定会有共性的解题之基，那就是基本的知识要求；会有宏观的命题思路，那就是基本的

从现实追问：能否以站起来的姿态面对高考？

知识框架；会有规范性的解题要求，那就是基本的解题方法。

掌握规律，比指望撞大运遇到原题的价值要大得多。这节课我们就以"经济成长的历程"为依托来探寻习题背后的秘密。

（一）四种类型选择题

在高考历史题中，不论选择题怎么变化，都可以归纳为四种类型选择题。

1. 材料型：关键是"这"字

如今的高考题，无文字引用不成题、无图片不成题、无表格不成题，在引号后面一定跟着"这说明……"。做材料型选择题时，关键就是这个"这"字。答案既不能只看教材的表述，也不能只凭教师的讲解，更不能照搬做过的题的答案，而要来自引号中的信息，来自于"这"。

（1）下图为宋代济南刘家功夫针铺印记，其上部文字为"济南刘家功夫针铺"，中部文字为"认门前白兔儿为记"，下部文字为"收买上等钢条，造功夫细针，不误宅院使用，转卖兴贩，别有加饶，请记白"。从该"印记"中能够获取的准确历史信息是（　　）。

A. 宋代开始生产钢针

B. 宋代出现中国最早的商标、广告

C. 宋代已有集原料收购、生产加工和批发贩卖于一体的经营方式

D. 宋代出现了资本主义生产关系萌芽

考查概念：手工业生产、商品经济、资本主义萌芽。

先看 A，从"这"中找出宋代是否生产钢针？（收买上等钢条，造功夫细针）那为什么不选 A？（"这"中，有"钢针"无"开始"）

再看 B，从"这"中找出是否有商标、广告？（商标为"白兔"，广告为下部文字）那为什么不选 B？（"这"中有商标、广告，无"最早"）

在所有的高考题中，这道题是我的最爱。它是 2004 年全国高考文综卷中的一道题，新材料的特点多么鲜明啊！新情境的魅力多么诱人啊！当山东的学生，尤其是济南的学生看到在宋代他们家乡的祖先就有这样的商品经济意识，他们该是多么自豪啊！这道题的意义即使到今天仍然让我感到回味悠长。而这道题对济南的学生，尤其是我们山东省实验中学东校的学生来说，埋下的陷阱是最大的。因为他们每周从市区坐班车到东校区的时候，马路两旁的广告都是"白兔商标，中国最早的商标"，是根据历史事实选B，还是在"这"的启发下坚持选C，这个判断太难了。B选项的确是符合史实的，但恰恰是对B的排除最能让我们看到"这"的力量。

再看C，"这"中是否有原料收购？（收上等钢条）是否有生产加工？（造功夫细针）是否有批发贩卖？（转卖兴贩，别有加饶）那么C就非常像标准答案了，但我们还需再看一下D。

什么是资本主义生产关系萌芽？（生产资料私有，人们在生产中是雇佣关系，即用货币购买一种特殊的商品——劳动力）那么，资本主义生产关系是什么？（应是不见兔子不撒鹰，不发工资不能算）

（2）根据下列有关春秋战国时期的图片，无法得出的历史信息是（　　）。

春秋时期的铁锸

春秋穿有鼻环的牛尊

战国铁口犁

A. 已经使用铁农具　　　　　　　B. 牛耕已出现

C. 农具种类增加　　　　　　　　D. 已出现新的生产方式

考查概念：铁器、牛耕。

有了第一道题的引导，一位女学生勇敢地站起来解析了这道题：铁锸、铁口犁的存在证明了铁农具的存在；戴着鼻环的牛尊，证明了牛耕的存在；三张图片证明了农具种类增加，但从三张图片中看不出生产方式的转变。

借助此题，我引导学生复习了封建社会生产力水平的标志，延伸了生产力的概念：生产力是人类征服和战胜自然的能力，其标志就是生产工具。

之后，我让学生观察各社会形态的代称，原始社会——石器时代，奴隶社会——青铜时代，封建社会——铁器时代，第一次工业革命——蒸汽时代，第二次工业革命——电气时代，如今——信息时代。这一切都是以生产工具为标志的。

此时，有学生提出疑问："类似于做面包这么简单的事，能代表生产力水平吗？"

我回答："在原始社会做个面包，要把面包放在石头上烤，而现在做面包则用电烤箱。因此，决定生产力水平的是生产工具。"

又有学生提出："我们都能做出'神舟七号'了，这还不能代表生产力水平吗？这不正说明了生产什么才是标准吗？"

我回答："制造'神舟七号'离不开信息技术、气象技术、高分子合成技术等。如果只拿个锤子使劲儿敲，就算你叫它'神舟七号'，那也只能算是个'痰盂'。这再一次印证了决定生产力水平的是生产工具。"

（3）《睡虎地秦墓竹简》中的《法律答问》有这样一段记载：甲的马因为管理疏忽，跑到乙的田里吃了庄稼，因而引起纠纷。最后，甲按律赔偿乙地里的庄稼。这说明（　　）。

A. 当时已用法律手段保护土地私有　　B. 当时的法律已日趋健全

C. 打破了原来的土地疆界　　　　　　D. 自耕农拥有小块土地和牲畜

考查概念：土地私有。

此时，学生们已能非常熟练地解答："这"中有"法律"，无"健全"；"这"中不是打破疆界而是划定疆界；"这"中有自耕农、土地、牲畜、法律，它既能说明 A，也能说明 D。但 D 只有"私有"而无"法律"，A 包含了 D，所以 A 是最好的答案。

通过此题，学生再一次认识到，一道有价值的试题背后，都会有一个有价值的历史概念，此题考查的概念就是"土地私有"。

（4）中国北方曾经流行这样的俗语："人生有三宝——丑妻、薄地、破棉袄。"这从本质上反映了（　　）。

A. 农民富裕安逸的生活

B. 农业在社会经济中占有重要地位

C. 以家庭为单位的小农经济特征

D. 商品经济极端落后

解析此题的时候，学生们已是迫不及待、七嘴八舌："薄地"和"破棉袄"否定了"富裕安逸"的生活；题中没有涉及商品经济；题中的"三宝"可以体现农业的重要地位，但 C 的"小农经济特征"最准确："薄地破棉袄"——家庭农业与手工业相结合；"丑妻"——男耕女织；所需农产品来自薄地，所需的手工业品"破棉袄"也自己生产——自给自足。

此时，学生们不仅会解题，还会解读历史概念了。

（5）清代《履园丛话·产业》中"凡置产业，自当以田地为主，市廛次之，典与铺又次之"的思想，实质上反映了当时（　　）。

A. 封建国家重视农业　　　　　　　　B. 商人地位低下

C. 海外贸易不发达　　　　　　D. 重农轻商的思想

考查概念：重农抑商。

解析此题时，对于是否选A，学生的意见产生了分歧，有人说"这"的主语不明确，无法看出是封建国家；有人说"这"确实体现出重视农业。一位同学对争论做了"终极解答"：A只体现"重农"，未体现"轻商"，A从属于D。

当完成这五道习题的解析后，我提示学生把习题背后的历史概念串联起来，于是，大家就发现了第一单元"中国古代的农耕经济"的主体知识框架。

第一单元：中国古代的农耕经济

生产力水平：铁器和牛耕。

生产方式：小农经济。

核心制度：土地私有→社会问题：土地兼并。

从属地位：手工业、商业。

指导思想：重农抑商。

新的因素：资本主义萌芽。

我在这一部分花费的教学时间是最长的，因为这一单元承载了我"以习题带动复习"的设计思路：让每个习题背后带动一个基本历史概念；让习题承载起知识的新解释和新认知；通过精选习题串联单元主体知识的框架。

主体知识框架是什么？就是课标要求的核心概念，就是绝大部分考题围绕的内容，就是复习时的重点环节。

这种设计思路同样贯穿于后面的几个单元。

2. 一般型：用你的眼去发现题的"眼"

（1）地圆说的流行是新航路开辟的重要条件之一。下图是新航路开辟不久一位德国人绘制的世界地图，它反映出（　　　）。

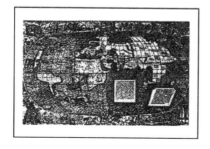

A. 世界各国的封闭状态被打破　　　B. 资本主义世界经济体系形成

C. 人们对世界尚缺乏全面了解　　　D. 中国与西方的贸易日渐频繁

考查概念：新航路开辟。

学生一看到是新航路，便众口一词地选择了 A。于是，我让大家仔细再看这张地图，看看这张图的"眼"在哪里，学生稍作观察就发现，这张图的"眼"在"乱七八糟"，与事实相距甚大。所以答案应是新航路之初"人们对世界尚缺乏全面了解"。这让学生明白了，要认真审题才能突破思维的定式。

（2）某论文把巴拿马运河开通、印度向英国出口棉花、华工赴美参与修建铁路、法国向俄国输出资本等作为重要证据。该论文的主题最可能是（　　）。

A. 美国经济的崛起　　　　　　　B. 工业革命在欧洲扩散

C. 英国"世界工厂"地位的确立　　D. 资本主义世界市场的形成

考查概念：世界市场。

此题的讲解我反其道而行之，让学生用"题眼"解说什么是世界市场：巴拿马运河开通——世界联系更加紧密；印度向英国出口棉花——资本主义国家抢占原料产地和商品市场，进行商品输出；华工赴美——劳务输出；法国向俄国输出资本——资本输出。我告诉学生，以后想起这道题，他们就会解释世界市场的概念了。

（3）有人说洋务运动是"无心插柳柳成荫"。这表明洋务运动（　　）。

A. 增强了封建统治的力量　　　　B. 促进了民族资本主义的产生

C. 引进了近代科学技术　　　　　D. 起到了"分洋利"的作用

考查概念：洋务运动的目的、民族资本主义产生的背景。

学生很快就发现此题"题眼"为"无心"，考查的是洋务运动的主观目的和客观效果，同时还折射出民族资本主义产生的背景。

（4）有学者认为中国近代社会风俗的阶段性发展特点是洋务早期，风气初开；清朝末年，天下移风；民国初年，飙转豹变。这一特点也可以用来描述近代中国（　　）。

A. 民族资本主义的发展　　　　　B. 大众传媒的变迁

C. 思想领域的变化　　　　　　　D. 民主政治的发展

考查概念：中国民族资本主义的发展历程及影响。

面对此题，学生大呼"眼花缭乱"，因为他们发现要将洋务早期、清朝末年、民国初年的时间概念与民族资本主义的发展、大众传媒的变迁、思想领域的变化、民主政治的发展史实一一对应，有些力不从心。

首先，我提醒学生要认识到知识准备不足会给做题带来的障碍，并提示，知识的记忆不是万能的，但离开知识的记忆是万万不能的。

然后，我提供了一种"猜答案"的方向：社会风俗、大众传媒、思想变化、民主发展应该是由什么决定的？于是，学生"猜"出了正确答案A。

通过上述四道题，第二单元的主体知识框架便已形成。

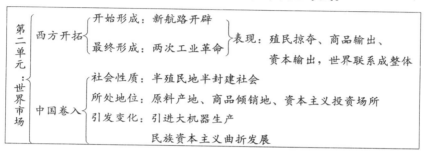

3. 优化型：不选"对"的，要选"最对的"

对于优化型选择题的标准，学生已在解析前两种类型的试题中接触过，即不选"对的"，要选"最对的"，"最对的"标准是全面、精确、深刻。当出现几个答案都表述正确时，要弄清其中的从属关系。

依托优化型选择题，我告诉学生一个"秘密"：选择题要想做错是很难的（学生们不认同地笑了）。因为要做错一道选择题，必须连续犯两次错误，即把应该选择的答案判断失误，同时又把不该选择的答案判断失误。如果做选择题时，要求自己把A、B、C、D各点的道理都讲清，而不是轻率地选一个所谓"像"的答案，就会大大提高正确率。

（1）有人说，"对于苏俄农民而言，1920年的秋天阴云密布，1922年的春天是阳光灿烂"。这里"阳光灿烂"最有可能是因为（　　　）。

A. 农民无偿获得永久属于自己的土地

B. 农民纳税后能自由支配剩余的粮食

C. 苏维埃政府免去了农民的赋税

D. 农民优先掌握了农产品的支配权

考查概念：战时共产主义政策。

此题与下面的第（4）题承担了习题教学的另一种使命：梳理阶段性的特征。

我在第（1）题中延伸提问："能否描述一下1925年以后苏联的天气，

从现实追问：能否以站起来的姿态面对高考？

二战后苏联的经济天气?"

以此题及延伸提问串联起了"战时共产主义政策""新经济政策""斯大林模式""赫鲁晓夫等三人的改革"。

并且,我在这期间与学生一起着力回顾了"斯大林模式"的四个特点、四个弊端,从而又串联起了社会主义经济建设的经验和教训。

(2)有学者提出:"从一定意义上说,赫鲁晓夫既是'斯大林模式'的掘墓人,但最终还是扮演了守墓人的角色。"主要是指赫鲁晓夫(　　)。

A. 揭露了斯大林的个人崇拜,但不够实事求是

B. 改革缺乏正确指导思想

C. 改革冲击了斯大林模式,但仍未从根本上摆脱斯大林模式的束缚

D. 坚持斯大林模式,不愿进行改革

考查概念:赫鲁晓夫改革的评价。

(3)从20世纪30年代到二战后,资本主义国家经济恢复和迅速发展最深层的原因是(　　)。

A. 放弃了自由放任的政策

B. 实行国家干预经济

C. 对资本主义生产关系进行了有效的调整

D. 得到了美国的经济援助

考查概念:国家干预经济的实质。

(4)下表反映了我国某一时期农业、轻工业和重工业在工农业总产值中所占比重的变化情况。该时期是(　　)。

年份	农业(%)	工业	
		轻工业(%)	重工业(%)
第一年	26.6	32.1	41.3
第二年	27.2	34.3	38.5
第三年	28.8	36.7	34.5

A. 1949~1951年　　　　　C. 1958~1960年

B. 1953~1955年　　　　　D. 1979~1981年

考查概念:新中国经济建设的阶段特征。

我以"世界市场"为关键词把第二单元"世界近代的经济"和"中国近代的经济"进行了整合。第三、第四单元,我则以"两种经济体制的确立和调整"进行了整合,让学生体会单元知识之间和不同单元知识之间的

联系，并发现其背后共性的历史规律。依托上述四道题，两种经济体制的主体知识框架已经形成。（如下图）

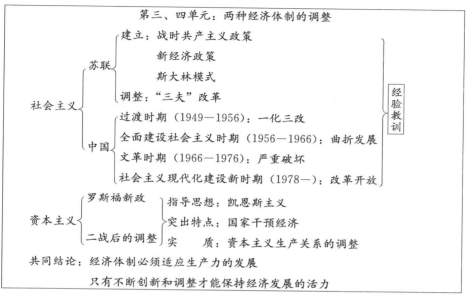

第三、四单元：两种经济体制的调整

社会主义 ——
　苏联 ——
　　建立：战时共产主义政策
　　　　　新经济政策
　　　　　斯大林模式
　　调整："三夫"改革
　中国 ——
　　过渡时期（1949—1956）：一化三改
　　全面建设社会主义时期（1956—1966）：曲折发展
　　文革时期（1966—1976）：严重破坏
　　社会主义现代化建设新时期（1978—）：改革开放
　　　　　　　　　　　　　　　　　　　经验教训

资本主义 ——
　罗斯福新政
　二战后的调整 ——
　　指导思想：凯恩斯主义
　　突出特点：国家干预经济
　　实　　质：资本主义生产关系的调整

共同结论：经济体制必须适应生产力的发展
　　　　　只有不断创新和调整才能保持经济发展的活力

4. 组合型：让每个拿得准的"小圈"发挥作用，不要在拿不准的"小圈"上下结论

目前，中国已有5000余家肯德基加盟店，这说明经济全球化（　　　）。

① 已影响到中国人的日常生活；② 被全世界人民普遍接受；③ 促进了中国经济的发展；④ 实质上是资本主义在世界范围内的新一轮扩张。

A. ①②④　　　　　　　　　B. ②③④

C. ①③④　　　　　　　　　D. ①②③

此题有的学生拿不准②，有的学生拿不准④，但大家都根据有把握的几个选项，用排除法确定了正确的答案。

接下来，我对第五单元内容进行简单的回顾。

第五单元：世界经济的全球化

1. 战后世界经济体系：两大部分——国际货币体系，即布雷顿森林体系
　　　　　　　　　　　　　　　　　世界贸易体系，即关贸总协定
　　　　　　　　　　　三大支柱——世界银行、国际货币基金组织、关贸总协定

2. 经济区域集团化：欧共体（欧盟）、东盟、北美自由贸易区、亚太经合组织

3. 经济全球一体化：是趋势，是双刃剑

从现实追问：能否以站起来的姿态面对高考？

241

对于学生最感困惑的解析题，我将其称为"小学三年级的材料题"。

（二）小学三年级的材料题

答案出自于"句与句之间的意思转折，段与段之间的段落大意、整段材料的中心思想"。

材料题中最难的是概括，于是我带着学生进行了四种版本的"龟兔赛跑"式的思维训练。

版本一：兔子和乌龟赛跑，兔子中途睡着了，乌龟胜利——不要轻敌，不要半途而废。（没想到，这么简单的概括，学生都答得不着边际，当大家知道这就叫"概括"的时候，下面几个版本在他们的嬉笑和自得中很快就完成了）

版本二：兔子不服气要再比一场，乌龟说："好，但比赛场地要由我来定。"第二场比赛，兔子又输了，因为乌龟选择的比赛场地是在河里——要善于发挥自身的优势。

版本三：兔子仍不服气，第三场比赛兔子马上就要接近终点红线了，激动地说："我赢了！"只听到乌龟说："你转过身来看看。"兔子一转身，乌龟就被甩到红线前面去了。原来乌龟一直趴在兔子背上——要善于利用别人的力量。

版本四：兔子很不服气，又进行了第四场比赛，离红线还很远呢，就看到乌龟已等在那里了。兔子问："为什么又是你赢了？"乌龟说："我打的来的。"——要善于利用先进的科学技术。

四种版本的"龟兔赛跑"让学生很快就找到了"概括"的感觉，进而轻松地完成了下面的高考解析题。

社会保障制度建设是当今世界各国普遍关注的重大问题，美国罗斯福新政对此曾做了有益的探索。阅读材料，回答问题。

材料一：

1930 年的美国失业者　　经济萧条中饥饿的母亲　　罗斯福与煤矿工人在一起

(1) 材料一反映了罗斯福关注什么社会问题？

"图与图"之间意思的转折：工人失业、人民贫困、待遇低下。

材料二：《全国工业复兴法》包括三方面内容：一是建立国家复兴管理局；二是由国家举办各种公共工程，减少失业大军；三是适当提高劳工地位，改善劳工待遇。劳工组织有与资方谈判的权利，雇主不得以工人参加何种工会作为雇佣条件，雇主必须遵守最高工时和最低工资限额，不得雇佣童工。

——苗枫林《世界近代史》

材料二中有关社会保障的内容有哪些？《全国工业复兴法》旨在复兴美国工业，但为什么会涉及社会保障问题？

通过材料二句与句之间意思的转折，得出：建立国家工业复兴管理局——成立专门机构；举办公共工程——实行以工代赈；工人参加工会——发挥劳工组织的作用；规定最高工时和最低工资限额——保障劳工权益，提高待遇；不得雇佣童工——保障儿童权利。

通过洞察材料背后的概念，得出：社会保障为何有利于经济复兴——缓和阶级矛盾，提高工人购买力，缓和供给与需求之间的矛盾。

材料三：1933年5月通过《紧急救济法令》，到1936年止，政府大约支出30亿美元用于失业救济。1935年提出《社会保障法》，在全国范围内推行养老金制度和失业保险制度。

——高德步《世界经济通史》

(3) 依据材料二、三，指出"新政"的社会保障制度主要是通过什么方式建立的？

通过概括材料二、三的段落大意得出中心思想：国家立法。

(4) 关于"新政"中的社会保障措施，有人认为主要是为克服危机而采取的临时性措施，有人认为主要是为维护资产阶级民主制而进行的长期性制度建设。请选择你认同的一种观点并简要说明理由。

通过概括材料二、三段落大意，得出：同意第一种观点，就引用材料二的内容；同意第二种观点，就引用材料三的内容。

第一种观点：以工代赈、发放失业救助金、实行紧急救助等措施都是在危机发生后的紧急状态下采取的临时性措施。

第二种观点：颁布的一系列法令，推行的养老制度、失业保险制度和加强社会保障等措施都是在维护资产阶级民主制的长期性制度建设。

从现实追问：能否以站起来的姿态面对高考？

最后，学生们认识到：分析习题的目的不在于得出答案，而在于把握规律；做题的窍门不在于数量多少，而在于做出心得；做题得分不靠感觉，而是要讲明道理；习题的功效不在于习题本身，而在于它是知识和概念的载体；做题的境界不是去猜别人出什么题，而是要让别人猜我们还有什么不会。

【案例说明】

在 2010 年山东省历史优质课评选时，省教研室委托我在选手比赛之后提供一节观摩展示课，我认为这是一个破解"你这样教，高考怎么办"的好机会。所以，这节课我改变平时的做法，没有提供新授课，而是上了一节大家认为最枯燥的高三习题课。我给这节课起了一个名字：习题背后的秘密。

在这节课上，面对一位女学生的精彩回答，我说："你可以带大家复习高考题了。"这是我当时发自内心的想法。之后我再看这段录像时，相信作为一个外校教师的我的评价一定更能增加她的自信。很多教师说："我们常常抱怨学生发言不积极，今天我们最大的收获，不是认识了钟老师，而是她让我们认识了自己的学生，如果有激励、有赞赏、有肯定，他们是多么出色的孩子啊！"

我很想借助这个片段让大家想一想，教师是告诉学生"你太了不起了"呢，还是不断地说"你怎么这样的题也做不出来"？

这节课上，我给学生传递的第一个信息就是自信。我要让学生在学习的过程中，没有"很多题我不会做"的恐惧，形成"高考中大部分的题型我不仅会做题，还会讲题"的信念。

我给学生传递的第二个信息是愉悦和幸福。即使在紧张的高三生活中，只要我们将新课程改革的理念应用于教学中，仍可以让学生体会到在成为学习主人后的幸福感。

我给学生传递的第三个信息是效率。在 45 分钟的时间里，我不仅向学生介绍了单项选择题的主要题型和材料解析题的做法，还串联起了"经济成长历程"整册教材的主体知识框架。这种高效率做法的前提是教师对教材的精心梳理、对习题的精选精讲、对主体框架的宏观把握，只有这样我们才能在高考复习中做到举重若轻，做到每节复习课内容的最优化、效率的最大化。当学生沉浸在书山题海中，沉浸在紧张中时，我们不妨停一停脚步，在每节课的课前和课后盘点一下：在这个 45 分钟里，我能让学生收获什么？

从逆向追问：
历史教学不是什么？

　　新课程改革开始以来，新的教学模式层出不穷。课程是新的，标准是新的，要求是新的，这些都要求教师要打破传统的教学模式，使历史教学达到基础知识、综合能力水平、人文素养三位一体的境界。在这个全新的教学实践过程中，某些教学行为和方法便走入了误区。历史需要依附其他学科的"高枝"吗？教师的角色是生硬的导演吗？学生的头脑是被动的容器吗？现代技术的使用者是多媒体设备的奴仆吗？历史教法是臃肿的堆积吗？这些疑问都需要我们进行细致的探讨。

问题缘起

新课程改革开始以来，新的教学模式层出不穷。课程是新的，标准是新的，要求是新的，这些都要求教师要打破传统的教学模式，使历史教学达到基础知识、综合能力水平、人文素养三位一体的境界。在这个全新的教学实践过程中，某些教学行为和方法便走入了误区。

在讲授必修Ⅲ的时候，相信那个贝克特的"戈多"曾让我们大伤脑筋。极端无聊的剧情，单调、重复的台词，毫无意义的等待，最终也没有露面的主人公——这样的作品凭什么能获得诺贝尔文学奖呢？

现代主义作品的一个重要特点就是没有标准化的解读，但它的一个重要指向就是现代生活中"人的异化"，即人在等待或追逐的时候，会迷失自己，进而成为其他东西的奴仆。在繁华的现代社会，人们可能在金钱、权力或荣誉面前异化。教师同样面临着这样的危险，在追逐分数的过程中，我们可能会迷失教育的本质；在追逐升学率的过程中，我们可能会迷失职业的方向。那种知识本位、教师一言堂、就教材教教材的历史课堂，多么像《等待戈多》那单调的台词和乏味的场景。

如今历史教学的舞台愈发宽广，启发式教学、多媒体教学、探究性教学、合作式教学，以及各种学习方式等异彩纷呈，但在这个过程中却存在着种种浮躁的现象。例如，只求综合，没有定位，模糊了历史教学的学科界限，当一些看似开拓学科视野，落实情感、态度与价值观的教学方式呈现在历史课堂上时，无形中已是"种了别人的地，荒了自己的田"；只要活动，不看结果，虽然教室的桌子、椅子动起来了，但学生的思维却没有真正动起来，无形中将自主学习变成了自由学习，将合作学习等同于合伙学习；只讲手段，不重效果，多媒体课件只是将板书简单地挪了个地方，课件展示得眼花缭乱却偏离教学主题，部分教师在多媒体方面仍是生手，制作课件占据了备课的大部分精力；只讲教法，不求效率，教学方法新奇怪异，一节课过后学生学了什么记不住。我们不妨把这种热闹非凡的历史课堂称为"后戈多"时代，表演的场景已由沉闷转向热闹甚至喧嚣，但演出的主题仍然没变——那就是历史教学的迷失与异化。

现在似乎忽然明白了，谁是那个"戈多"——当人们失去方向和精神支撑的时候，即使再等待或追逐什么，其结果也只是没有目的的、无休止的循环。如果我们不知道自己要等的是什么，那么就永远等不到我们想要的东西。如果迷失和异化无处不在，那么等待"戈多"的剧情就会不断上演。这样看来，贝克特果然是伟大的作家啊！

教学思考

在前几个专题中，我们以正向思维的方式探讨了历史的学科价值是什么，历史的教学方法有哪些，如何积淀历史教师的专业素养，如何挖掘教学资源，如何充分体现选修课的职能，如何破解概念教学，如何进行史观教学，如何以站起来的姿态面对高考。为了防止历史教学的迷失与异化，我们不妨再从逆向的角度探讨一下：历史教学不是什么？

（一）教出历史的味道——无须依附其他学科的"高枝"

让我们以"高中历史新课程必修Ⅲ"为例来考察历史教学应有的职能和味道吧。在我们的印象中，新课程改革以前讲文化史部分的内容，基本就是在一个时代的政治、经济等所谓的重点内容后，加上包罗万象的文化史的内容即可。所以，文化史给我留下了这样的印象，似乎它在知识上是支离破碎的，学起来是抽象深奥的，地位上是无足轻重的（过去高考考得相对比较少）。

当我真正投入"高中历史新课程必修Ⅲ"这一模块的教学中后，我发现思想文化史已不是过去那副模样了。在传统史学教育下，我们对文化史的了解与认识是极其有限的，原有的知识结构、理论素养难以驾驭新课程背景下的文化史教学。那么，要怎样将文化史教学上成具有历史韵味，并与历史的时空性和文化的传承性、交融性相联系的课，从而避免文化史教学中的支离破碎、零星孤立的现象呢？这些都需要我们不断地学习、研究和实践探索。

在进行文化史教学前，我认为最重要的是让学生对文化心存敬畏。

从逆向追问：历史教学不是什么？

因此，我提出了下面的问题。

师：说到文化，你首先想到的是什么？之后想到的是什么？最终又会想到什么？

生：我第一反应想到的是文化课，物理、化学、生物、语文、地理、历史，文化应该是一种知识。

生：说到文化，我想到了人的气质。人们常说，这个人一看就很有文化，这就是文化给人带来的修养。

生：说到文化，我想到了中华民族五千年的历史、四大发明，每一个中国人都会为有这样灿烂的文化而自豪的。（说到这里，可以算是这一年龄段的学生对文化最高层次的认识了）

师：以上观点是青年人对文化的感性认识，下面我们看一看文化大师对文化下的定义吧，看看文化在他们的眼里与我们眼里的不同之处，并用一句话概括你的感受。

师："文化者，人类心能所开释出来之有价值的共业也。"（梁启超《什么是文化》）

生：文化是人类心灵的事业。

师："中华之名词，不仅非一地域之国名，亦且非一血统之种名，乃为一文化之族名。"（章太炎《中华民国解》）

生：我从未想到"文化"与"民族"这两个词有如此密切的联系。

师："正是文化的出现'将动物的人变为创造的人、组织的人、思想的人、说话的人以及计划的人'。"（张岱年、方克立《中国文化概论》）

生：如果我们成为这样的人，感谢文化；如果我们还没有真正成为这样的人，需要文化。

师："人创造了文化，同样文化也创造了人。"（冯天瑜、何晓明、周积明《中华文化史》）

生：到底哪些文化创造了我？哪些文化可以创造我？

师："'文'与'化'并联使用，较早见之于战国末年儒生编辑的《易·贲卦·象传》：'（刚柔交错），天文也。文明以止，人文也。观乎天文，以察时变；观乎人文，以化成天下。'……在这里，'人文'与'化成天下'紧密联系，'以文教化'的思想已十分明确。"（张岱年、方克立《中国文化概论》）

生：文化关乎天下，关乎个人，不把"文"化为人应该具有的东西，不能称其为文化。

正是由于我对文化这一概念抱有敬畏的心态，所以，才会引导学生在这样的高度上打开文化史教学的大门。而当教师以这样的学科气质引领学生的时候，一种严肃、庄重，对历史和文化抱有敬畏之心的人文气质也在无形中传递给了学生。

正是出于对文化和文化史的敬畏，我将思想史的三大部分内容进行了如下的定位。

（1）中国传统文化主流思想的演变——做文化上的中国人。

（2）西方人文主义的起源和发展——将人文主义思想装入人生的行囊。

（3）中国近现代思想解放的历程——倾听民族复兴的思想脚步。

我们再来倾听一下历史教学专家对文化史的定位。

还是借用大家的习惯用语，将三个必修模块分为"政治模块""经济模块""文化模块"。如果这样划分合理的话，我则认为，必修Ⅰ和必修Ⅱ恰恰可以归到"文明"的范畴……而必修Ⅲ则当属"文化"的范畴……所谓人文精神、人文文化和历史课程标准所强调的人文性，也最为集中地体现在必修Ⅲ中。

——首都师范大学教授　赵亚夫

文化史教学，的确是一种厚重的思想之学。它不是靠技巧，甚至也不只是靠简单的常识，而是要靠丰富的底蕴、理性的境界、高尚的情怀和辩证的智慧去完成的事情。知识是一种力量，思想更是一种力量，当思想敏锐地走动时，文化时空坐标中注入着生命关照的历史主题才能涌现出来。

——著名历史特级教师　李惠军

再看现实的课堂教学，如此具有历史韵味和人文性色彩的文化史教学，我们却常常只看到知识的罗列，而感受不到知识系统传达出的思想和生命。当我们只是枯燥地介绍孔子的思想是以"仁"和"礼"为核心的时候，我们能否让学生体会到这其中包含的中国古代政治思想与治国之道？这两个字如何构成两千年中国政治伦理与社会伦理的基石？它以什么魅力成为中国文化的一大标志？它在中国的历史长河中如何成为中华民族传统文化的木之本、水之源、心之魂？

历史教学应该有它自身的特点、内涵、韵味和使命，但在现实的教学

从逆向追问：历史教学不是什么？

中却似乎进入了一个误区，即只有淡化或抹去历史学科的底色，而附会到政治课、语文课甚至艺术课等学科的"高枝"上，才能体现出历史学科的所谓"育人"功能。我们讲的孔子与语文教师讲的孔子到底应该有什么区别？我们介绍近代思想的变化是否可以照抄政治教师的理解？除了广博深厚的思想体系，中国传统文化丰富多姿的外在表现形式正以另一种风采浸润着中国人的心灵。我们讲述汉字是应该立足于像美术课那样的欣赏角度，还是应该体会其背后的历史内涵和人文色彩？讲解西方近代音乐是应该立足于像音乐课那样偏重美感，还是立足于其形成的背景、历史关联和背后的精神实质？如果我们把历史课上成了政治课、语文课或者纯粹的艺术欣赏课，那么历史课实际上也就等于已经自行宣告"死亡"了。所以，我们应该认同这样一个观点：讲历史一定要讲出历史的"道"，学历史一定要学出历史的"味"。究竟什么才是历史课独特的功能和韵味？这确实是一个值得我们深思的问题。

历史课需要广阔的学科视野，需要承担多元的育人职能。强调历史的学科韵味绝不意味着要与其他学科界限分明，关键在于尺度的拿捏。

片段观察

历史是否应该是一桌"满汉全席"

在2009年山东省高中历史新课程远程培训中，历史教学的学科界限在哪里，怎样才能上出历史课的"味道"的问题引发了教师们的激烈讨论，两方面观点展开了旗鼓相当的辩论。在学科简报中，《拒绝"满汉全席"——上一堂有历史味道的历史课》《烹调出具有历史味道的"满汉全席"》《"原味"历史——品味历史课应有的"历史味"》等均被列为推荐作业，"历史不应替别人上课"和"历史没有边界"的观点呈现在教师们面前。其实，研讨的意义不是为了展示真理，而是为了在探索和争论中发现真理、辨明真理、接近真理。

拒绝"满汉全席"
——上一堂有历史味道的历史课

蒙阴县实验中学 夏文慧

今天听了专家的讲述后，我对"历史的味道"颇有感触。必修Ⅲ讲授的是人类文明史，涉及思想、科技、文学、艺术等，内容庞杂。我在给学生讲课时，常有越俎代庖之感：替政治讲"三个代表"，替书法讲行书与草书的区别，替音乐、美术上艺术鉴赏……因为本身对这些不专业，所以只好一会儿钻语文组探讨一下诗经楚辞，一会儿又跑到生物组学习物种起源，一会儿又进物理组问电磁感应，如果有条件还真想采访一下杨利伟学一下现代航天技术。我还曾一度沾沾自喜：瞧咱这历史老师当的，真是博采众长。好像每个历史老师都是上知天文，下晓地理，博古通今，以至于有人问："你们历史到底讲什么？"是啊，一堂课，忙忙碌碌，热热闹闹，到底让学生学会了什么？直到今天我才知道，历史教学中的思想文化、科学技术应该有自己的边界。这个边界不只是指内容，比如，音乐、美术课交叉的内容，更主要的是指历史视角的边界。历史课选择的文学和艺术作品，都必须满足历史意识的培养，单纯"艺术欣赏"的历史课是不需要的。这些内容的学习，原则上是应该为历史服务的。

必修Ⅲ的学习内容不是"满汉全席"，历史课也不是"火锅"。所以我们有必要重新审视一下，是不是把背景讲清楚了？是不是抓住重点了？是不是从多个角度、多个方面向学生揭示人性了？等等。总之，我们的教学一定要触及学生的心灵，将外在的学习内容内化为自我认识，这才是最重要的。否则，必修Ⅲ就会让人感到它总是游离于"历史之外"，不是我们应该讲的历史。诸君，到了还历史本来面目的时候了。

烹调出具有历史味道的"满汉全席"

山东省昌乐二中　胡学春

"具有历史味道的历史课"的提出是针对当下历史教学中出现的，把思想文化史上成专业性很强的政治课、文学课、美术课、音乐课的误区而提出的。历史课要求不同特色的思想文化相互碰撞，相互交融，共同发展；了解中外思想文化发展进程中的重大事件、重要现象及相关人物，进一步从思想文化层面了解人类社会发展的基本特征。而过深的政治、文学等方面的研究会占用我们宝贵的历史教学时间，加重学生的课业压力，并且会有重复研究之嫌，这与当下素质教育减负的初衷是背道而驰的；纯粹的音乐、美术欣赏似乎能激发学生的兴趣，但那样可能会连基本的教

从逆向追问：历史教学不是什么？

学目标都难以达成，学生学不到应有的知识，能力得不到提升，情感也得不到升华，这是历史课的悲哀。我们不妨从"满汉全席"中寻找一些解决问题的灵感。

历史课绝不是"专卖店"，也不是"音乐茶座"。要烹调出历史课的历史味道应该做到以下几点。

1. "满汉全席"的每道菜都很经典，都有自己的独特味道

历史教师应该涉猎各门学科的知识，特别是思想文化方面的知识。人类的思想文化典籍浩如烟海，教师在平时应多读古今中外的思想文化名著，并从宏观上把握每一历史时期思想文化的脉络。丰富的历史知识储备是上出历史课独特味道的基础，正如古语所云，"操千曲而后晓声"。

2. "满汉全席"的每道菜都有自己的配方和用料

历史教师要以课标为依据组织教学，历史课标是经过实践检验并不断完善的结晶，我们在平时备课和上课时要先认真研究课标要求，分清哪些是要知道的，哪些是要了解的，哪些是要理解的，哪些是要列举的，哪些是要概述的，哪些是要认识的，哪些是要说明的，并根据不同的要求去创设情境，设计教学思路。

3. "满汉全席"的食客是活生生的人

思想文化史关注的是思想文化，而若是把这些知识孤零零地灌输给学生，学生肯定会觉得索然无味。教师要结合学生的年龄特点和思想实际，运用多种感官让学生去悟，借鉴多种思路和方式让学生真正对这些东西感兴趣，毕竟只有让心灵接受的东西才会生根发芽。

4. "满汉全席"融合了满汉等民族的食俗精华

"三人行，必有我师焉。"作为历史教师，更应该广泛地学习其他学科教师的长处，并结合自己的实际加以发挥。

5. "满汉全席"的做成不是一蹴而就的

比如，刀工快慢与食物的新鲜口感有很大关系，它需要厨师在反复的实践中逐渐摸索。同样的，思想文化史的教学也应该随着教师生涯的延伸，在教学中不断反思，在实践中不断总结，摸索出自己的思想文化史教学之路。同样的食材和工具，可以做出

不同的"满汉全席"。

"原味"历史

——品味历史课应有的"历史味"

文登天福山中学　郭宝庆

在高中历史必修 Ⅲ 的教学过程中，我感觉总是怪怪的，特别是在讲授"古代中国的科学技术与文学艺术""近代以来世界的科技发展历程""19 世纪以来的世界文学艺术"等单元时，这种感觉愈发强烈。我曾经一直在怀疑新课程的编撰者是怎么搞的，怎么把好端端的历史课弄成了文学和艺术课。然而，这次的视频观摩课让我明白了，问题不是出在新课本的编撰上，而是出在教师要怎样把历史上出它的"历史原味"上。

那么，"历史原味"到底是一种什么味道呢？或者它应包含哪些味道呢？

味道一："历史味"的语言。在上历史课时，教师要在语言生动优美的基础上尽量加入历史术语，使教学语言既科学又准确，这样学生听起来自然就会有一种"历史味"。当然，历史术语有些很明显，有些则需要我们去揣摩和积累。

味道二："历史味"的时空观念。所谓史，简单地说，就是指过去发生的事件。而每一个历史事件的发生，总是伴随着一定的空间、时间、人物与事件的发生和发展。因此，教师在讲历史时，应当着重注意这些基本的历史要素，要把历史人物和事件放在当时特定的历史时空里去看待，要讲清楚历史事件的前因后果，有些事件还要注意它的阶段性，要按事件本身所具有的阶段性去讲授和把握。比如，19 世纪以来的文学和艺术，看似音乐和美术的欣赏课，实则不然，教师应当把它放在特定的时间段内，关注这种艺术形式的时代背景和特点。

味道三："历史味"的讲解。大家都知道"论从史出，史论结合"是历史专业所遵循的重要原则之一，因此，教师在讲课时就应该坚持以史实得出历史结论，再以历史结论统领历史史实的讲课思路，真正做到"论从史出，史论结合"。

味道四："历史味"的情感教育。历史是一门思想性、人文性

从逆向追问：历史教学六是什么？

很强的学科，它在对学生进行思想教育方面具有得天独厚的优势。"鉴于往事，以资于治道"是司马光写《资治通鉴》的真实目的，这也是我们学习历史的初衷。浩如烟海的历史史实为学生的情感态度和价值观教育提供了丰富的素材，也为他们将来的生活和工作提供了前车之鉴。

（二）教出师者的品位——教师的角色不是生硬的导演

新课程改革开始后，教师角色的转换也不断被人们关注着。相信教师们对下面的理论都耳熟能详：教师要以"平等中的首席"代替"课堂的主宰者"；教师要以学习的促进者代替知识的传授者；教师要以课程的建设者和开发者代替课堂的复制者；教师要以研究者代替单纯的教学者。

这样多角度、多层次的角色转换需求着实让人手忙脚乱。在一片角色转换的迷茫和混乱中，有人形象地概括：教师应该是一个导演。这种概括曾得到很多人的认同。作为导演，要精心设计剧本，要让舞台生动，要对演员有示范和引领作用，一切都以展示一场内容丰富的演出为目的。这样看来，导演似乎可以作为新课程下教师角色转换的形象比喻。

但当教师以导演的角色投入教学时会发现，所有的演出都以情境导入，出现了教学中无情境不成课，练习中无情境不成题的局面。

当以导演的角色投入教学时，教师就会在无形中把学生当成演员，希望他们能复述导演设计的台词，希望剧情能按照导演的预期发展。尤其值得警觉的是，导演与演员相比具有无可置疑的权威性，当演员的理解与导演的理解产生矛盾时，导演势必会要求演员服从自己的理解。课堂教学交往牵涉到师生之间的认知、情感、伦理、社会关系等方面，教师在这些方面原本就处于一种优势地位，会不自觉地把自己看作正确的一方，以把学生引入自己的既定答案为目标，在不知不觉中把表面民主的互动教学活动引向教师思想"独裁"的方向。同时，在导演的心中有主角和配角之分，在教学过程中成绩好和悟性好的学生就会理所当然地长期占据主角的地位，而基础差或表现不主动的学生就只能跑龙套，甚至从演员变为观众。当教师以导演的角色投入教学时，历史教学就会变成一场戏。

历史教师应该是学生在学科思想和人文精神方面的导师，他将与学生一起关注人类文明所赋予的一切正义的、高尚的、理性的、科学的思想内容。这样的教师应该有引领学生心灵方向的能力；应该有年轻的心态，能与学生近距离沟通；应该有成熟的思想，具备富有价值的独立的知识和判断体系，而无须通过标准答案来树立权威；应该有自己的学术追求和精神世界，并善于将精神追求外化为教学行为。凝望那些真正受人敬佩和爱戴的教学大师，他们不正是这样的人吗？教师的品位高低关键是看其对学科内涵的理解，看其拥有的思想的重量。舍此，一切就都谈不上了。

片段观察

演过的和没演过的

一个来自大洋彼岸的教师考察团走进了我国大陆某位中学教师的课堂。授课教师一上课即展示出预先制订好的明确的教学目标，随之教学过程根据教学目标展开，非常流畅。无论是教师的语言表达，还是学生的问题回答都称得上是精彩的。特别是学生对答如流的发言、正确完美的课堂检测结果，以及教师对课堂时间分秒不差的把握，令陪同听课的领导和同行非常自豪。按照常见的评课标准，这堂课无疑是高效的、成功的。然而，考察团的外国教师却疑惑地问："孩子们什么都懂，那还有学习的必要吗？这节课的意义在哪里？"我们实在不好意思告诉人家答案：这节课是早就预演过的。

下面不妨再来看一个学生的答案全都所谓"错"了的教学片段。

为了让学生理解欧洲经济一体化过程中的主权让渡，我设计了"实战演练：我替各国签订条约"的教学环节，让学生分别代表工业发达而农产品需要进口的德国、农业发达而工业相当落后的法国、工农业发展较为均衡的荷兰进行谈判，并表明所在国在关税政策、农业政策和市场政策方面的立场。

这一讨论中最困难的就是法国组的学生：提高关税则西红柿要烂在家里，而降低关税，别国的名牌车就要挤进来。最后法国组痛做决定：降低关税，降低农产品价格。他们说："便宜卖也比让西红柿烂在家里强。"没想到荷兰组趁火打劫："我们的价格比他们的还低。"更可气的是，德国组还煽风点火："谁便宜我们买谁的。"

很明显，学生的结论已与教材的结论背道而驰，但没有关系，我让他们对照教材内容观察一下什么是政治家真正的智慧。

关税同盟形成：欧共体内部取消关税，对外一致提高关税。（内部互惠，一致对外）

从逆向追问：历史教学不是什么？

共同的农业政策：统一农产品价格；共同体优先；共同的农业基金。（对一体化过程中的弱势方或利益受损国进行有利的赔偿）

建立统一大市场：实现资金、劳动力、贸易、资源等方面的自由流通。（各国通过出让部分权利，建立了协调有效的机制）

最后法国组和荷兰组的学生说："目光狭窄、恶性竞争害死人啊。"而德国组的学生说："这场价格大战似乎我们是受益者，但正因为我们没有设身处地地替其他国家考虑，反复纠缠在西红柿的价格上，所以痛失卖奔驰车的机会，从而失去急需的劳动力，失去大片的欧洲市场。"

全课结束时，我进行了这样的总结："经济区域一体化的过程还会面临很多'成长的烦恼'，但它已成为一种不可抗拒的发展趋势。在这个趋势中，我们不仅感受到了矛盾，更感受到了和谐；不仅看到了利益的博弈，也看到了理性的妥协与让步；一张方寸之间的欧元起到了拿破仑当年用炮舰也没有起到的作用；我们知道了这世界上除了'沾光'和'吃亏'两个概念，还有'共进'和'共赢'的全新境界。……"

这一教学环节的设计源自于我对本课承担的教学使命的思考。学生表现出的只从本国利益出发，"哪怕我吃亏也不叫你沾光""只会相互拆台，不懂携手赚钱""宁可一起死，绝不看你活"的真实心态，是中国几千年小农经济思想的体现。再看欧共体，他们既知道自己的最大利益所在，也知道对手的最大利益所在；既知道自己可以做出的让步是什么，也知道必须坚持的底线是什么。当我们自得于在谈判场上寸步不让时，当听到某些谈判结果我国也有让步便民意汹汹时，大家不知道，除非是枪炮逼迫下的谈判，否则几乎所有的谈判都会有妥协和让步，理性的妥协和让步在很多时候是一种必须，也是一种智慧。多么期望所有的高中历史教学同行都能在教学时关注一下欧洲一体化所带来的启示，否则在未来，我们的国人还会继续以小农的心态出现在国际经济交流之中，还会以小农的心态出现在各种谈判场上。

比较上面这两个所谓"答对了"和"答错了"的课堂，究竟哪一种更有效呢？结论是不言而喻的。由此可见，教师"演"出来的课和真正"上"出来的课，味道是完全不一样的！

（三）把教给变成交给——学生的头脑不是被动的容器

探索历史教学的问题，就不能不把目光聚焦到我们工作的对象——学生的身上。

学生是什么？学生该怎样？教师与学生之间到底应该是一种怎样的关系？这似乎都是一些不需要思考而又必须思考的问题。

谁都知道学生的主要任务是学习。但需要思考的是，学生学习的内容难道只是那些重点、难点、考点？学生学习的方式难道只是抄抄、写写、背背？学生学习的终极目的难道只是那一纸文凭的证明？面对教师在讲台上的侃侃而谈，难道学生要做的只是紧跟教学进程复制教师的教学内容，做一个学习心态上的"跪受笔录者"？当然，学生在教师的心里还是一群没有长大的孩子，因而在教师的潜意识里就会为他们能做什么和不能做什么设定一些上限和下限。但我们可曾想过，教师的这种心理界限很可能会成为制约学生发展的空间界限。

在面向未来的历史课程中，占据中心位置的不再是学科的具体知识，而应该是人——学生。当今的历史课程改革已充分认识到这一点，提出了教育是学生的教育，课程是学生的课程，教育要向学生生活的世界回归。这就要求教师要尊重学生的经验，把他们从成人世界的控制下解放出来，把教育交到学生手中。

让我们试着把教给转变成交给——

交给学生方法，让学生在倾情投入中品尝学习的乐趣，成为充满兴趣的学习者；

交给学生权力，让学生在积极参与中发现自己的潜能，成为富有自信的研究者；

交给学生境界，让学生在融入中发现灵魂风暴的震撼力量，成为敢于质疑的思想者；

合作、对话、自主探究，让学生在主动进取的旅程中练就一双睿智的眼睛，成为勇于实践的发现者。

当我们把这一切都交给学生的时候，也许我们便把自主成长的幸福钥匙悄然地交到了他们的手中。

苏联教育家苏霍姆林斯基曾说："学生的头脑不是装满知识的容器，而是需要被点燃的精神火把！"如是，作为教师，我们便应当注意引领学生像政治家一样去思考，像社会学者一样去调查，像管理者一样去组织，像思想者一样去发现……这个时候，我们便会惊喜地看到，教育提供的空间是无限的，学生发展的境界是无限的。

从逆向追问：历史教学不是什么？

如果想让学生的学习生活真正达到精彩纷呈和豁然开朗的有效境界，那么我们便没有任何理由不对原有的一成不变的教学行为做出真诚的反思，并主动做出切合学生实际的改革与调整。显然，有效的历史学习绝不仅仅是看我们讲得如何精彩，也不是看让学生熟记多少个历史知识点、会解答多少道历史考试题，更重要的、更根本的还在于我们能否真正点燃照耀学生一生的"精神火把"。

片段观察

到底哪种学习方式更有效

说到学生的学习方式，我还是想介绍一下在美国学校参观时的见闻。当我们还纠缠于改进学生的学习方式是否有必要、能不能行的时候，殊不知这些问题在别人那里早已是一种形成共识的教学理念和处处可见的教学习惯。实事求是地说，包括我自己在内的很多教师都进行过改进学生学习方式的尝试，但这种尝试在很多时候仍是形式大于实质。这似乎是个定律——当我们在心里提醒自己应该这样做、应该那样做的时候，恰恰说明我们没有做到这样或那样；当我们天天绞尽脑汁地改进学生学习方式的时候，那种方式的改进一定是不自然的。还是让我们走进一种更自然的状况，看看别人是如何日复一日地做着他们认为天经地义的事情的吧。

1. 小学数学：没完没了的"四七二十八"

参观一所小学的数学课，学习的任务是 $4 \times 7 = 28$。只见一伙小朋友撅着屁股趴在地上，摆木棍、拼插图、组合玻璃球，整整一节课就用来对付这个"四七二十八"，直到下课时还有三个小家伙趴在地上没把这个"四七二十八"弄明白。看到这里，我心想："这就叫'费洋劲'啊。"我真想把那几个还可怜巴巴趴在地上的孩子拉起来，告诉他们："教你个'九九乘法表'，别说'四七二十八'，就是'七九六十三'这节课也能让你知道。"但想一想，还是算了吧，我们学的是四乘七的结果等于二十八，而他们要解决的是四乘七为什么等于二十八。

2. 初中物理：一节课烧不开一壶水

有一节初中物理课的任务是让学生设计一个实验，说明水在固体、液体、气体三种状态下的变化。全班分成五组，结果其中一组的五位学生咬着铅笔嘀咕了一节课也没完成这个实验。当时我心里想："这个实验不就是拿块冰烧开一壶水吗？五个人弄了一节课连壶水都没烧开。"但认真观察，这个实验并不简单，实验的思路要自己设计，实验的仪器要自己选择，设计的思路要有说明，实验中出现的问题要有预案，实验结果与预案不符要找出原因。看来，要真正烧开这一壶水还真不是件简单的事情。

3. 高中数学：我成了数学大王

走进高中数学教室，墙上张贴的数学公式让人大跌眼镜。都是高中生了，怎么还记不住长方形、正方形、梯形、圆的面积公式？还有1的平方、2的平方直至11的平方的得数都贴在墙上。教学内容更是让人匪夷所思：时间、速度和距离的关系。这都是我们小学三年级学生的学习内容啊。尤其让人受不了的是，在研究时间乘以速度等于距离的时候还比较顺利，到了距离除以速度等于时间的时候，有个学生怎么也过不了这道坎了。最后，数学教师跪在这个学生的面前重新进行引导。看到这个场景，我想到了中国的一句俗话："这真是变戏法的下跪，没招了。"

或许是因为我表现出了为什么教学内容这么简单的疑问，学校又给我安排了一节"很难"的数学课：等腰直角三角形直角边和斜边的关系。刚上课3分钟，我就把教师发的资料上的八道练习题全算了出来。教师和学生吃惊地问："你是教数学的老师？"我回答说："我是教历史的。"他们说："你简直是个数学大王啊！"我都没好意思说，当年我数学考得最差，几乎年年不及格——不过这题也太容易了吧？进入教学过程我才发现，他们不是在讲公式、用公式、套公式，而是分组研究证明直角边和斜边到底是什么关系。于是，有用尺子量的，有用计算器算的。代数的部分最为有趣，想得开的学生代入1，2，3，4，想不开的代入11.3，19.77。到下课的时候，除一个小组以外，其余的小组都得出了自己的关系式，学生得出结论时击掌相庆的场面令人难忘。

4. 高中化学：五花八门的 pH

化学实验课的内容是测试 pH，学生从家里带来的实验原料五花八门，有位女学生把早饭都用来做实验了。在测试方法上有用电极的，有用滴定管的，化学教师的工作似乎就是给花样百出的实验去找原料，找药品，找器材。当有个学生说需要洗衣粉时，教师抱歉地说："我真没法给你提供。"看到这个场景，我想到了我们学校的科技创新运动会中有一个化学创新实验比赛，其中有"生活中含铝食品铝元素的测定"，学生同样能做出设计独特的实验。但遗憾的是，这种形式只是在冠以创新名义的活动中才会偶尔

从逆向追问：历史教学不是什么？

259

出现，并不是课堂教学的常态。

5. 作业考试：一样的问题，不一样的答案

闲时翻看学生的作业和试卷，发现一个有趣的现象，明明是对有机分子式的理解，学生画的结构图却完全不一样，但教师都给了肯定的批语。教师认为，这是他们自己的理解，而且他们的理解是正确的。看了这些学生画的示意图，我发现了一个问题，为什么在我这几十年的记忆里有机分子式只能是六根硬棍支撑起的六边形呢？

6. 教学评价：没学会的人总是能暴露出来

通过以上的描述我们会发现，不论是研究"四七二十八""烧开一壶水"，还是学习时间、速度和距离的关系，以及研究直角边和斜边的关系，总有学生非常明显地把"没学会"的状态真实地展示在大家面前。出现这种局面，我想最重要的原因就在于学生的学习方式不是灌输式的，不能靠跟在别人后面搭个腔不懂装懂，学生是否真正理解了知识、是否真正掌握了技能无法蒙混过关。

曾有记载，很多年前中美教育专家都痛感本国教育的缺陷，一方认为自己的学生基础知识太差，一方认为本国学生没有创新能力。对照中美教育理念的不同，我们没有必要也没有资格嘲笑别人学得浅、学得慢，因为我们仅满足于是什么，别人追求的是为什么。想到这里，我似乎明白了数学教室里那一张张挂图的含义：别让那些机械记忆的东西占据学生的头脑，要让脑袋腾出空来做点儿更有价值的事情。

（四）让现代技术成为一种生活方式——不做多媒体设备的奴仆

如果一个新的事物转瞬即逝，那么我们可以怀疑它的生命力和价值。但如果一个事物长盛不衰，让人无法离开，我们就应该肯定并充分发挥其应有的作用。多媒体技术在课堂教学中的应用毫无疑问应该属于后者。可令人遗憾的是，多媒体技术在教学领域已应用了二十多年，直到现在，人们一方面感觉离不开它，另一方面却有很多人仍称它为"花架子"。

记得我刚参加工作的时候，进微机室要穿拖鞋，最先进的电脑是"286"。我参加了学校为教师组织的第一批计算机培训班，学习内容是五笔字型。记得那时候，我吃过午饭就到微机室练打字，最后成了学校里第一个脱离手刻蜡版用电脑打印试卷的教师。不久之后，我的打字速度就达到每分钟130字，写一篇文章能心到手到。多年来各种类型的文章从指端源源

不断地"流出"，跟进入信息时代的所有人一样，使用电脑已成为我最常态的工作方式。

1993 年，我上了一节使用多媒体课件的公开课，据说这是我市第一节使用多媒体课件的课。讲述黄海海战时，一枚枚小炸弹在地图上炸响，场面着实热闹。记得当时做课件的软件是 Authorware，帮助我制作课件的是学校微机组的教师。此后半年多的时间里，我用的课件都是麻烦别人制作的。后来我也开始学着制作课件，但刚开始时做出一节课的课件要花上几天的时间，备课的精力差不多都用在这上面了。熟能生巧，随着时间的推移，现在我的历史课几乎节节有课件，从搜集好资料到做一个课件也就十多分钟的时间，使用多媒体已成为我最常态的教学方式。

我曾开玩笑地说："我们家奔小康的过程就是多媒体设备完善的过程。"在摄像机刚买到手后，我就拿到校运会的赛场上使用，事后制作了一个名为"势拔绝顶我为峰"的视频短片，成为凝聚班级力量的重要载体。我是校园电视台多年的编外策划，编导的记录学生"京昆社"活动的《一朝清曲伴初蝉》和学校宣传片《主动发展的无限空间》均获得全国校园电视节目评比金奖。现在我差不多能当半个影音编辑师了，撰写脚本、剪辑录像、插播字幕，甚至自己配音。校庆的时候，我制作了一部《有这样一个地方》的专题片，成为介绍学校历史、传承校园精神的有效手段。在 2008 年山东省高中教师首次暑期远程培训时，我提供了《教师的职业生活》公共课讲座，其中用镜头记录的我与学生在班级活动中其乐融融的画面和自己丰富多彩的业余生活的视频片段《不白活一回》，成为全省教师热议的话题。我在与全国各地同行交流的过程中，可以用丰富的教学实录与大家进行真切的教学反思和教法研讨。镜头语言有着任何文字都无法代替的魅力，用镜头记叙教育教学的故事，已成为我的一个专长。

工作的习惯转移到生活中，我曾给女儿制作课件版的笑话和动画版的故事。女儿上学后，学校要求的一个重要的预习方式就是制作课件，女儿制作的课件经常被教师拿去使用。我还制作动感影集，记录孩子成长的历程；与三五好友出游，我也会用视频短片留下温馨的回忆。多媒体技术已成为我记录生活的一种方式。

但原本能与我们联系得如此密切的多媒体为什么在教学中会面临"花架子"的指责呢？原因很简单，一是技术不熟练，使用者成了技术的奴仆；

从逆向追问：历史教学不是什么？

二是不常用，使用者只将其当作公开课和展示课的道具，没有使多媒体的运用成为课堂教学的常态，更不用说考虑其选材的繁简、设计的优劣和使用的原则。

（五）教出大象无形的境界——历史教法不是臃肿的堆积

新课程改革开始以来，教学方法不断更新，教学内容也日益丰富。在这种背景下，首都师范大学赵亚夫教授的提醒显得尤为重要：

"现在的课上得太臃肿，原本内容就多，再要求一大堆的手段、方法，教师和学生都吃不消。课上得很不经济，无效的浪费太多了，华而不实的'过程与方法'太多了。""为了提高教学效益，课的结构要尽可能简洁、务实。"

为避免"臃肿的课"带来的"无效与浪费"，我们必须思考一下选择教学方法的原则。

1. 明确教法设计的前提

我们之所以选择一些灵活多样的教学方法，一个重要的出发点就是要让教学达到深入浅出的效果。著名学者钱文忠先生说过一句话："需知道深入是门槛，浅出是境界。"也就是说，只有深入到学科领域的腹地，对知识结构、理论体系、逻辑关系、学科成果、历史材料有一个全面的认识后，才能通过灵活的教学方法，使教学达到举重若轻的效果，实现深入浅出的境界。没有上述的前提，所谓的"浅出"只能是"浮浅"的代名词。

2. 注意教学方法的目的性

每种教学方法、教学资源的背后都会有一个需要破解的概念，一种需要学生掌握的理论。我在讲述"文艺复兴"时用五张图片折射出"中世纪的表情"，并非是我偶然发现了五幅大家没有见过的图片，便硬要把它们放到课里向学生展示，而是因为教学任务中有一个让学生难以理解的"中世纪"的概念，有五点费尽口舌也难以讲清讲透的文艺复兴的背景，基于我对历史博大内涵的信心，我相信一定能找到更便于学生理解的教学资源和教学方法。这五幅图片的发现是一个非常漫长的过程，即使找到这几幅图片后，我也在一直在通过各种途径判断它们是否能代表时代主流的缩影，界定它们是否属于历史中客观存在的东西。

3. 讲求教学方法的效率性

如果"问渠那得清如许，为有源头活水来"不能帮助学生迅速地接近

"格物致知"的概念，即使它再能体现古诗文的美感，我们也没有必要选择它。

每当看到教学案例中变幻莫测的字数统计，我都会怀疑我一节课讲了这么多东西吗？每当向同行展示自己的教学案例时，他们总爱问："钟老师，一节课你讲得完吗?"

如果认真观察，我们就会发现，其实大部分完不成教学任务的情况都是教学准备不充分的结果。应该说，对于任何一节课，我都抱着几年磨一课的态度，表面上看这称得上是过度备课，算得上是效率低下，但正是这种沉下心来的"慢慢备"，才能带来课堂上的"快快讲"，即实现课堂教学的效率。我们只有备清楚了学情、选择好了方法，才能保证各项教学任务的顺利进行。换言之，只有在平时把课备起来没完，才能保证教学内容讲得完。

4. 注意教学方法的板块化

把灵活多样的教学方法与简约高效的设计统一起来是一个难题。在教学实践中我发现，注意教学方法的板块化可以在一定程度上化解这个难题，即一个重点教学问题只采用一种教学方法，这样既可以避免方法枯燥，又可以避免学生在学习中眼花缭乱，同时也能让每一个教学方法达成的知识要求简洁地落到板书上，强化课堂笔记的作用。这样就使得教学方法围绕教学内容转，知识要点跟着课堂板书走，从而保障了教学效果的落实。

认真观察我的教学案例，同样存在着教学资源取之不易、舍之不忍的现象，我也一直在反思怎样使自己的课堂教学在资源选择上更加精到，在方法选择上更有取舍，在教学风格上更加质朴，争取走向大象无形的更高境界。

但我们还要知道，对"教学设计的简约"这一命题，恰恰不能简单化地理解，甚至错误地认为要重新回到照本宣科、"满堂灌"的老路上去。"教学设计的简约"应该是我们在把握教学本质、优化教学方法的道路上，向着更高境界再迈一步，而绝非简单地"再倒回来"。如果是这样的话，我们几年来在新课程改革中的探索就要付之东流。

片段观察

"风、云、雨、雪"的艺术

我在注重向历史学科同行学习的同时，还非常喜欢观摩和学习其他学

从逆向追问：历史教学不是什么？

科教师的教学艺术，下面的两节课给我留下了非常深刻的印象。

我曾观看过某届全国语文优质课评比的录像，有位教师这样设计了全课的开篇："同学们，假如今天是暑假中的一天，当你接到又要到校上课的通知时，心里是怎样想的？你又是怎样做的？"当学生表达了"不想来""听说是名师上课还是决定来了"等种种答案后，这位教师说："小到是否来上课，中到人生的设计，大到义利的取舍，选择无处不在。到底该如何把握，古代的先哲已经做出了回答，这就是我们今天要学习的孟子名篇《鱼我所欲也》。"正是这节录像课，让我体会到了教学设计"意料之外，情理之中"的魅力。

我还观摩过一节小学语文优质课的录像，这节课的教学内容只有"风、云、雨、雪"四个字，但授课教师却分别采用了四种不同的教法讲解这四个字，课后让人通过回顾色彩鲜明的教学方法就自然联想到了教学内容。这位教师还把简单的四个字从宇宙讲到天空，从天空讲到地面，从地面讲到地下，串联起了庞大的空间结构。她还用这四个字串联起春、夏、秋、冬四个季节，并且通过这简单的四个字串联起了物质的气体、液体、固体等不同的状态。这位小学教师是我思考教学方法板块化的启蒙老师，更重要的是，她让我感受到，任何一节课的教学内容都应有清晰的逻辑关系和主线。

案例展示

电影与电视

【设计背景】

前几年，我受邀为山东省高中校长协会年会提供一节公开课，拿到授课学校要求的展示课题时我感到非常困惑：电影与电视？我抱着不解的心情询问为什么选择这样一个冷门的课题，对方非常不好意思地说："马上就期中考试了。"

我明白了。快考试了，该讲的重点课题都讲完了，就讲讲"电影与电视"吧，这是平时可讲可不讲的内容，别影响教学进度。

在历史教学中，诸如"新潮冲击下的社会生活""世界科技进步的历程""汉字与书法""世界近代文学与艺术"等部分的教学内容在很多一线教师的潜意识里长期处于鸡肋的位置——讲之乏味，不讲担心。在日常教学过程中，教师往往采取设计表格，让学生将知识点一填了之的方法略过。"电影与电视"更是鸡肋中的鸡肋，很多教师甚至连讲都不讲，让学生自己看看书就算完事了。

面对"电影与电视"这一课题，我想应该解决这样几个问题：

（1）"电影与电视"真的在历史教学中没有价值吗？

（2）这节与艺术非常接近的课怎样上出历史的味道？

（3）这节课势必会大量使用多媒体技术，到底应该怎样使用？

（4）在这节课中，学生是一个单纯影视技术的欣赏者，还是一个观察历史的思考者？

【教学过程】

师：前几节课，我们学习了19世纪以来世界文学艺术的发展，了解了音乐、美术大师用他们独特的艺术创造改变了人们的审美观念。但是，纸质阅读使波澜壮阔的小说和优美的诗歌只能依附于人们的想象，如果不亲临演出现场，贝多芬的《命运交响曲》只能是乐谱上的传说，凡·高如梦如幻的《向日葵》很少有人能一睹芳容。人类已经创造出如此美好的文化财富，但绝大部分人却无缘分享。

有人说，"19世纪和20世纪的交接点是一条巨大断裂带。在这条断裂带前面，历史是一种充满神奇的迷雾，不可捉摸的、令人困惑的、无以名状的东西；而在这条断裂带的后面，历史却是亲切而透明的、切实可见的、无可争辩的存在"。是什么弥合了历史的这条断裂带？是电影与电视的力量。

（一）揭秘：影视与科技

1. 电影

（1）技术条件：摄影技术、缩短曝光、连续摄影、电的应用

揭秘路标（一）

让画面动起来，如实地记录和再现客观世界，这就是电影要承担的使命。

我们不妨置身于19世纪末，盘点一下要实现这个理想，人类已经有了哪些知识和技术的准备，还需要破解哪些难题。

生：需要人们对光和影的关系有基本的认识，需要有胶片曝光和洗印技术，还要破解画面连续播放以及用什么动力播放的问题。

从逆向追问：历史教学不是什么？

师：大家是否知道，是谁最早形成了人类对于光影理论的认识？

生：应该是中国古代的墨子，他的小孔成像研究是我们物理课上最熟悉的实验。

师：后来，产生于汉武帝时期并在唐宋以后广为流传的灯影戏，则是对光学理论的最初、最朴素的应用与实践。

师：欧洲人也发现了小孔成像的原理，并在漫长的历史中研制出能感光的胶片。1839年，第一架照相机在法国诞生，它宣告了人类摄影技术的开始。不过，世界上第一张照片，曝光时间用了8小时，这给摄影技术带来什么制约？

生：我们喜欢照相的同学都知道，快门速度决定相片的清晰度，8小时的"快门"啊，那图像得模糊成什么样了。照一张相都需要8小时，看一分钟电影还不得等上十几年啊！所以必须要缩短曝光时间。

师：银版照相机出现以后，曝光时间缩短为30分钟，随着感光材料的不断更新，曝光时间缩短为20分钟，当湿性底版研制完成后，曝光时间缩短到了1秒钟。缩短曝光时间的技术得以突破，才使进一步的创新有了可能。

师：几乎与此同时，比利时一位著名的物理学家发现了"视觉滞留"的原理：当人们眼前的物体被移走之后，该物体反映在视网膜上的物像不会立即消失，会继续短暂滞留一段时间。

师：于是有人开始想办法了，爱迪生在他的摄影室里拍摄了一组打喷嚏的特写镜头。

师：接下来的问题是，用什么来带动胶片连续播放呢？

生：爱迪生当然会想到用电。

师：由此可见，第二次工业革命在科学技术上的巨大飞跃，是电影能够产生的最强大的动力。

师：按照我们的推想，爱迪生应该顺理成章地成为电影的发明者，可事实并非如此。爱迪生的电影设计理念一直停留在让一个人通过放大镜来观看连续画面的层次上，他觉得这么好玩儿的东西让大家一起看"会杀死一只会生蛋的鸡"。他的这个理念有什么问题？

生：爱迪生是个伟大的科学家，却不是一个成功的商人。他认为让人们一个一个地来买票能反复地挣钱，他没想到发明一个能让一群人来看的东西能使挣钱的规模变大，并且更容易推广。他的这个理念没有研究透人们的消费心理和消费需要。

师：就这样，爱迪生与"电影之父"的称号失之交臂，这顶桂冠历史性地落在了法国人卢米埃尔兄弟身上。1895 年 12 月 28 日，在巴黎的一家咖啡馆里，35 个人一起观看了这段《火车进站》的画面。就是这部《火车进站》的影片宣告了电影的正式诞生，这一天也被确定为"世界电影发明日"。

第一部电影《火车进站》

（2）诞生标志：1895 年 12 月 28 日　卢米埃尔兄弟

师：《火车进站》真的不愧是电影诞生的标志，但在你看来，你对它有什么不满意的地方吗？

生：这个电影没有声音，所以用课本上的话说应该叫"默片"吧。画面简单，一个镜头贯穿始终，没有转换；情节单一，就是一群人看着火车进站。还有，它是黑白的。

师：由于技术的限制，人们还要观看默默无声的电影很长时间。但在这个时段里，有些人物需要我们记住，其中有一个叫格里菲斯的。请大家看下面的电影片段，看看它与《火车进站》有什么不同。

室内谋划　　　　　客厅周旋　　　　　忐忑等待

生：格里菲斯的电影有不同的镜头转换，有场景的变换，他还会巧妙地运用远景、中景、近景、特写等景别以及淡出、淡入等方法，表现方法比刚才的《火车进站》丰富多了。他的这几个镜头连成了一个我们能看懂的故事，更重要的是我们还能感受到角色的内心状态。

师：格里菲斯这种运用镜头、场景变换的手法就叫"蒙太奇"。大家要知道，格里菲斯获得了"现代电影之父"的称号，但到底他是凭借什么获得了这样高的称誉呢？

从逆向追问：历史教学不是什么？

生：卢米埃尔兄弟的伟大之处在于他们从技术和经营理念上宣告了电影的诞生，格里菲斯伟大的地方在于他找到了一种用电影来表达故事、展示人们心理活动的方法。他的这种方法跟写文章不一样，跟说话不一样，跟写诗也不样，给人带来的感受更不一样。

师：是啊，格里菲斯探索出了真正的电影技术、电影语言和电影的特权，尽管屏幕仍寂静无声，但格里菲斯无愧于"现代电影之父"的美誉。

师：屏幕寂静无声，艺术大师却在这无声的世界里将人生的酸甜苦辣演绎得淋漓尽致，让我们可以洞察那个时代的历史信息。

揭秘路标（二）

卓别林生活在一个怎样的"摩登时代"？从中你捕捉到了哪些历史信息？

生：从画面上看，卓别林的"摩登时代"是大工业时代，以电为标志的生产力已高度发达。

生：我从中发现了工厂的特点，使用机器大规模生产，工人受到严格的纪律约束，分工细致，强调协作。

生：资本家为了提高生产效率，不断地加快机器运转的速度，甚至还发明了一种给工人喂饭以节省时间的机器。当我看到卓别林在高强度的劳动压力下神经错乱，钻到机器中跟机器融为一体时，我理解了那句话：工人成了机器的附属品。

生：当人成了机器的附属品时意味着什么？这就是人的异化，这让我想到贝克特的《等待戈多》，这不就是在工业化社会里，人们在物质生活的挤压下，迷失精神世界、丧失自我，异化成机器附属品的写照吗？

师：电影真的太伟大了，它已成为时代生活的记录者。怎样让电影这个"伟大的哑巴"说话呢？人们费尽了心思。有发明家在拍摄时使用两种感光不同的底片，一种摄取画面，一种记录声音。然后将画面和声音合印在一条胶片上。1927 年，当电影画面中的一位爵士歌王开口歌唱时，新的技术革命使电影进入了有声时代。

师：你还想给这样的电影再加点什么吗？

生：电影应该想办法跳出黑白世界，展示生活的本来色彩。

（3）发展进程：默片时代—有声电影—现代电影

师：那咱们就通过一部奥斯卡获奖影片《泰坦尼克号》的片段，感受一下现代电影的魅力。你能否用一个词概括观看这个片段的感受？

生：画面更有美感、场面更加震撼、情节更加感人、高科技手段无所不在……

师：现代电影凭借更加先进的技术、全新的镜头语言、深入灵魂深处的叙事方式，使其成为一种全新的艺术形式。都美成这样了，还有什么不满足的吗？

生：这么好看的电影只能在电影院里看，概括为我们说的规范语言就是它受到场地的限制、时间的限制，并且观看的内容无法自己选择，电影要是能在家里看就好了。

2. 电视

师：要把一段影像从此地传到异地，这就需要信号传播。一个简陋的圆盘成为这一发明的起点。而一个人为了把信号传出三米远，耗尽了他十八年的心血。但迈出这三米的距离后，电视时代的按钮就打开了。

（1）诞生标志：1925年贝尔德的发明

师：如今不论在世界的哪一个角落，没有电视的日子都是不能想象的。

> 揭秘路标（三）
>
> 与电影相比，电视拥有哪些得天独厚的优势？

（2）优势：突破环境限制，内容更加丰富，可以自由选择，传播更加广泛。

> 揭秘路标（四）
>
> 到底是哪些力量在推动着电影和电视的发展呢？

生：科学技术的进步为电影和电视的发展提供了强大的动力。

生：同时我们还应该看到爱迪生、卢米埃尔兄弟和贝尔德等科学家、发明家的贡献。

生：这其中还有格里菲斯和卓别林等艺术家的作用，技术让艺术拥有了更广阔的空间，艺术使技术更有魅力。

从逆向追问：历史教学不是什么？

师：大家还记得爱迪生为什么跟"电影之父"的桂冠失之交臂吗？

生：因为他的商业理念是错误的。看来，还有一个重要的力量——商业利益。

师：在伴随电影、电视发明的过程中，我一直在问大家还有什么不满意的地方，还有什么需要改进的，你们的"不满意"应该称为什么因素呢？

生：我们的"不满意"应该叫人民日益增长的物质文化需要。

（二）观察：影视与世界

师：人们常常把电影、电视称为20世纪最伟大的发明，我们通过下面的视频剪辑来观察一下，影视到底给世界带来了哪些改变？

曾有几千万人跟他学外语　　　消息传得很快　　听维也纳音乐会不再是谁的专利

大年三十看春晚　　　　　　　一部电影普及了一部法律

生：*Follow Me* 将中国人带入英语世界，也进一步增强了人们对外开放的意识。除了这个专题片以外，电视上还有很多关于教育的内容，电视已成为教育的一种新形式。

生：卡扎菲之死的消息迅速传遍世界，说明电视已成为快速传播信息的重要媒介。

生：维也纳音乐会通过电视让全世界的观众能够同时观看，这说明电视已经成为传播优秀文化和艺术的全新舞台。

生：春节联欢晚会已成为民俗的新内容，电视改变了社会生活。

生：《秋菊打官司》讲述了一个民告官的故事，秋菊告村长、告派出所所长、告公安局局长，最后法律终于给了她一个说法。通过这部电影我们发现，秋菊所告的都不是坏人，原来好人和好人之间也可以打官司，原来老百姓也可以告政府。这个法律就是我们在"政治文明进程"中所学的"行政诉讼法"和"行政复议法"。《秋菊打官司》这部电影的巨大影响，说明影视已经成为推动社会进步的重要动力。

师：再向大家介绍一部不太为人所知的电影，这是新中国第一部译制片，叫《普通一兵》，讲述了一个名叫马特洛索夫的战士的成长历程，在影片的结尾马特洛索夫用身体堵住了敌人的枪眼，为部队开辟了前进的道路。1951年，志愿军新入朝战士集体观看了这部电影，其中一位战士的名字叫黄继光。

苏联电影《普通一兵》

师：看来，影视不仅在宏观上影响着社会和世界，还在微观上影响着每一个人。

（三）思考：影视与我们

师：请全班同学分成两组：第一组同学给大家推荐一部电影，用一句话告诉大家它给你的启发。第二组同学讲一个有关你与电视的故事。

生：我推荐《肖申克的救赎》，它告诉我心怀希望有多重要。

生：我推荐《霸王别姬》，它让我看到人性的执着和多变。

生：我说一个我与电视的故事。我的表哥去莫斯科友谊大学留学，某天我看到电视新闻播放莫斯科友谊大学发生了火灾，急忙给表哥打电话。你们知道表哥说什么吗？"啊？着火了？我在睡觉呢。让我看看啊……老天！那个楼真的着火了。"电视让远在千里之外的我比身处其境的表哥更早知道了刚刚发生的事情。电视跟网络一样都拉近了世界的距离，加强了人们的联系，改变了我们的生活。

师：可能有的同学会问，老师，您是怎么弄的这些视频啊？制作这节课的课件，我使用了PPT和视频格式转化软件。正像影视发展给我们带来的启示一样，为什么我们不充分利用身边的科学技术让自己的工作更顺利，生活更美好呢？

师：作为对这节课的小结，现场教大家一招：绘声绘影。（同时播放配有字幕和音乐的课堂实录视频短片）

从逆向追问：历史教学不是什么？

师：今早，我走进了一个美丽的校园，讲了一节被人们认为是非重点的教学内容的课，因为影视好像不是历史该管的事情。但我们所讲的影视技术不是物理意义上的影视技术，而是在梳理它的历史脉络、洞察它的历史规律；我们所观看的影视片段，不是单纯的艺术欣赏，而是在品味它在历史发展中的作用；我们在这节课进行的思考无关其他，只关乎历史、规律、世界与我们。影视，这样一个从历史中走来，改变着世界，影响着我们每个人生活的重要领域，怎能与历史无关呢？

【案例说明】

让我们重新审视这节课："电影与电视"真的在历史教学中是一根"鸡肋"吗？

如果认真准备这节课，我们就会发现电影和电视的伟大意义："'19世纪和20世纪的交接点是一条巨大的断裂带。在这条断裂带前面，历史是一种充满神奇的迷雾，不可捉摸的、令人困惑的、无以名状的东西；而在这条断裂带的后面，历史却是亲切而透明的、切实可见的、无可争辩的存在。'是什么弥合了历史的这条断裂带？是电影与电视的力量。""这样一个从历史中走来，改变着世界、影响着我们每个人生活的重要领域，怎能与历史无关呢？"看到这里，我们怎么能再说"电影与电视"是历史教学的非重点内容呢？教学中又有多少节课在我们的潜意识中被列为非重点而没有真正体现其教学价值呢？

或许还会有教师说："重点不重点、意义不意义我不管，反正'电影与电视'这种'鸡肋'课不可能是考点。"果真如此吗？

（2007年广东卷）1954年，美国一个城市管理自来水的专员发现，该市自来水耗费量在某些三分钟的时段内会奇怪地突然增加。出现这种现象的原因可能是（　　）。

　　A. 当时汽车开始在美国普及，这三分钟刚好是车主集中洗车的时间

　　B. 黑客通过互联网攻击自来水公司的电脑系统，导致数据显示错误

　　C. 第二次世界大战后美国企业管理水平普遍下降，统计数据计算错误

　　D. 当时电视开始在美国普及，这三分钟是广告时间，大家上厕所集中用水

这道高考题在我最喜爱的题目中位列前三名，说到本节课的风格，潜意识里就是深受这道题的启发。

历史新课标指出，学习历史是一个从感知历史到不断积累历史知识，进而不断加深对历史和现实的理解的过程。这道题让我们发现，原来历史跟生活那么近，想象学生从试题思维连线到教材中"网络世界""汽车普及""电视业发展"等内容，并通过日常的生活经验判断"三分钟用水量"增加的原因，这是一个何等真切的"加深对历史和现实的理解的过程"啊。当学生综合各种信息和生活经验后，得出"电视插播广告时间，人们纷纷上厕所，造成用水量上升"的结论时，相信即使在紧张的考场上学生也会禁不住开心一笑，这是一个多么愉快而富有成就感的过程。

这样看来，大家需要放弃传统的重点和非重点、考点和非考点的思想，要认识到，能充分体现课标要求的内容都可能是重点，更可能是考点。

如果对于本节课还有是不是历史内容的疑惑的话，那就再回顾一下本节课我让学生着力思考的问题：

——让画面动起来，如实地记录和再现客观世界，这就是电影要承担的使命。我们不妨置身于 19 世纪末，盘点一下要实现这个理想，人类已经有了哪些知识和技术的准备，还需要破解哪些难题。

——卓别林生活在一个怎样的"摩登时代"？从中你捕捉到哪些历史信息？

——与电影相比，电视拥有哪些得天独厚的优势？

——到底是哪些力量在推动着电影和电视的发展呢？

——观察影视与世界的关系。

——思考影视与我们的联系。

正如我在总结中所说，"我们在这节课进行的思考无关其他，只关乎历史、规律、世界与我们"。

我相信大家还会说这节课用的视频和多媒体太多了，但要知道的是，在"电影与电视"一课中，视频已不仅是一种教学手段，更是教学内容的应有之义，每一段视频背后都承担着思考的任务，就如其他课上每一段史料都承担着使命一样。视频在本节课中就是史料，那么大家允许一节课出现多少段史料，就应该允许这节课出现多少段视频。

我想，对这节课最集中的疑问是，准备这么多视频资源需要下多大的功夫？正如前面"教学思考"中所说，当现代技术成为生活的组成部分，我们就不会再是多媒体设备的奴仆。以最后一段作为全课小结的视频为例，

从逆向追问：历史教学不是什么？

我把全课小结的字幕、配乐和片头事先放在"绘声绘影"的轨道上，并在课前委托一位听课的教师用数码相机随机在课堂上拍摄十张照片和两分钟录像。在进行小结时我连接相机与电脑，导入视频和图片，批量设置画面移动和淡入淡出效果，点击播放，耗时只有 30 秒。当学生发现他们上课的镜头已被拍下来并这么快就变成小电影时，用现在流行的网络语言说："小伙伴们都惊呆了。"全课小结的这个视频应该能给学生带来这种真切的感受："正像影视发展给我们带来的启示一样，为什么我们不充分利用身边的科学技术让自己的工作更顺利，生活更美好呢？"授课教师本身的表现已成为这个理念的真实写照。

我能预想到的疑问还有：

——你平时就对多媒体很熟悉，当然这节课能用得上了，可更多的教师平时没有这么熟练的技术啊。那我们更应该在平时的课堂上多练习、多应用。还是那句话，多媒体在课堂教学中这么多年长盛不衰，自有其独特的魅力和价值，我们为什么不更多地亲近它，将其变成自身的本领而不是"花架子"呢？

——你每节课都是这样上吗？不，因为每节课都有每节课的职能和特色，这节课是叫"电影和电视"。

——这节课如果不是公开课，你在日常教学中也会这样上吗？会，这节公开课只是让我有机会向大家展示了一节所谓"鸡肋课"的上法。"电影与电视"这节课我在自己的班里早已这样上过了，当时我把拍摄十张照片和两分钟视频的任务交给班里的一位学生，当课堂实录的视频作为全课小结出现在大家面前时，"小伙伴们'同样'惊呆了"。

从发展追问：
怎样规划自己的职业生活？

教师专业成长是指教师参加工作以后的教育思想、知识结构和教育能力的不断发展，是教师在整个专业生涯中，依托专业组织，通过终身专业训练，习得教育专业知识，实施专业自主，表现专业道德，逐步提高自身从教素质，成为良好的教育专业工作者的过程。重复与倦怠是教师职业生活的困境，追求与发展是教师职业生活的内核，读书与思考是教师职业生活的源泉，叙事与积累是教师职业生活的方式，课程改革与教研是教师职业生活的提升，幸福与闲暇是教师职业生活的必需。

问题缘起

教师专业成长是指教师参加工作以后的教育思想、知识结构和教育能力的不断发展，是教师在整个专业生涯中，依托专业组织，通过终身专业训练，习得教育专业知识，实施专业自主，表现专业道德，逐步提高自身从教素质，成为良好的教育专业工作者的过程。

一般来说，一名教师在 30 年的职业生涯中每天至少有 8 小时是处于职业状态中，除去睡眠时间，工作几乎占去了一天中的大部分时间。当我们在注重营造家庭氛围、重视孩子成长的时候，有没有想过，在一生中这最宝贵的 30 年里，我们应该以什么心态来度过自己的职业生活？应该在工作中从身边的人那里感知些什么？又能在工作中给身边的人一些什么？

2008 年，山东省 10.8 万名高中教师迎来了首次新课程远程培训，其中公共课专题讲座"教师的职业生活"由齐健老师、我和语文特级教师史建筑老师承担。我很喜欢这个讲座的题目，理由在于，教师首先是一种职业，同时还是我们的生活状态，只有敬畏这个职业，享受这种生活状态，教育才有可能成为一项神圣的事业。

下面的内容就是根据此次讲座整理而成的。

教学思考

随着社会文明的进步，教师的幸福指数和职业生活状况越来越受到社会的关注。谈到教师的职业生活，我们首先要谈及的一个话题就是教师的职业倦怠。

（一）重复与倦怠：教师职业生活的困境

自从弗鲁顿伯格于 1974 年首次提出"职业倦怠"以来，该领域的研究便一直受到人们的关注。尽管学术界对职业倦怠的定义彼此不一，但我们仍可发现其共同之处，即职业倦怠是个体因不能有效地缓解工作压力或妥善地应付工作中的挫折所经历的身心疲惫的状态。

教育教学工作本身即是一种压力情境，教师要面对的是个体差异较大的学生，越来越复杂的教学任务，家长的过度要求，社会的过高期望……久而久之，这些都会损耗教师的工作士气与热情，导致教师自身的倦怠。目前，教师的职业倦怠主要表现在以下三个方面。

1. 长期的情绪倦怠感

处于职业倦怠状态的教师常常表现出疲劳、性情急躁易怒、容忍度低的状态，并且在情绪上缺乏热情与活力，有一种衰竭、无助感，觉得自己无法给他人以任何东西，对生活冷漠、悲观。

2. 人格的解体

教师人格解体的表现之一就是减少接触或拒绝接纳学生。他们会将学生视为没有感情的事物，用带有蔑视色彩的称谓称呼学生，用标签式的语言来描述个体学生。不仅如此，他们对同事也常持多疑的态度。

3. 较低的成就感

主要表现在工作中效能感的降低以及对自己消极评价倾向的增长。当较低的成就感与前两种职业倦怠的感觉混合在一起时，就会大大减少教师工作的驱动力，这时失败就会成为一种生活方式，社会心理学家将其称为"学者型的无力感"。教师职业倦怠现象极大地危害着教师的身心健康及教育事业的发展，倦怠的感受正在打击着无数有爱心、有理想、乐于奉献的教师。

到底是谁偷走了教师的工作热情呢？最重要的原因就是重复。教师职业生活的重复指的是技术性重复，本来应该充满灵性和活力的不可复制的教育，却充斥了太多的重复。

在教育教学实践中，较为突出的现象是"年年岁岁人不同，岁岁年年课不变"。机械地重复，使教师失去了活力、热情、魅力与发展；机械地重复，使教育失去了灵性、情趣、悬念与创新。

在教师的专业成长中之所以出现机械与重复的现象，与教师对自己教育生涯的无意识、无规划有很大的关系。

工作之初，我曾经用这句话概括自己的困惑："道路笔直得让人迷茫。"这可以说是我对教学机械与重复的个性化理解，也恰恰体现了我对专业成

从发展追问：怎样规划自己的职业生活？

277

长所面临的困难的无意识。认真观察，专业成长的道路真是处处有"瓶颈"。

片段观察

教师专业成长中的"三、六、九现象"

步入教学领域1~3年，是青年教师教学基本功养成的时段。一部分个人素质较高的青年教师会在入校初便显出与众不同的实力，但随着授课年级的提高、课程的加深，常常会出现后劲不足的现象，学生认可度、学校评价度也随之改变，教师的个人信心也会受到相应的影响。而更多的青年教师则面临着教学成绩与老教师相比差距较大、课堂秩序杂乱的状况，他们往往多被学生和家长投诉。此时，教师需思考：我的立足点在哪里？

到了工作的第6个年头，青年教师往往要应付婚姻、住房、生育等种种家庭问题。他们会有意无意地调整自己的生活重心，有的教师会从这个阶段开始有所松懈。此时，教师需警觉：把握职业底线，防止成长断层。

工作到第八九个年头的教师，基本上已成为学校的教育教学骨干。此时，教师需梳理：清点教学成绩、整理教学心得、探求教学风格。

完成职称评定后，有些教师的个人专业发展也由"登山"转为"走下坡路"，似乎唯一的任务就是上完课等退休，再也找不到职业的兴奋点。此时，教师需自问：只跑前半程的"马拉松"，是否会留下教学人生的遗憾？多年的学科影响，足以让我们带起一个优秀的教研团队；多年的教学经验，足以让我们有能力站到科研型、专家型教师的起跑线上。

落后的管理理念和评价机制也助长了教师倦怠的滋生。例如，过于注重整齐划一，过于注重结果、结论，一味地强调重复与付出，甚至违背规律、透支生命等。教育的目的是为了让学生从学校毕业后能具有较强的生活和生存能力。然而，这些能力在当今的教育评价中却很少涉及，面对教育现实与本质的矛盾，教师的困惑感必然会增强。

教师要摆脱职业生活的倦怠，离不开管理机制与评价机制的完善，离不开教师专业成长意识和规划意识的觉醒。因此，教师要科学、理性地把握"守正与创新"的平衡点，只有这样，我们才能摆脱机械与重复的教学生涯。

（二）追求与发展：教师职业生活的内核

著名哲学家冯友兰将人生的境界归为四类：自然境界、功利境界、道德境界、天地境界。那么，教师的职业境界有哪些呢？

经过体验和思考，人们总结出了教师的职业境界，其大致可归为三类：

谋生境界、奉献境界、发展境界。

谋生境界：生存而已，精打细算，一切以谋生效益来衡量。

奉献境界：一味地付出，在成就学生的同时，付出了自我，遗忘了自我，透支了自我，湮灭了自我。

发展境界：成就学生的同时，成就自我；发展学生的同时，发展自我。构建属于自己的教育教学体系，实现自身价值，推动社会发展。

当然，这三种境界之间不是相互独立的，例如，谋生是基本的生存需要，发展境界也离不开奉献。

要让追求与发展成为教师职业生活的内核，一个重要的前提就是教师要找到持久的职业追求动力。

记得刚工作的那一年，我到医院补牙，心惊胆战地坐在那张可怕的椅子上，这时，走过来一个年轻的实习医生，他在我的牙上左钩钩右捅捅，还问了一些不着边际的问题。当时，我的脑海里持续着一个强烈的念头："快来个正式的医生吧，千万不要让这小伙子给我补牙！"这让我想到了自己的工作，当家长把孩子送到我的面前时，当学生坐在班级的教室里时，他们的心情何尝不是如此？他们交给我的不是一颗牙齿，而是他们一生的前途和成长，我能让他们放心吗？我能让他们认可吗？我能为他们负责吗？让学生、家长和社会认可，是我专业成长中初始的也是从未改变的最强烈的内心渴求。这种对认可的强烈需求不是出自于虚荣心，而是出自于强烈的职业责任，它时时提醒我不能放松、不能懈怠，我想这应该是我在教师职业追求中的直接动力。

有人问三位砌砖的工人："你在做什么？"第一位工人回答："我在砌砖。"第二位工人回答："我在砌墙。"第三位工人回答："我在建筑一座漂亮的大厦。"人们对工作的认识不同，做事的态度也就会不同，随之，人生的意义也就大不相同。参与学生的成长，并在其中最大限度地发挥作用，这就是我对自己工作的整体定位。我愿意用"为学生的人生底片增添色彩"这句话来定义教育教学工作。

我在教师职业追求中的另外一个重要的动力就是学生。很多教师平时总爱说自己对学生做过什么，可曾用心体会过学生为我们做过什么吗？记得我刚工作的时候，有位学生要离家出走，当我问他为什么还坐在教室里没有走的时候，他掏出早已买好的火车票说："我什么都准备好了，可一想

从发展追问：怎样规划自己的职业与活？

279

到你对我们那么好，你刚工作，如果因为我你被学校开除了怎么办？"这件事我至今难忘。学生对我们也有一份牵挂。有一年，我带领班里的学生去爬泰山，一路上我的全部精力都用在数人数上，用在关注学生的安全上。等爬到山顶我才发现，我的脚下一直有一束手电筒的光，从山脚下到山顶5个小时从没间断。这是一位平时很少跟我说话的学生专门为我照亮的。在我的教师生涯中，一直亮着这束光——我曾从学生那里得到过这样的光明和温暖，又该用怎样的光明和温暖回报他们呢？

如果只有个别教师的心里拥有职业情怀，那么这种力量是微不足道的。如果一个教师群体都拥有这样的情怀，就会产生巨大的力量。

片段观察

不一样的高三动员大会

在某个学期的高三动员大会上，各个教研组的教师和班主任都向学生赠送一组寄语，让我们看一看这其中隐藏着什么共同的信息。

我们愿以趋向极限的热情，陪伴同学们由已知而未知，由设求以需求，找准人生的坐标，解好人生的方程。

——数学组

字词句段，考点难点，零零碎碎，须知天生我材，这点困难不必怕。

经史子集，今文古文，篇篇锦绣，看我生花妙笔，书写人生大文章。

——语文组

We came, we saw, we will conquer. We give, we share, we will win.

——英语组

学好物理，要睹物思理，借物喻理，赋物明理，究物穷理，这是一个多么有趣的游戏过程。所谓物理，即最终悟尽物中之真理，这是一个多么美好的人生境界。

——物理组

燃烧学习的激情，就像焰色反应，必使青春壮丽辉煌；坚定前进的步伐，常思氧化还原，须知有失才能有得。

——化学组

你不能忘记，那奇妙的DNA双螺旋——没有规矩不成方圆；我不会忘记，光能向化学能的转化——孜孜不倦，无私奉献。

——生物组

心怀对光明前途的美好期许，拿出走曲折道路的无畏勇气，让我们共同成就一次如破茧成蝶般绚烂的质的飞跃！

——政治组

五千年前，因为阳光，人类开始拓展荒野。

五百年前，因为海洋，人类找到了展示自己的舞台。

一百年来，因为天空，人类拉近了彼此的距离。

今天，因为共同的希望，我们执着地站在理想的起点。

——历史组

给你一个支点，就可以撬动地球！我们愿意成为你的支点。

——地理组

治你是一种青春的误解，管你是我工作必需的手段；疼你才是我的心情，爱你才是我的目的；期盼你好是我的理想，助你成功是我的事业！

——全体班主任

在这里，我们没有听到"奋战多少天"的誓言，也没有听到"排名多少，能考上什么大学"的算计。在这其中，我们似乎隐约看到了教师的职业追求目标：站在知识传承的基点上，潜移默化地向学生传授学以致用、借物喻理的学习方法，以自己的智慧和才华尽显学科的魅力，而教师职业追求的终极目标则是与学生一起共同塑造完美的人生。

教师的职业境界由谋生至奉献进而到发展的提升，是教师自我意识觉醒的体现，也是教师责任和使命意识强化的体现。可能有的教师会说，这种教师职业追求的境界对于一般学校来说只是一种遥不可及的理想，在实践中根本不可能实现。我们再来分享一位在山东最为艰苦的教学环境下从教教师的经历：潍坊饮马镇小学的于美霞老师不因自己所身处环境的制约而放弃独立的思考和追求，在长期的教学实践中独创了"于美霞数学互动合作"教学法，在教学界产生了强烈的反响。她成名之后面对多家重点学校的邀请，仍然坚守在乡镇小学的工作岗位上，她说："相对落后的教育环境在别人的眼里是制约专业成长的枷锁，在我的眼里，它是让我的教学探索更贴近现实，更接近教育本来面目的丰厚土壤。"

很多教师所处环境艰苦，他们不满足于职业生活的谋生境界，努力突破奉献的境界，执着于发展的境界，用自己专业成长的经历再次告诉我们：心有多大，舞台就有多大。

从发展追问：怎样规划自己的职业生活？

在我们心里，专业成长似乎是某些教学素质突出、教学悟性强的同行的专利，在专业发展的道路上似乎我们只能做一个羡慕他人的旁观者。我非常欣赏一句话："苔花如米小，也学牡丹开。"在我校举办的一次教学年会上，一个小实验让很多教师至今难忘。

一只即将溢出水的杯子，到底还能放进多少颗图钉？当时实验的结果真是令人意想不到——100多颗图钉放进杯子里，水仍没溢出一滴。

一个杯子，到底能容纳多少东西，你并不知道；一捧清水，到底能承受多少重量，你也不知道；一名普通教师，有多大的专业成长潜力，你仍不会知道。

（三）读书与思考：教师职业生活的源泉

人的成长是一个新陈代谢、吐故纳新的过程，作为教师更应该终身吸纳、终身学习，并始终进行实践与反思，这些应该是教师职业生活的源泉。

教师的学习途径多种多样，但都无外乎在实践中学习、在阅读中学习、在反思中学习。在这里，我们需要谈一谈教师职业生活中的读书。在某种程度上，一个人的阅读史就是他的精神发育史，优秀教师的成长之路是用书籍铺成的。

特级教师史建筑老师认为，读书其实是在读自己；真正的阅读具有个性化和私密性的特点；阅读，应该伴随着积累、实践、写作；应以教师的阅读带动学生的阅读。

不论是阅读书籍、向他人学习，还是进行教学反思，其中贯穿的一条红线，就是教师在职业生活中要不断思考。

（四）叙事与积累：教师职业生活的方式

教育叙事的意义在于让教育生活"说话"。教育叙事，就是教师叙述日常教育生活的故事，以讲故事的形式来表达自身对教育的理解与解释。讲故事的过程就是一个对自己亲历的教育生活进行观照、反思、寻求意义的过程，它让我们重新审视过去教育生活中司空见惯的细微之处，发现其中的教育内涵，把作为叙事者的教师的思维触角引向自我教育生活的深层，使看似平淡的日常教育生活显现其并不平凡的教育意义。

在本书中，我在十个专题中分别提供了十个完整的"案例展示"，同时，还提供了五十余个"片段观察"。这其中绝大多数都属于教育叙事的范畴。这种教育记叙文使发生的事件不再因时间的流逝而成为无意义的东西，它以记述的形式保留了"历史"，给看似平凡、单调、重复的活动赋予独特的韵味，从而固守了一份教师对世界和生活创造的意义。

每一次叙述都必然有教师当下和过去的生命痕迹的交流与碰撞。教师一旦以类似自传的方式叙述自己生活中的教育故事，也就意味着教师开始以自己的生命经历为背景去观察世界和反思自身，这就促使教师进入沉静思考的层面，倾听自己内心深处的声音，不断反思和挖掘自我。教师只有这样才有可能激发出新颖的想法，开始不再依赖于别人的思想而生活。这些鲜活的、个性化的经历一旦积累下来，就会成为一线教师弥足珍贵的财富。

（五）课改与教研：教师职业生活的提升

几年前，一场被评价为革命性、颠覆性的中国高中课程改革，转变了中国大地上数百万高中生和几十万高中教师的命运。既然教材变了、教学理念变了，那我们是否意识到教师与学生的发展空间也变了呢？

任何一场改革如果只靠政府、专家的呼吁是根本无法实现的，它需要一线教师的认同、实践、发现、反思和修正。任何一轮教育教学改革都需要在一线教师中出现课堂教学中的示范型人物、教学科研中的思考型人物、教育实践中的开拓型人物，而只有最先思考和最先行动的教师，才能展示出领先一步的实力，成为学科教育领域的领军型人物。无数一线教师的觉醒和行动，会使教学改革出现新的气息，形成新的气候，发展成新的主流。

当我们把话题引向新课程改革的时候，就要思考新课程改革到底要改什么。我认为，新课程改革的关键是要弄清楚该怎样去教育学生，要将他们教育成怎样的人，思考如何达到学生与教师的全面发展。新课程改革也恰恰给我们提供了无限的教育空间。

苏联教育家苏霍姆林斯基说过："如果你想让教师的劳动能给教师带来乐趣，使天天上课不至于变成一种单调乏味的义务，那你就应当引导每一位教师走上从事研究这条幸福的道路上来。"但长期以来，中学教师由于肩负着繁重的教育管理和教学任务，他们既缺乏进行科研的自信，又缺乏进行教育科研的素养和能力。一线教师进行教学研究，不妨从以下几个方面入手。

1. 教研的实化——立足课堂

一线教师的科研活动不同于专家的科研活动，要立足课堂教学，要做

从发展追问：怎样规划自己的职业生活？

到会运用教学理论，会反思教学方法，会提炼教学模式，会总结教学经验，这些是进行教学科研最常态的形式。

2. 教研的虚化——理念创新

创新教学理念是创新教学实践的前提。比起重点、难点、考点，教学理念看上去是有些"虚"的概念，但在教师的专业成长中，教师需要这种"务虚"的意识：以高度自觉的意识学习教育教学理论，更新教育教学理念，并将基于理念层面的成熟思想转化为更高层次的教育教学行为。

3. 教研的深化——课题研究

教育科研不仅对教师的专业成长有着巨大的作用，还对提升教育教学境界有着不可替代的作用。作为山东省教育科学"十五规划"重点课题"历史教育与现代人的发展研究"课题组核心成员，我参与了《新课程——与历史教师对话》《走进历史教学现场》《历史课堂的有效教学》等多部新课程改革著作的编写工作，并完成了《新课程在新课堂——钟红军高中历史教学实录》，正是这种结合教学实际的研究思路引领我走上了教学实践与教学科研紧密结合的专业化成长道路。

片段观察

"新概念"展示课

山东省实验中学校庆展示课是一种以常态教研模式体现创新教学的品牌。每年校庆之际，学校都会面向社会提供几十节科目不同、风格迥异的展示课，集中体现对新课程改革、新理念、新教法的思考和实践。此项活动有以下几个方面的特点。

1. 主题明确

每届校庆的展示课都是围绕创新教学模式而确立的富有针对性的主题课。例如，2007年的展示主题是"让课堂活起来，让学生动起来"。更能激发教师们创新热情的是主题为"新概念"的展示课，该课要求献课教师要突破四平八稳的老套路，立足于为课堂教学贡献新思路、新方法、新理念的模式。在一年年校庆展示课主题的引领下，教师们实现了一轮又一轮教学模式的创新与突破。

2. 展示全面

校庆展示课中不仅有必修课程展示，校本课程、通用技术和研究性学习展示也集中登场。这样的展示课充分体现了一所学校的教育理念和学校构建课程的实力。

3. 各具特色

展示课中既有享誉省内外的名师，也有初出茅庐的年轻教师，即将退休的老教师也愿意在这个舞台上一展风采，为自己的教育生活留下美好的记忆。

4. 研讨气氛浓厚

在每次展示课后，省、市教研员都会深入课堂进行指导，课后还与教师们就课堂教学情况展开积极研讨。交流产生碰撞，碰撞产生思考，精心设计的课堂与富有成效的研讨相得益彰，使教者有所得，听者有所获，真正体现了教学研讨的有效性。

5. 社会反响好

在校庆 60 周年的展示课中，参加听课的省内外专家、教师以及学生家长代表达 1500 余人。期间所展示的 60 余节必修、选修及校本课程被电视台全程录制，收入国家基础教育示范项目"基础教育信息资源开发与服务试点工程"。

（六）幸福与闲暇：教师职业生活的必需

我们是否经常听到这样的谈话："老师，您太敬业了，太负责了，我们太喜欢您了……不过，我长大了以后可不会像您这样。"

人们常说教师要在学识上、品德上成为学生的榜样。如果教师向学生展示的是一种避之唯恐不及的生活状态，那么我们能否称得上一个合格的教师？

我曾无数次问自己：工作是什么？到如今，答案仍然是，工作是生活的一部分。一个人一生有近一半的时间是在工作中度过的，如果我们毫无热情地面对工作，那这份工作一定会让我们感到痛苦。希望同行们放松一下紧皱的眉头，以快乐和享受的心态投入工作。这种心态会让我们更加自然地吸引学生、亲近同事，能让我们把无数的艰辛转化成收获和愉悦。

拥有快乐和享受的心态让我以豁达的态度对待得失。在我的成长经历中，每当遇到荣誉和发展机遇时，我往往都这样想："机会不错，好好争取，没有也行，因为我喜欢的是工作本身。"这种心态还让我以豁达的态度对待竞争。记得有一次在山东省优质课评比中，一位最具竞争力的对手的电脑出现了故障，几位电教老师都束手无策，在她要离开赛场时，我忽然

从发展追问：怎样规划自己的职业生活？

285

想到了自己平时遇到过类似的问题，便毫不犹豫地走上讲台为她排除了故障，台下的听课教师为我鼓掌——他们赞扬的不是我的技术，而是我的态度。在专业成长的过程中，我与很多竞争对手都成了亲密的朋友。

我们留给学生的不能只有白发爬上鬓角的酸楚。说到我最熟悉的人，毫无疑问是15～18岁的学生，20年来我经历了各类学生，我愿意亲近他们，琢磨他们的思想，这使得我的心态越来越接近他们。我曾自豪地跟学生说："你们总有一天会变老，但我有自信会永远年轻。"学生说："老师，我们也想跟您一样。"不论在学业上、工作上，还是在生活上、心态上，成为一个学生想成为的人，这才是成功的职业人生。

谈起教师的职业幸福感，就离不开闲暇这一问题。生活闲暇、职业闲暇、学术闲暇，对于教师的职业生活而言，都是重要的。

我们不妨听一听著名科学家费曼的故事。有一次，费曼问一位非常勤奋的研究生："你每天上午在做什么？"学生回答："在实验室做实验。""下午呢？""在做实验。""那么，晚上呢？""在做实验。""如果是这样的话，你用什么时间思考呢？"

爱因斯坦也说过，人与人的差别在于业余时间。教师的职业生活也是这样，如果教师所有的时间都被工作填满，没有一点"私人领地"，那么何谈思考、灵感和奇思妙想？何谈幸福和快乐？

在生活中，我是一个兴趣爱好极为广泛的人。我曾经获得山东省第六届演讲比赛一等奖的第一名；大学时代我曾代表学校参加过山东省大学生独唱比赛；我还曾是山东省实验中学教师歌手大赛的"十佳"之首、济南市教职工乒乓球比赛团体第二名的主力队员、济南市教职工排球赛冠军队的主力队员。

广泛的爱好也拉近了我与学生之间的距离。我曾经凭借对文学的了解和爱好走进了一位学生的内心世界，帮助他渡过了家庭变故的人生低谷；我曾经通过向一位学生传授摄影技术，帮助他化解了对学习的焦虑。

记得中央电视台"艺术人生"节目的一次专访中，电影演员王铁成展示了他在书法、京剧、收藏等方面的特长。当时有位观众提出了这样的问题："您有这么多的爱好，是不是为了体验生活，以便在拍摄电影的时候更加真实呢？"王铁成当时的回答道出了我的心声，他说："不是为了工作，生活本来就该这样啊！"

什么是幸福？答案肯定是丰富多彩的，但都离不开满足、愉悦、和谐和温馨，而我们要做的就是致力于提升教师的职业幸福感。每一位教师幸福了，每一个家庭就会幸福，我们的学生也会幸福，所以，我们没有理由不幸福。

　　作为教育工作者，我们向学生展示的应该是一个幸福生活着的人。

案例展示

迷人的"教育星空"

——山东省实验中学教师专业成长培养侧记

　　我经常接待全国各地来校参观、听课的教师，某次我向前来参观的教师建议：如果您的时间紧张，咱们就先去参加一下我校的"教育星空"活动吧！

　　"教育星空"的全称是"教育星空教师成长分享汇"。成立的目的是让教师在平等、自由、轻松的氛围中，呈现、汇集、交流各种教育教学思想以及在教育教学实践中产生的感悟，通过对话与分享的方式，给教师提供更多的思考空间，激活教师的思想，开阔教师的思路，活跃学校的学术氛围，促进教师由经

"全美最佳教师"雷夫作客"教育星空"

验型教师向研究型教师转变。活动时间固定在每周二下午 4：00～6：00，每次活动都会事先确定一个主题（话题）。这种围绕主题的平等对话交流，让参与活动的教师听到了自己拔节成长的声音，达到了"知识在对话中生成，在交流中重组，在共享中倍增"的效果。活动中，教师们可以畅谈自己的专业成长体会，分享自己在教育教学中的成功方法，探讨在教育教学中共同关心的问题。"教育星空"是一个教师思想交集的空间。通过分享与交流，教师们的认识深化了，内心丰富了，专业成长的激情被激发出来了，自主发展有了新的动力与源泉。

从发展追问：怎样规划自己的职业生活？

附：部分分享话题

话题一："诚实问自己"——从自己的经历看什么是好的学校教育

教师们可以从不同的角度来思考教育，如从教育现实、教育实践切入，或者从理论和读书学习入手，或者从自身的经历出发。现在的教育理论繁多，社会环境和教育现实复杂，对教育问题的认识争议也颇多，其中，分析和研究自己是一个最重要的方式，因为人对自己的成长经历最熟悉、体会最深刻。如果我们把自身在十几年教育中最为认可与赞赏的、有价值的教育之事凝练地讲述出来，肯定会让我们从一种新的视角，对"好的教育是什么"有新的思考，也会让我们在教育的诸多困境中，坚定地去做一些在我们自身看来有价值的尝试。

话题二："课堂教学改革"——我的真实思考

课堂教学改革是教师听得最多的，也是最难的。学生在学校有约80%的时间是在课堂上度过的，课堂的质量直接关系着教育的质量。业界和学校对于课堂教学改革的强烈诉求只是问题的一个方面，真正的课堂改革的动力还在于教师。如果教师不想改、害怕改，或者认为不能改，那么真正的改革就无法进行。当然，还有一个问题，改革并不具有天然的合理性，如何改好才是关键。

话题三："追问师生关系的本质"——师生关系究竟应该是什么样的

人都存在于关系中，师生关系是学校教育中最基本的关系。中国教育学会名誉会长顾明远认为，师生关系是影响教育的最大力量。有好的师生关系，才会有好的教育，学生才会有好的未来。但"好"是一个价值判断，什么才是好的师生关系？师生关系的现状是什么？理想或应然状态是什么？我们在向好的师生关系转化上有什么样的现实困境？

话题四："对话教育"——我的思考与尝试

在新学年的工作计划中，学校提出要深入开展对话教育。如何理解对话教育？如何创建以学生为主体的开放互动的对话型课堂？如何在班级中实行民主自治？如何开展对话型的管理？

当前中国教育存在的一个突出问题是缺少"对话"，教育行政部门主宰着学校的话语权，教师在课堂上主宰着学生的话语权。然而，教育活动的本质在于沟通和交流。没有对话就没有交流，没有交流就没有理解，没有理解就没有教育。事实上，对话关系到学校群体里每一个个体的生命质量，是一种精神归依和人本关照。它既是一种教育方法，一种原则，也应该成为教育的目的与追求。

话题五："什么样的知识最有价值？"——对有价值的知识的理解

教师是以传授知识为主的职业。但究竟什么是有价值的知识，很多教师或许并没有太多想法，但这却是一个根本的问题。我们只有认识到什么知识最有价值，才能让学生学到这种知识，进而有益于学生的长远发展。当然，许多教师可能会说，目前对学生负责的、最该传授的有价值的知识，就是高考要考的知识。

在我们无法绕过高考的同时，也要关注学生的未来，在既定的现状下，做一些思考和尝试，为学生的成长留下一些宝贵的东西。正所谓：不关注分数，我们的教育过不了今天；只关注分数，我们的教育过不了明天。

传统培训和教研的方式基本上都是专家或名师独白式的报告辅导，如同我们的教学一样，教师成了被"机械灌输"的对象，即"被培训"。曾有学者指出，与金融、管理、医疗等其他领域相比，教育系统中教师培训的质量是最低效的。把对话与教师专业成长结合起来，关注了教师的真实需求，改变了传统的"专家讲，老师听"模式，重视教师自身的资源优势，把教师作为培训的主体，采取多种方式，让教师在互动参与、对话沟通、合作研究之中不断提高自身的专业水平。

这样的"教师成长分享汇"，没有考勤，没有指标，教师们有空就来，没课的时候可以在这里看看书，几乎每次讨论问题都会持续到华灯初上。"教育星空教师成长分享汇"让我们看到了教师们从内心深处激发出的教研热情。

除此之外，学校还设立了"教师专业发展日"，开展不同层面的对话和研讨活动，以全校集中活动、分学科集中活动、青年教师发展共同体研讨活动、名师团队研讨活动、班主任活动为内容，活动形式多样化、层次化，提高教师培养的针对性和实效性，逐步探索和形成了以专家引领、自我反思、团队互助、课题研究、读书涵养为特征的教师校本教研模式。

　　"相约周三、共读共写"活动同样具有特色。用阅读一本书的方式让教师与作者进行一次真诚的对话；用写作的方式让教师不断反思，精确地表达教学观点。通过专业写作，教师能够有效地反思经验，对问题进行彻底的思考，使教育实践更加科学。学校还在办公平台开办了"每周推荐阅读"板块，开展教育随笔、教师博客等的撰写的指导建议和评比活动，力争把阅读和写作变成教师们专业成长的重要方式。

　　为了培养教师们的科研意识和课题意识，学校开展了课题公开竞标活动。通过课题公开竞标，用课题引领学校课堂教学改革、新型教研组建设等活动，目前已有 10 项课题通过竞标立项。同时，学校还出台了《山东省实验中学小课题研究实施方案》，鼓励教师从自己的困惑和难题入手，将课堂教学中遇到的问题转化成课题，把课题研究的过程变为自身问题解决的过程。

　　上述这一切都是学校教科研"燎原计划"的组成部分。学校还启动了教科研专题研修，通过工作坊式的对话研讨加快教师理论素养和研究能力的提升，并以此推动教研组、备课组科研工作的开展。

　　这样一来，教科研的"星星之火"确实形成了"燎原之势"。

后　记

如前言所述，当这本书完成的时候，我还是不能用一句话概括什么是历史教学之道。

但我想告诉大家，在问道的路上不能没有理论的引领。在此，我必须用最诚挚的态度感谢我专业成长道路中的引路人和精神导师——齐鲁师范学院的齐健教授。

一名一线教师能有两本教学专著不容易，更让我自豪和庆幸的是齐教授两次为拙作欣然命笔作序。经常有人问我："你跟齐教授很熟吗？"每次我都毫不迟疑地说："很熟。"但认真想想，自从2004年我在全国新课程改革中心城市会议现场展示课中被齐教授所赏识，至今9年，期间还真没见过多少次面。几乎每次通电话内容都是："钟老师，下个月有个重要的专题讲座，课堂教学部分是你的强项，你好好准备一下。"我也无一例外地说："放心吧，放心吧，这是我的强项。"然后我点灯熬夜撰写的第一稿脚本被否定，第二稿被修改，第三稿完成后怎么样呢？仍是无一例外，每次我与齐老师走进讲座录制现场，都能一气呵成，没有停顿，没有重复。

这种合作多了，自己的角色也渐渐定位，我是一个教学理念的践行者，齐教授是引领者、质疑者、批判者。我猜想，齐教授总爱抓我"当差"，一个主要原因就在于我招之即来，来之能战，还有一个原因就是我能承受得起质疑和批判。因此，在各种类型的历史教学培训过程中，对我教学案例的评价、质疑和批判总能掀起一轮又一轮的高潮。面对齐教授的挑战，我的答卷就是说明、回应、辩解，当然也包括狡辩。但每次合作结束后，我都会在心里认真地思考那些质疑，并在实践中重新校正自己的方向。

我是一线教师，我知道涉及教学理念时同行们最爱说一句话："你们专家总是高高在上，你来讲节课试试。"齐教授当年就是山东省特级教师，我想他在听评课的时候也许会常常产生那种"还是我替你上吧"的冲动，他真要去上了，可能我们也会觉得惭愧吧。我们还常爱说："专家说的这理念那理念，让你教高中行吗？"反正当年我教高中的时候只认《中学历史教学参考》，那其中关于知识框架、史学理论、命题思路的分析文章后面总有个名字叫齐健。齐教授和所有的一线教师一样，高考是大家多年来唱得最熟的一出戏，可以说是"拳不离手，曲不离口"。但正因置身其中，他才痛感把高考当成历史教师唯一的教学追求是多么大的悲哀。所以多年来，他才以传道士般的热情传播着新课程改革的理念。

如果一个专家仅是以其专家的身份出现在我面前，可能我真的不能接受。但当一名专家一直保持着教师的狂热追求，有着雄厚的实践积淀，还有着高层次的理论引领时，那么请允许我"崇拜"一下吧！

或许齐教授还不知道他的哪句话对我刺激甚大，他说："你应老师们的要求列出的专业阅读书单我看了，但这个书单跟王雄老师、李惠军老师、郭富斌老师的阅读品位相差极大，你再好好读读书吧！"关于此书与齐教授的关系，就在这个极为丢脸的细节面前打住吧。

问道的过程非常无聊和寂寞，一个教"副科"的教师天天在这里喋喋不休地说历史多重要、多有趣、多么不能替代，自己都会觉得不好意思。但我的成长经历应验了我发明的那个"真理"：你要是天天上班打扑克，就会认为所有的人都是天天打扑克；你要是天天拼命工作，你会发现总有一个办公室的灯比你熄得还晚。

在我问道的历程中，有山东省实验中学历史组的同事们与我为伴，看看我们的"备课聚餐"吧，馋得让我现在就想说："下次我埋单。"

再看看我们山东省高中新课程历史研修团队的成员吧。得过全国历史优质课一等奖的孟伟，没有我这样的激情，但更有理性，她面对历史这门独特的学科比我更有优势。还有生长和工作在山东邹平的庆亮君，从新课程改革开始以来，我们合作近10年，我们同一年参加了山东省优质课的评比，一起获得一等奖；我们同时获得了"山东省教学能手"的称号；我们一起代表山东省参加了全国历史优质课评比，并都获得了好成绩；我们同一批被评为"山东省特级教师"。更重要的是，我们是培训任务中的老搭档，在教学理念上有高度的认同感，在对待新课程的理解上也有着高度的默契。

我的电脑里一直有个舍不得删除的文件夹，里面记录着2008年至今我与山东高中历史教师的心灵交流。或许大家会抱怨"被培训""被学习"，但我每走到一处都会像展示珍宝般地炫耀：看看我们山东高中历史教师有什么样的品位吧。我庆幸自己生活在山东省这块素质教育气氛浓厚的沃土上。

辽宁葫芦岛有个叫刘辉的妹妹天天给我发短信提醒济南的天气，要我多穿衣服，不要感冒，从2004年至今从未停止。在这个美丽的小城还有另一个美丽的妹妹是葫芦岛市历史教研员王春丽，她第一次见我说："姐，我坐火车来的，你抽空去我们那儿呗。"我们第二次见面在济南，我惦记她一路车马劳顿，不要给她拿太重的东西，所以给她和刘辉妹妹带了两盒山东的阿胶，结果春丽妹妹又大包小包地把辽宁的海鲜和咸菜扛了上千公里送给我。这交情从哪儿来的啊，还不是因为大家都是教历史的，都是热爱历史教学的教师吗？

还有很多美好的记忆，新疆八一中学的王振娜妹妹，她的QQ空间是不上锁的，大家可以看看作为一名历史教师她多么受学生喜爱。还有兰州一中的范多宝老师，他貌似很严肃，但他在对历史教学的感悟方面让我觉得简直是遇到了亲人。

感谢上天，因为我没有"打扑克"，所以才看到了那么多比我还晚熄灯的办公室。总想起一句歌词："你是行路人，我也是行路人。脚下的路越长，心中的爱越深。"问道的旅途上有多少"同道"啊。

追问历史教学之道的意义和价值或许就在这里：如果全国接受过中学教育的公民因为历史教师群体的觉醒而多一点人文素养，多一点理性思考，多一点世界视角，那么我们对国家和民族的贡献比所谓主科的教师少吗？

在豪情满怀之余，我还是要诚恳地说，此书无力承担历史教学之道与历史教学真谛代言人的角色。甚至我在完成书稿时发现，我的某些教学实践与我倡导的道并不相符。在看似严肃地说着"在我们的历史教学中还存在着某某现象"时，其实我在心里想，"我也是那某某现象中的一员啊"。但我自信的是我对历史教学之道的敬畏和对追问的执着，有了这种自信，我坚信我会离那个历史教学之道越来越近。

后

记

西南师范大学出版社
《名师工程》系列丛书目录

系列	序号	书　　名	主编	定价
教育探索者·鲁派名师系列	1	《追问历史教学之道》	钟红军	36.00
	2	《灵动英语课——高效外语教学氛围创设艺术》	邵淑红	30.00
	3	《校园，幸福教育的栖居》	武际金	30.00
	4	《复调语文——尊重生命自我成长的语文教学》	孙云霄	30.00
	5	《智趣数学课——在情感深处激发学生的数学智能》	王冬梅	30.00
	6	《高品位"悦读"——让情感与心灵更愉悦的阅读教学》	马彩清	30.00
	7	《品诵教学——感悟母语神韵的阅读教学》	侯忠彦	30.00
	8	《智趣化学课——在快乐中提升学生的科学素养》	张利平	30.00
名师解码系列	9	《教育需要播种温暖——谢文东与儒雅教育》	余　香　陈柔羽　王林发	28.00
	10	《为了未来设计教育——梁哲与探究教育》	冼柳欣　肖东阳　王林发	28.00
	11	《真心是教育的底色——谭永焕与真心教育》	谭永焕　温静瑶　王林发	28.00
	12	《做超越自我的教师——刘海涛与创新教育》	王林发　陈晓凤　欧诗停	28.00
	13	《打造灵动的教育场——张旭与情感教育》	范雪贞　邹小丽　王林发	28.00
高效课堂系列	14	《让数学课堂更高效——教研员眼中的教学得失》	朱志明	30.00
	15	《从教会到教慧——小学生数学学习能力的培养艺术》	滕　云	30.00
	16	《用什么提高课堂效率——有效数学课必须关注的10大要素》	赵红婷	30.00
	17	《让作文更轻松——小学作文高效教学36锦囊》	李素环	30.00
	18	《让研究性学习更高效——研究性学习施教指导策略》	欧阳仁宣	30.00
	19	《让母语融入学生心灵——提升学生语文素养的高效施教艺术》	黄桂林	30.00
创新课堂系列	20	《小学语文"三环节"阅读教学法——自学、读讲、实践》	薛发武	30.00
	21	《个性化课堂教学艺术：小学语文》	商德远	30.00
	22	《如何实现三维目标——让学生与文本共鸣的诵读教学》	张连元	30.00
	23	《想说　会说　有话可说——突破作文瓶颈的三维教学法》	杨和平	30.00
	24	《综合课的整合创新教学》	周辉兵	30.00
	25	《如何打造学生喜欢的音乐课堂》	张　娟	30.00
	26	《理想课堂的构建与实施——一个教研员眼中的理想课堂》	张玉彬	30.00
	27	《小学语文：决定教学质量的关键策略》	李　楠	30.00
	28	《用〈论语〉思想提升数学教育智慧》	胡爱民	30.00
	29	《童化作文——浸润儿童心灵的作文教学》	吴　勇	30.00
名校系列	30	《人本与生本：管理与德育的双重根基》	广州市广外附设外语学校	30.00
	31	《生本与生成：高效教学的两轮驱动》	广州市广外附设外语学校	30.00
	32	《世界视野与现代意识：校本课程开发的二元思维》	广州市广外附设外语学校	30.00
	33	《让每个生命都精彩——生命教育校本实践策略》	王鹏飞	30.00
	34	《好学校，从关注每个学生开始——石梅小学优质教育多元感悟》	顾　泳　张文质	30.00

系列	序号	书　　　名	主编	定价
思想者系列	35	《回归教育的本色》	马恩来	30.00
	36	《守护教育的本真》	陈道龙	30.00
	37	《教育，倾听心灵的声音》	李荣灿	30.00
	38	《心根课堂——让教育随学生心灵起舞》	刘云生	30.00
	39	《做一个纯粹的教师》	许丽芬	26.00
	40	《率性教书》	夏　昆	26.00
	41	《为爱教书》	马一舜	26.00
	42	《课堂，诗意还在》	赵赵（赵克芳）	26.00
	43	《今日教育之民间立场》	子虚（扈永进）	30.00
	44	《教育，细节的深度反思》	许传利	30.00
	45	《追寻教育的真谛——许锡良教育思考录》	许锡良	30.00
	46	《做爱思考的教师》	杨守菊	30.00
鲁派名校系列·教育探索者	47	《博弈中的追求——一位中学校长的"零"作业抉择》	李志欣	30.00
	48	《大教育视野下的特色课程构建——海洋教育的开发实施》	白刚勋	30.00
名师教学手记系列	49	《唤醒生命的对话——孙建锋语文教学手记》	孙建锋	30.00
	50	《让作文教学更高效——王学东写作教学手记》	王学东	30.00
名校长核心思想系列	51	《智圆行方——智慧校长的50项管理策略》	胡美山　李绵军	30.0
	52	《做一个智慧的校长》	孙世杰	30.00
	53	《成为有思想的校长》	赵艳然	30.00
创新班主任系列	54	《班主任专业化成长策略》	杨连山	30.00
	55	《班级活动创新与问题应对》	杨连山　杨　照　张国良	30.00
	56	《班集体建设与创新人才培养》	李国汉	30.00
	57	《神奇的教育场——打造特色班级文化创新艺术》	李德善	30.00
教研提升系列	58	《校本教研的7个关键点》	孙瑞欣	30.00
	59	《教师怎样做小课题研究——高效助力教师专业化成长》	徐世贵　刘恒贺	30.00
	60	《今天我们应怎样评课》	张文质　陈海滨	30.00
	61	《今天我们应怎样进行教学反思》	张文质　刘永席	30.00
	62	《一节好课需要的教育智慧》	张文质　姚春杰	30.00
优化教学系列	63	《高效教学组织的优化策略》	赵雪霞	30.00
	64	《高效教学方法的优化策略》	任　辉	30.00
	65	《高效教学过程的优化策略》	韩　锋	30.00
	66	《让教学更生动——激发兴趣让学生快乐认知》	朱良才	30.00
	67	《让教学更高效——策略创新让教学事半功倍》	孙朝仁	30.00
	68	《让教学更开放——拓展延伸让学生触类旁通》	焦祖卿　吕　勤	30.00
	69	《让教学更生活——体验运用让学生内化知识》	强光峰	30.00
	70	《让知识更系统——整合与概括让学生建构体系》	杨向谊	30.00
	71	《让思维更创新——思辨与发散让学生思维活跃》	朱良才	30.00

系列	序号	书　　　名	主编	定价
教学创新系列语文	72	《曹洪彪新概念快速作文》	曹洪彪	30.00
	73	《小学语文：享受对话教学》	孙建锋	30.00
	74	《小学语文：名师教学目标落实艺术》	刘海涛　王林发	30.00
	75	《小学语文：名师魅力教学设计艺术》	刘海涛　王林发	30.00
	76	《小学语文：名师魅力课堂激趣艺术》	刘海涛　豆海湛	30.00
	77	《小学语文：单元整体教学构建艺术》	李怀源	30.00
	78	《小学作文：名师情趣课堂创设艺术》	张化万	30.00
名师名课系列	79	《名师如何炼就名课》（美术卷）	李力加	35.00
教师成长系列	80	《做会研究的教师》	姚小明	30.00
	81	《学学名师那些事》	孙志毅	30.00
	82	《给新教师的建议》	李镇西	30.00
	83	《教师心灵读本：成为有思想的教师》	肖　川	30.00
	84	《教师心灵读本：教师，做反思的实践者》	肖　川	30.00
幼师提升系列	85	《全国优秀幼儿健康教育活动课例评析》	教育部教育管理信息中心	30.00
	86	《全国优秀幼儿艺术教育活动课例评析》	教育部教育管理信息中心	30.00
	87	《全国优秀幼儿社会教育活动课例评析》	教育部教育管理信息中心	30.00
	88	《全国优秀幼儿语言教育活动课例评析》	教育部教育管理信息中心	30.00
	89	《全国优秀幼儿科学教育活动课例评析》	教育部教育管理信息中心	30.00
教师修炼系列	90	《班主任工作行为八项修炼》	杨连山	30.00
	91	《教师心理健康六项修炼》	李慧生	30.00
	92	《教师专业化五项修炼》	杨连山　田福安	30.00
	93	《课堂教学素养五项修炼》	刘金生　霍克林	30.00
	94	《高效教学技能十项修炼》	欧阳芬　诸葛彪	30.00
	95	《教师新师德六项修炼》	王毓珣　王　颖	30.00
教学创新系列数学	96	《小学数学：名师教学目标落实艺术》	余文森	30.00
	97	《小学数学：名师高效教学设计艺术》	余文森	30.00
	98	《小学数学：名师易错问题针对教学》	余文森	30.00
	99	《小学数学：名师魅力课堂激趣艺术》	余文森	30.00
	100	《小学数学：名师同课异教》	林高明　陈燕香	30.00
	101	《小学数学：名师抽象问题艺术教学》	余文森	30.00
教育心理系列	102	《做最好的心理导师——中学生心理健康咨询手册》	杨　东	30.00
	103	《每天学点教育心理学》	石国兴　白晋荣	30.00
	104	《学生心理拓展训练与指导》	徐岳敏	30.00
	105	《好心态成就好学生——学生心理问题剖析与对症教育》	李韦遴	30.00
教育通识系列	106	《用心做教师——青年教师快速成长的十大定律》	王福强	30.00
	107	《做最受学生欢迎的老师》	赵馨　许俊仪	30.00
	108	《做有策略的校长——经典寓言与学校管理智慧》	宋运来	30.00
	109	《做有策略的教师——经典故事中的教育启示》	孙志毅	30.00
	110	《从学生那里学教书》	严育洪	30.00
	111	《突破平庸——提升教育质量的31个跳板》	严育洪	30.00
	112	《教育，诗意地栖居》	朱华忠	30.00
	113	《好班规打造好班级》	赵　凯	30.00
	114	《做学生成长的引领者——学生终身成长的素质培养》	田祥珍	30.00
	115	《如何管出好班级——突破班级管理的四大瓶颈》	刘令军	30.00
	116	《青春期性教育教师实用手册》	闵乐夫	30.00

系列	序号	书　　名	主编	定价
高中新课程系列	117	《高中新课程：教师角色转变细节》	缪水娟	30.00
	118	《高中新课程：班主任新兵法细节》	李国汉　杨连山	30.00
	119	《高中新课程：教学管理创新细节》	陈　文	30.00
	120	《高中新课程：更有效的评价细节》	李淑华	30.00
教学新突破系列	121	《把教学目标落实到位——名师优质课堂的效率管理》	冯增俊	30.00
	122	《拿什么调动学生——名师生态课堂的情绪管理》	胡　涛	30.00
	123	《零距离施教——名师和谐师生关系的构建艺术》	贺　斌	30.00
	124	《一个都不能落——名师提升学困生的针对教学》	侯一波	30.00
	125	《让学习变得更轻松——名师最能吸引学生的情境设计》	施建平	30.00
	126	《让知识变得更易学——名师改造难学知识的优化艺术》	周维强	30.00
名师讲述系列	127	《施教先施爱——名师讲述班主任的核心教导力》	杨连山　魏永田	30.00
	128	《在欢乐中成长——名师讲述最具活力的课堂愉快教学》	王斌兴	30.00
	129	《让学生做自己的老师 　　——名师讲述如何提升学生自主学习能力》	徐学福　房　慧	30.00
	130	《引领学生高效学习 　　——名师讲述如何提高学生课堂学习效率》	刘世斌	30.00
	131	《教育从心灵开始——名师讲述最能感动学生的心灵教育》	张文质	30.00
教育细节系列	132	《名师最具渲染力的口才细节》	高万祥	30.00
	133	《名师最有效的沟通细节》	李　燕　徐　波	30.00
	134	《名师最有效的激励细节》	张　利　李　波	30.00
	135	《名师培养学生好习惯的高效细节》	李文娟　郭香萍	30.00
	136	《名师人格教育的经典细节》	齐　欣	30.00
	137	《名师营造课堂氛围的经典细节》	高　帆　李秀华	30.00
	138	《名师最有效的赏识教育细节》	李慧军	30.00
	139	《名师最有效的批评细节》	沈　旎	30.00
教育管理力系列	140	《名校激励管理促进力》	周　兵	30.00
	141	《名校安全管理执行力》	袁先潋	30.00
	142	《名校师资团队建设力》	赵圣华	30.00
	143	《名校危机管理应对力》	李明汉	30.00
	144	《名校校本研究创新力》	李春华	30.00
	145	《学校文化力建设策略》	袁先潋	30.00
	146	《名校长核心教育力》	陶继新	30.00
	147	《名校长高绩效领导力》	周辉兵	30.00
	148	《名校行政管理细节力》	杨少春	30.00
	149	《名校教学管理提升力》	张　韬　戴诗银	30.00
	150	《名校学生管理教导力》	田福安	30.00
	151	《名校校园文化构建力》	岳春峰	30.00
大师讲坛系列	152	《大师谈教育心理》	肖　川	30.00
	153	《大师谈教育激励》	肖　川	30.00
	154	《大师谈教育沟通》	王斌兴　吴杰明	30.00
	155	《大师谈启蒙教育》	周　宏	30.00
	156	《大师谈教育管理》	樊　雁	30.00
	157	《大师谈儿童人格塑造》	齐　欣	30.00
	158	《大师谈儿童习惯培养》	唐西胜	30.00
	159	《大师谈儿童能力培养》	张启福	30.00
	160	《大师谈早恋与性教育》	闵乐夫	30.00
	161	《大师谈儿童情感教育》	张光林　张　静	30.00

系列	序号	书　　　名	主编	定价
教学提升系列	162	《方法总比问题多——名师转变棘手学生的施教艺术》	杨志军	30.00
	163	《用特色吸引学生——名师最受欢迎的特色教学艺术》	卞金祥	30.00
	164	《让学生爱上课堂——名师高效课堂的引导艺术》	邓　涛	30.00
	165	《拿什么打开思路——名师最吸引学生的课堂切入点》	马友文	30.00
	166	《没有记不牢的知识——名师最能提升学生记忆效果的秘诀》	谢定兰	30.00
	167	《让学生的思维活起来——名师最激发潜能的课堂提问艺术》	严永金	30.00